2025

宁夏经济蓝皮书

编 委 会

主　　任　马文锋

副 主 任　李　军　马　兴

委　　员　张晓芳　王林伶　李保平

　　　　　牛学智　徐　哲　周鑫一

《宁夏经济蓝皮书：宁夏经济发展报告（2025）》

主　　编　王林伶

宁夏蓝皮书系列丛书

宁夏经济蓝皮书

宁夏经济发展报告

（2025）

宁夏社会科学院 编

王林伶 / 主编

黄河出版传媒集团
宁夏人民出版社

图书在版编目（CIP）数据

宁夏经济蓝皮书：宁夏经济发展报告. 2025 / 王林伶主编. -- 银川：宁夏人民出版社，2024. 12.
（宁夏蓝皮书系列丛书）. -- ISBN 978-7-227-08146-3

Ⅰ. F127.43

中国国家版本馆 CIP 数据核字第 2025J7Z441 号

宁夏蓝皮书系列丛书　　　　　　　　　　　　　　宁夏社会科学院　编
宁夏经济蓝皮书：宁夏经济发展报告（2025）　　　　王林伶　主编

责任编辑　周淑芸
责任校对　周方妍
封面设计　张　宁
责任印制　侯　俊

黄河出版传媒集团
宁夏人民出版社　出版发行

出 版 人　薛文斌
地　　　址　宁夏银川市北京东路 139 号出版大厦（750001）
网　　　址　http://www.yrpubm.com
网上书店　http://www.hh-book.com
电子信箱　nxrmcbs@126.com
邮购电话　0951-5052104　5052106
经　　　销　全国新华书店
印刷装订　宁夏银报智能印刷科技有限公司
印刷委托书号　（宁）0031619

开本　720 mm × 1000 mm　1/16
印张　20
字数　330 千字
版次　2024 年 12 月第 1 版
印次　2024 年 12 月第 1 次印刷
书号　ISBN 978-7-227-08146-3
定价　68.00 元

目　录

1

附　录

总报告

ZONG BAOGAO

宁夏进一步全面深化改革与发展新质生产力

——2024—2025 年宁夏经济形势分析与预测总报告

王林伶

2024 年，宁夏全面贯彻落实新发展理念，进一步全面深化改革，加快构建体现宁夏特色、具有较强竞争力的现代化产业体系。大力发展特色优势产业，因地制宜发展新质生产力，拉动投资和消费，推动产业转型升级，形成新的经济动力源，全区经济运行呈现总体平稳、稳中有进、稳中向好的发展态势。

一、2024 年宁夏经济形势分析

宁夏聚焦高质量发展首要任务，锚定发展目标不动摇，以问题为导向，紧盯发展中的短板弱项，抓住关键，强化措施，精准发力，精耕细作，农业保持稳定增长，工业保持较快增长，投资增速加快，新兴动能加快成长，市场消费持续回升，全区经济总体平稳向好。

（一）主要经济指标保持增长，增速高于全国平均水平

2024 年 1—11 月，宁夏主要经济指标中，地区生产总值、第一产业增加值、第二产业增加值、第三产业增加值均保持增长态势。

作者简介：王林伶，宁夏社会科学院综合经济研究所（"一带一路"研究所）所长，研究员，主要研究方向为"一带一路"与内陆开放型经济、区域经济与产业经济、资源规划与可持续发展研究。

1. 从主要指标看，经济保持稳定增长

2024 年 1—11 月，宁夏规模以上工业增加值同比增长 9.4%，高于全国 3.6 个百分点，工业持续发挥着稳定经济增长的"压舱石"和带动经济增长的"火车头"作用；在"项目投资攻坚年"行动的推动下，全区固定资产投资同比增长 7.6%，高于全国 4.3 个百分点，投资稳增长的效能持续显现；社会消费品零售总额 1308.3 亿元，同比增长 5.3%，高于全国 1.8 个百分点；一般公共预算总收入 808.16 亿元，同比增长 1.3%，其中地方一般公共预算收入 477.23 亿元，同比增长 3.4%；金融机构人民币各项存款余额 9909.39 亿元，同比增长 6.1%，人民币各项贷款余额 10087.3 亿元，增长 4.5%。（见表 1、图 1）

表 1　2024 年 1—11 月宁夏及五市主要经济指标情况

地　区	地区生产总值		规模以上工业增加值增速(%)	固定资产投资增速（%）	社会消费品零售总额		地方一般公共预算收入	
	绝对量（亿元）	增速（%）			绝对量（元）	增速（%）	绝对量（亿元）	增速（%）
全　区	3860.42	4.9	9.4	7.6	1030.6	3.5	477.23	3.4
银川市	1943.71	4.6	10.0	8.4	612.09	4.2	188.62	5.8
石嘴山市	505.21	3.2	4.8	−16.5	80.39	2.9	26.37	3.2
吴忠市	647.23	5.9	11.6	9.4	137.58	2.1	40.24	7.9
固原市	331.76	6.4	11.7	12.4	96.75	4.2	15.11	9.1
中卫市	432.51	5.5	8.3	15.8	103.79	1.8	23.22	6.3

资料来源：宁夏回族自治区统计局官网公布数据整理。说明：地方一般公共预算收入中未含自治区本级收入；地区生产总值和社会消费品零售总额为季度数据（1—9 月数据）。

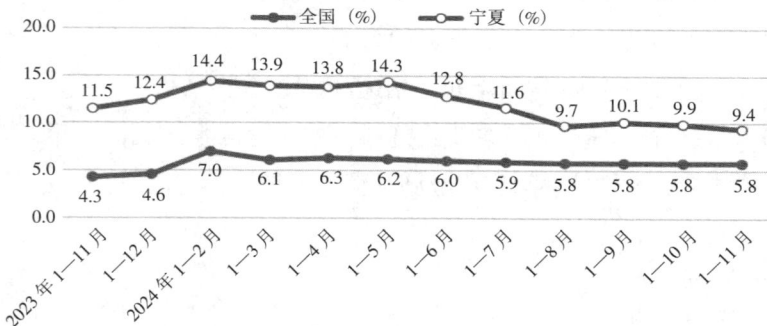

图 1　2024 年 1—11 月全国及宁夏规模以上工业增加值增长速度

资料来源：宁夏回族自治区统计局官网公布数据整理。

2. 从先行指标看，经济发展总体平稳

2024 年 1—11 月，宁夏工业发电量 2141.51 亿千瓦时，同比增长 2.6%，其中水电、风电、太阳能发电等可再生能源发电量 590.15 亿千瓦时，增长 8.5%；工业生产者出厂价格指数为 93.1%，同比上涨 0.3 个百分点，工业生产者购进价格指数 96.3%，同比上涨 2.1 个百分点。11 月，全区制造业采购经理指数（PMI）为 49.4%，连续 7 个月处于荣枯线以下，比全国低 0.9 个百分点。

（二）项目建设拉动有力，产业协同发展增力

1. 项目建设拉动有力

宁夏积极抢抓国家"两重""两新"（国家重大战略实施和重点领域安全能力建设，是推动经济高质量发展的重大举措；新一轮大规模设备更新和消费品以旧换新，以提高生产效率和降低能耗）政策机遇，通过发行超长期特别国债来支持国家重大战略和重点领域的安全保障能力建设，既考虑眼前的经济需求，也考虑长远的发展战略，是扩大投资和提振消费的具体措施，也是推动经济高质量发展的重要手段。宁夏通过建立重点工业项目库，落实"三级包抓"和月调度工作机制，强化全流程服务保障，项目的开工率和投资完成率持续提升。目前，宁夏争取国家批复第一批"两重"项目 6 个、下达国债资金 8.09 亿元，已上报第二批项目 396 个，总投资 1191 亿元，超长期特别国债需求 257 亿元。2024 年 1—11 月，全区"两新"政策措施效果显著，消费品以旧换新涉及的汽车类零售额增长 24.1%，家具类增长 48.5%，新能源汽车零售额 99.67 亿元，同比增长 1.5 倍，有力促进了消费稳步恢复。

2. 区域产业协同发力，支撑作用显现

聚焦新材料、新能源、装备制造、数字信息、特色农牧业、文化旅游等特色优势产业发展，主要行业和主要产品保持较快增长。2024 年 1—11 月，全区制造业增加值同比增长 12.0%，采矿业增长 7.6%，电力、热力、燃气及水生产和供应业增长 2.9%，化工行业增长 31.5%，冶金行业增长 13.2%，煤炭行业增长 8.4%。重点产品扩产增量。打造轻工纺织千亿级产业集群，"中国氨纶谷"稳步建设，化学纤维（氨纶、芳纶）增长 20.0%；工业机器人增长 38.5%，化学药品原药增长 28.6%，硫酸增长 27.0%，这些产品的增长有力地推动了经济增长，增强了产业竞争力，促进了经济高质量发展。

（三）发展质效持续提升，绿色发展步伐加快

宁夏加大科技创新力度，充分利用资源优势，着力发展新能源、"东数西算"等新兴产业，加快形成新质生产力，不断增强发展新动能，有效带动了产业升级，产业加速向数字化、智能化、绿色化转型，推动了经济高质量发展。

1. 新动能持续壮大，创新发展的技术含量进一步增强

加快推动传统产业改造升级。2024 年 1—11 月，高技术服务业投资同比增长 51.8%，工业技改投资增长 7.2%；1—10 月，规模以上信息传输、软件和信息技术服务业营业收入同比增长 6.3%。

2. 大力推动绿色低碳发展

2024 年 1—11 月，全区规模以上工业单位增加值能耗同比下降 4.2%。其中，银川市、石嘴山市、吴忠市和中卫市规模以上工业单位增加值能源消耗同比分别下降 2.5%、3.1%、10.6% 和 6.5%。

3. 市场活力不断增强

宁夏持续优化良好的营商环境，有效激发市场活力，市场主体稳步增加。2024 年 1—11 月，新增市场主体 10.26 万户，同比增长 11.2%；截至 11 月末，宁夏市场主体总量 83.61 万户，同比增长 3.2%，其中企业 23.26 万户，增长 4.7%，数量进一步扩大。

二、当前发展面临的主要问题

从当前经济运行情况看，虽然全区经济总体保持稳定增长态势，但受外部环境形势更趋复杂严峻影响，市场需求不足、预期不稳等问题突出，一些主要经济指标增速波动下行、不同程度回落，实体经济经营困难、效益下滑，地区行业企业发展分化明显，保持经济持续稳定增长压力日益加大。

（一）民间投资活力不足，房地产投资下降

宁夏重点领域投资呈下滑态势，地方投资分化明显，形势不容乐观。自 2024 年一季度以来，全区固定资产投资呈逐月下滑态势，这是固定资投资增速连续 25 个月以来首次低于全国平均水平,从一季度的 6.8% 下降到 1—4 月的 5.2%,特别是 1—5 月回落至 1.7%,降幅达到 3.5 个百分点,从 8 月开始,投资增速由 2.5% 逐步回升到 11 月的 7.6%,与全国相比增速虽然回升,但还存在波动不稳的态势。(见图 2)民间投资活力不足,房地产投资下降。2024 年 1—11 月,全区民间投资同比下降 5.4%,连续 8 个月下降,比全国多降 5.0 个百分点;而全区房地产投资同比下降 4.2%,其中,住宅投资 317.03 亿元,下降 3.6%,商品房销售面积 486.25 万平方米,下降 24.1%;商品房销售额 329.48 亿元,下降 26.3%。2024 年 1—10 月,全区五市房地产投资中地方投资分化明显,呈现"一升四降"局面,只有石嘴山市房地产投资同比增长 12.0%,银川市、吴忠市、固原市、中卫市房地产开发投资同比分别下降 8.5%、0.2%、4.9%、2.0%。(见表 2)

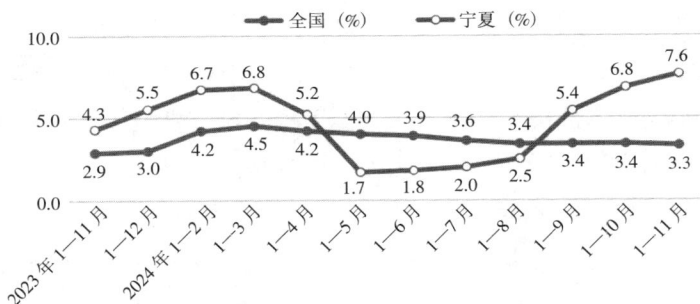

图 2　2024 年 1—11 月全国及宁夏固定资产投资增长速度
资料来源:宁夏回族自治区统计局官网公布数据整理。

表 2　2024 年宁夏及五市相关月份房地产投资情况

地　区	1—11 月房地产投资情况				1—10 月房地产投资情况			
	固定资产投资增速(%)	民间投资增速(%)	房地产投资额(亿元)	房地产投资增速(%)	固定资产投资增速(%)	民间投资增速(%)	房地产投资额(亿元)	房地产投资增速(%)
全　区	7.6	−5.4	396.94	−4.2	6.8	−4.4	361.81	−5.5
银川市	8.4	−0.6	234.01	−6.1	7.3	−1.4	211.14	−8.5
石嘴山市	−16.5	−33.6	9.74	11.9	−13.6	−30.2	8.93	12.0
吴忠市	9.4	—	90.12	1.1	8.3	—	82.87	−0.2
固原市	12.4	13.9	38.97	−6.1	12.9	17.0	36.17	−4.9
中卫市	15.8	−29.2	24.10	−5.9	13.0	−28.4	22.7	−2.0

资料来源:宁夏回族自治区统计局官网公布数据整理。

（二）市场需求不足产能过剩，产品价格下降企业利润下滑

受房地产市场疲软、新产业产能集中释放、终端消费需求下降等因素冲击，全区工业总产值及增加值增速下降，工业产品需求不足，产销衔接不畅，盈利水平下降，经济效益较低，减产停产企业增多，面临产能过剩和如何消化双重问题。如全球双氰胺市场需求量约 15 万吨，但全球产能达到 33 万吨，是需求的 2.2 倍。又如，电池和组件产能，2022 年之前的 18 年间行业建设了 380GW，而目前 18 个月就新增产能 450GW，阶段性产能集中释放，出现库存积压，供大于求，造成相关领域产品价格大幅度下跌，很多企业产量增加了，但产值反而下降了，影响了企业生产积极性，一些企业只能选择减产或停产。再如，荧光剂（907 产品）单价从 18 万元降到了 8 万元，降幅达 55.6%。

2024 年 1—11 月，宁夏工业生产者购进价格指数为 96.3%，而工业生产者出厂价格指数为 93.1%，生产购进价格指数比出厂价格指数高 3.2 个百分点，工业生产者价格"高进低出"剪刀差持续，造成企业利润下滑（见图 3）；一些主要产品产量出现下降，如多晶硅下降 32.0%，铁合金下降 15.7%，单晶硅下降 12.4%，水泥下降 12.9%，电解铝下降 6.3%。受原材料、物流等多重因素影响，企业利润降幅扩大。2024 年 1—10 月，全区规模以上工业企业利润总额 263.3 亿元，同比下降 24.0%，比全国平均水平多降 19.7 个百分点。

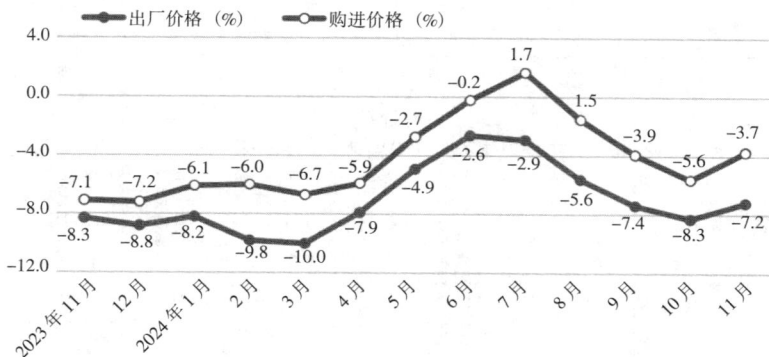

图 3　2024 年 1—11 月宁夏工业生产者出厂价格和购进价格趋势

资料来源：宁夏回族自治区统计局官网公布数据整理。

养殖业方面，如肉牛产业是宁夏特色农牧产业之一，是乡村振兴特别是脱贫地区农业主导产业、农民收入的重要来源。2024年1—10月，肉牛养殖经营主体普遍亏损，经营困难，肉牛生产面临多年未遇的严峻形势。多方面原因造成肉牛价格下行，养殖效益走低。就宁夏而言，相关扶持政策的引导及各地的奖励措施，加之肉牛养殖机械化设备水平不断提升，种源自主可控，规模养殖占比不断提高，一些规模化企业扩张速度过快，导致肉牛市场连续3年呈现产能逐年增加态势，全区肉牛饲养量从2020年的196.2万头增加到2023年的242.4万头，其中主要的因素之一是政府制定的养殖业目标较高，虽然"量"增加了，但价格却上不来，效益不及预期。同时，牛奶价格持续走低，造成奶牛养殖场淘汰奶牛数量增多，屠宰量加大，大量淘汰奶牛肉进入市场，拉低了牛肉市场的整体价格。供给与需求失衡，导致牛肉价格下降，养殖效益走低。

（三）外向型经济较弱，对外贸易降幅较大

受内陆地理环境、产业结构单一、运输距离较远、发展不平衡等因素影响，宁夏外向型企业数量较少，在利用外资方面可持续发展动力不足，投融资环境对外资吸引力明显不足，外贸依存度相对较低，反映出外贸对宁夏经济发展的贡献相对有限。受贸易壁垒、产品价格低迷等因素影响，2024年1—11月，宁夏进出口总额182.1亿元，同比下降4.5%，比全国低9.4个百分点，居全国第二十九位。其中，出口132.6亿元，下降4.8%；进口49.5亿元，下降3.4%。（见图4）

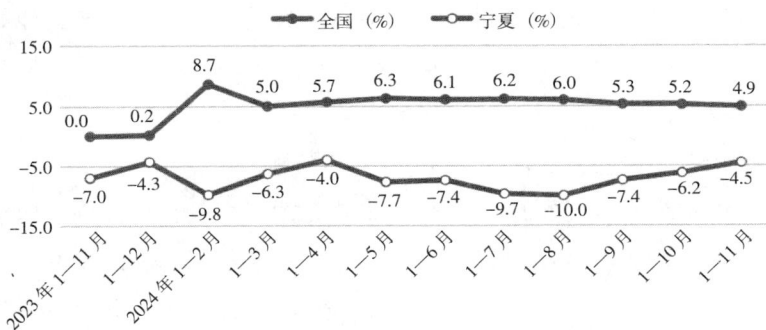

图4　2024年1—11月全国及宁夏进出口增长速度

资料来源：宁夏回族自治区统计局官网公布数据整理。

三、推动经济高质量发展的对策建议

全面深化改革是推动高质量发展的"关键一招"。健全推动经济高质量发展体制机制，以科技体制改革赋能现代化产业体系建设，科学配置资源要素，培育充分竞争市场，不断激发市场主体活力，释放经济增长动力。

（一）进一步全面深化改革，探索具有本地特色的改革

改革开放是党和人民事业大踏步赶上时代的重要法宝，从"改革"到"全面深化改革"再到"进一步全面深化改革"，从"农村城市"到"经济体制"再到"各个领域"，层层递进、步步深化，改革的定位更加精准、内涵更加丰富、路径更加清晰。党的二十届三中全会对进一步全面深化改革、推进中国式现代化作出战略部署，这不仅是推动中国式现代化的"关键一招"，也是发展新质生产力的重要途径。进一步全面深化改革，推动科技创新和产业升级，推进高质量发展和高水平保护、新型城镇化、乡村全面振兴，为我国经济社会发展提供源源不断的新动能新优势，也是实现中国式现代化的迫切要求。自治区党委十三届九次全会通过的《中共宁夏回族自治区委员会关于贯彻落实党的二十届三中全会精神，进一步全面深化改革、奋力谱写中国式现代化宁夏篇章的意见》，明确了全区进一步全面深化改革的重大意义、总体要求、目标任务、重要举措，为全区进一步全面深化改革指明了前进方向、注入了强大动力。

习近平总书记来宁考察时强调，"宁夏要着力深化重点领域改革，探索具有本地特色的改革"。对此，宁夏要加强经济体制改革、科技体制改革等在全面深化改革全局中具有基础性地位和全局性影响的改革，具有牵一发而动全身的作用。

1. 全面深化科技体制改革

科技体制改革是改革的"牛鼻子"，也是激发全社会创新创造内动力的应有之义。要聚焦"六新六特六优＋N"产业重大重点科技攻关需求，健全完善产业科技创新需求常态征集、深度分析、有效凝练机制，构建完善"以需求定项目、以项目配资源"机制，推动科技平台建设，建立健全产学研深度融合机制。不断完善财政科技投入持续稳定增长机制，进一步引导

企业和社会力量持续加大研发投入，为全区科创水平持续提高提供有力保障。构建以自治区实验室、自治区重点实验室、全国重点实验室为重要支撑的实验室体系，高标准推进六盘山、贺兰山实验室建设，推动宁夏高等研究院发展，打造高能级科技创新平台，提升全区科技创新水平。

要把引进、消化、转化科技成果摆在更加突出的位置，强化科技创新和产业创新深度融合、创新链产业链资金链人才链一体贯通，激发科研人员的创新活力，推动科技发明从"书架"走向"货架"，使更多的创新成果转化为实际生产力。注重科技成果跟踪对接落地机制，加快构建东西互联、覆盖全区的技术市场体系，鼓励和引导高校、科研院所按照先使用后付费方式把科技成果许可给中小微企业使用，推动更多科技成果转化落地，努力在算力产业、高端装备、光伏硅等领域，取得更多战略性关键性科技成果转化，催生集聚更多新质生产力。

2. 建立产业开发区园区协同发展机制

开发区在推动经济发展、促进产业升级、加强创新驱动、提升开放水平等方面发挥着主力军作用，也是科技创新的引领区、深化改革的试验区、对外开放的先行区、新旧动能转换的集聚区、高质量发展的示范区，因此推动开发区、园区改革意义重大。要建立产业开发区、园区协同发展机制，深化"管委会+公司"实质化运行，加快实行"档案封存、身份保留、全员聘用"管理，优化县区园区、跨园区产业合作对接、项目招引流转、统计核算、利税分享、利益补偿等机制，引进具有核心竞争力的龙头企业，培育专精特新"小巨人"企业、制造业单项冠军企业、高新技术企业，推动重大创新成果产业化项目落地。鼓励发展飞地经济模式，提升区域内各园区合作共建、协同发展的积极性，推动相关园区分工协作、联动发展，锻造高质量发展强引擎。

3. 构建绿电园区，降低用电成本

随着"碳达峰、碳中和"目标的提出，构建以新能源为主体的新型电力系统成为我国构建新发展格局、全面助力能源革命的重中之重。要积极推进绿电园区建设，基于智能电网的枢纽平台作用，以电网安全运行为根本，以电力可靠供应为前提，以新能源高效利用为目标，通过"源网荷储"

协同互动和多能互补，构建新型电力系统。综合开发利用光伏发电、风电、水电等可再生能源，以及余热余压等资源，并结合储能系统，实现多能互补和智能耦合，如推动煤化工与绿电、绿氢、储能等耦合发展，打造低碳循环的煤炭高效转化产业链，促进煤化工产业高端化、多元化、低碳化发展，形成绿电园区智慧能源解决方案。通过新型基础设施发展绿电直供、源网荷储一体化项目，推进绿能开发、绿电供应、绿电交易和绿电园区建设，完善分层、分时调度机制，提升绿电园区整体管理和自我调节能力，推广绿电消纳与多能互补应用场景，支撑新能源就地平衡消纳，向高耗能大负荷企业、产业园区、数据中心等提供零碳园区综合能源一体化融合产品，提升绿电使用比例，降低企业用电成本，推动能源的绿色低碳转型。

（二）因地制宜发展新质生产力，构建现代化产业体系

新质生产力是习近平总书记从新的实际出发，同新时代经济发展实践相结合，创造性提出的全新理念，是对马克思主义生产力理论的继承和发展。生产力是推动社会进步最活跃、最革命的因素，加快发展新质生产力，既是新时代发展的要求，也是改革的命题。新质生产力强调技术革命性突破、要素创新性配置和产业深度转型升级，体现了生产力质的飞跃。

1. 加快推进特色优势产业发展

2024 年 6 月，习近平总书记考察宁夏时强调，要坚持从实际出发，走特色化、差异化的产业发展路子，构建体现宁夏优势、具有较强竞争力的现代化产业体系。要围绕"六新六特六优 + N"产业，聚焦现代煤化工、新型材料、清洁能源、数字信息、特色农牧业、文化旅游等特色优势产业，精耕细作、精准发力，充分挖掘产业优势和潜力，对"七大产业基地"和"十条产业链"全面梳理、深入研究、量化具体目标，既做到全面推进，又突出重点带动。

2. 建立产业发展链条，形成产业集群

要巩固现代煤化工、装备制造等传统产业优势，用数字化、智能化、绿色化推动传统产业转型升级，形成新质生产力；积极发展特色旅游、全域旅游，着力打造新材料、清洁能源、数字经济等战略性新兴产业，因地制宜发展新质生产力；要加快布局人工智能、先进算力、新型储能、氢能、光电子、量子技术等未来产业，不断培育新产业、新业态、新动能。建立产业链条发展统筹机制，推动线上线下常态化对接联合，加快建设现代煤化工、新型材料、清洁能源（以宁东基地、石嘴山经开区、太阳山工业园区等地为重点打造现代煤化工产业带，以银川经开区，石嘴山高新区，平罗、青铜峡、中卫工业园区等地重点打造新材料产业带，以宁东、吴忠、中卫等地为重点打造清洁能源产业带）等实现产业空间合理布局，形成产业集群。重点发展煤制烯烃、半导体材料、高性能金属、氢能等 10 条产业链，编制产业发展图谱，培育细分产业链新赛道，做好产业延链补链壮链，全力推动新产业、新模式、新动能发展，形成具有竞争力的产业集群，逐步形成完善的现代化产业体系。

（三）把握产业发展与要素供给动态平衡

要把握好发展与安全的关系，适度控制"六特"产业的发展规模和速度，要量力而行、尽力而为。不能单单为追求达到某种目标，虽然保住了"量"，但丢掉了"质"。以肉牛产业为例，到 2025 年肉牛的养殖量要达到 260 万头，因不顾其他因素的影响，追求的数量虽然达到任可能出现因成本过高致使利润降低，付出了很多、花费了不少，结果收益甚微。因此，要从供需两端发力，确保高质量发展和高水平安全良性互动，实现产业发展与要素供给动态平衡。

要统筹好当前利益与长远利益，不能单纯追求目标需求，要留有一定余地，避免竭泽而渔，达到以高质量发展促进高水平安全。因供需关系短期内肉牛产销难以达到均衡，活牛价格短期内也难以回升，为防止市场情况继续恶化，发生大面积的恐慌性活牛抛售或退出，导致行业陷入恶性循环，影响整个供应链，建议自治区相关部门采取积极措施，加强科学引导，减少"踩踏性"出栏是当务之急，应尽快制定出台饲草料补贴及肉牛屠宰加工、信贷支持、政策性保险及肉牛及其相关产品公路运输支持（将牲畜养殖用的干草运输，列入高速公路减免的范围）等一揽子临时性救助政策，降低产业链经营主体的成本。行业主管部门要引导养殖端合理控制产能增速，避免盲目扩张，建议稳慎新建、扩建肉牛养殖场，或考虑不把年度肉牛养殖数量作为考核目标。要建立母牛养殖扶持基金和财政补贴机制，保障母牛养殖者的合理收益，巩固和扩大母牛养殖群体，确保产业发展基础不动摇。

（四）推进重点项目建设，激发市场消费潜力

1. 全力以赴推进重点项目建设

重大工程项目建设具有公共性、通用性、基础性等特点，是扩大国内需求、稳住经济大盘的重要支撑，对于优化供给结构、增加就业、提升科技创新能力、改善区域发展条件、推动高质量发展具有关键作用。要全面开展新一轮项目建设集中攻坚行动，持续扩大有效投资，推动项目建设提速增效，全力遏制投资较快下滑势头。要拓宽项目增量，加快推进国家已批复的第一批"两重"项目建设进度，形成更多投资额和实物量，同时要聚焦第二批申报项目及后续的其他项目申报。要加强对接国家部委等项目源头，做实论证、做深前期、积极争取，力争更多项目进入国家"盘子"。要加大以商招商、产业链招商、专班招商力度，有效补充项目储备、接续不足短板；要积极用好国家一揽子政策"组合拳"，精准制定房地产市场具体措施，多措并举打通存量商品房和保障性住房转换通道，努力促进房地产市场止跌回稳，着力构建房地产业发展新模式，持续调动民间投资积极性，推动民间投资增长尽快转正。

2. 激发消费潜力，促进消费增长

宁夏消费基数相对较小，具有较大潜能，要发挥好文化旅游、会展博览、体育赛事等行业的乘数效应，深入挖掘拓展平台经济、共享经济、流量经济、停留经济空间，带动交通出行、住宿餐饮、景点服务、休闲娱乐等产业链式发展。持续加大促消费政策力度，抢抓消费品以旧换新政策机遇，加大力度开展汽车促销，叠加以旧换新补贴、企业置换让利等优惠措施，促进消费潜力释放，发挥促消费专项资金、消费券撬动作用，针对不同群体、不同行业领域，继续组织开展形式多样的促消费活动，推动批发零售、住宿餐饮、交通物流等消费快速增长，进一步促进社会零售消费回升，以稳住消费"大盘"。

抓好"更新""换新"，推动汽车、家电、家装厨卫等以旧换新政策落地落实，增加以5G通信和"新基建"为支撑的家用型终端产品供给；完善

报废汽车、废旧家电等回收网络，探索推行"购新+收旧"一站式服务，线上与线下结合，畅通回收循环利用的渠道，让居民能更好地享受政策，拉动家电行业增长。推动优质商品和服务下沉到农村市场，开发更多适合农村消费特点的商品、服务，建设立足乡村、贴近农民的生活消费服务综合体，让农村居民就地就近享受到与城镇同品质同标准的商品和服务；也要加大力度发展以生鲜为核心的冷链物流，扩大原产地直送直配和直销规模，推动城乡商品互动。

分析预测篇
FENXI YUCE PIAN

2024—2025年宁夏国民经济总体运行情况分析与对策建议

徐秀梅　马宏德　季　翔

2024年，在自治区党委和政府的正确领导下，全区上下深入学习贯彻党的二十大和二十届二中、三中全会，以及习近平总书记考察宁夏重要讲话精神，全面落实党中央、国务院各项决策部署，按照自治区党委和政府各项工作要求，锚定高质量发展首要任务，坚持稳中求进工作总基调，积极应对经济下行压力，有效应对宏观形势变化，全力打好奋力实现全年发展目标"百日攻坚战"，精耕细作找差距、补短板、稳增长、抓发展，各项政策和工作举措成效明显，全区经济运行呈现总体平稳、稳中有进、稳中向好的发展态势。

一、全区经济运行的主要特点

（一）主要指标好于全国，稳的基础不断夯实

2024年，面对外部压力加大、内部困难增多的严峻复杂形势，自治区党委和政府坚持把努力实现全年经济社会发展目标作为重大政治任务，团结奋斗、真抓实干，有效应对经济运行中的各种困难与挑战，积极推动系

作者简介：徐秀梅，自治区统计局党组书记、局长，新闻发言人，高级统计师；马宏德，自治区统计局党组成员、副局长，高级统计师；季翔，自治区统计局国民经济综合统计处处长。

列稳增长政策落地见效,尤其是三季度果断开展奋力实现全年发展目标"百日攻坚战"。这些政策效应成效明显,多数指标边际改善,推动全区经济运行实现了快速回升、快速回暖的积极变化。根据地区生产总值统一核算结果,2024年前三季度,全区实现生产总值3860.43亿元,按不变价格计算,同比增长4.9%,比全国高0.1个百分点,连续11个季度高于全国平均水平,交出了一份好于预期、高于全国的成绩单,为全面完成全年目标任务奠定了坚实基础。分产业看,第一产业增加值288.75亿元,同比增长6.3%,比全国高2.9个百分点,对经济增长的贡献率为9.8%,拉动经济增长0.5个百分点;第二产业增加值1768.48亿元,同比增长7.0%,比全国高1.6个百分点,对经济增长的贡献率为62.2%,拉动经济增长3.0个百分点;第三产业增加值1803.2亿元,同比增长2.8%,对经济增长的贡献率为28.0%,拉动经济增长1.4个百分点。

(二)产业发展稳中有进,进的态势持续巩固

产业是经济高质量发展的根基与命脉。2024年以来,全区上下加强经济运行调控,聚力做强优势特色产业,三次产业同向发力,从供给端稳住了经济发展基本盘。

1. 农业生产形势良好

持续加大农业生产支持力度,抓紧抓实粮食生产和特色产业发展,千方百计扩数量、提质量、增产量,全力推动农业经济较快发展。2024年前三季度,全区实现农林牧渔业总产值613.19亿元,同比增长6.2%,增速居全国第二位。其中,占农林牧渔业总产值73.7%的"六特"产业产值452.07亿元,增长5.0%,拉动农林牧渔业总产值增长3.8个百分点。一是全年粮食再获丰收。全区粮食总产达到385.9万吨,同比增加7.1万吨,增长1.9%,实现"二十一"连丰。二是畜牧业贡献突出。2024年前三季度,全区肉牛出栏同比增长18.1%,羊出栏增长5.4%,猪出栏增长2.8%,家禽出栏增长3.9%。畜牧业产值263.73亿元,增长9.5%,占农林牧渔业总产值的比重为43.0%,对农林牧渔业总产值增长的贡献率为68.0%,拉动农林牧渔业总产值增长4.2个百分点。三是主要农产品供给充足。2024年前三季度,全区蔬菜及食用菌产量同比增长5.0%,园林水果产量增长16.6%,

肉产量增长 10.2%，牛奶产量增长 9.8%，水产品产量增长 4.6%。四是农业项目建设扎实推进。2024 年前三季度，全区完成高标准农田建设 71 万亩，发展高效节水农业 44 万亩。

2. 工业持续较快增长

全区上下加大运行调度和助企纾困力度，积极推动企业产销供需对接，着力降低企业生产成本，努力稳定重点企业生产经营，力促工业继续保持较快增长。2024 年 1—11 月，全区规模以上工业增加值同比增长 9.4%，比全国高 3.6 个百分点，增速居全国第三位。其中，重工业增长 9.9%，轻工业增长 4.1%。一是制造业拉动作用明显。占全区规模以上工业增加值 62.5% 的制造业增加值增长 12.0%，对规模以上工业增加值增长的贡献率为 80.4%，拉动规模以上工业增加值增长 7.6 个百分点。采矿业增加值增长 7.6%。电力、热力、燃气及水生产和供应业增加值增长 2.9%。二是主要行业支撑有力。全区规模以上工业 14 个行业中有 11 个实现增长，其中，煤炭行业增加值增长 8.4%，电力行业增长 3.0%，石油石化行业增长 5.9%，化工行业增长 31.5%，冶金行业增长 13.2%，电子行业（主要是晶硅材料）增长 3.1%，建材行业增长 4.0%，纺织行业增长 5.4%，医药行业增长 11.5%，其他行业增长 3.5%。三是各类型企业全面增长。全区规模以上国有控股企业增加值同比增长 5.5%，民营企业增加值增长 12.8%，外商及港澳台商投资企业增加值增长 25.6%；大中型工业企业增加值增长 8.6%，小微型工业企业增加值增长 11.7%。四是重点产品扩产增量。全区重点监测的产品中，原煤产量同比增长 4.7%，工业发电量增长 2.6%，硫酸增长 27.0%，烧碱增长 15.0%，电石增长 9.5%，精甲醇增长 12.6%，化肥增长 12.5%，初级形态塑料（聚丙烯、聚氯乙烯）增长 19.5%，化学药品原药增长 28.6%，化学纤维（氨纶、芳纶）增长 20.0%，铝材增长 25.7%。

3. 服务业恢复向好

深入实施"现代服务业扩容提质工程"，全力推动服务业恢复向好。2024 年前三季度，全区服务业增加值同比增长 2.8%，比上半年加快 0.3 个百分点。交通运输、仓储和邮政业，住宿和餐饮业，文化、体育和娱乐业等假日经济相关行业发展良好，增加值同比分别增长 2.9%、4.5% 和 9.4%，合计拉动经济增长 0.3 个百分点。文旅市场持续火热，接待游客、旅游花费分别增长 20.1% 和 18.0%。以信息技术为代表的现代服务业增势较好，全区信息传输、软件和信息技术服务业增加值同比增长 6.7%，拉动经济增长 0.3 个百分点。

（三）内需潜力持续释放，好的政策形成合力

内需市场一头连着经济发展，一头连着社会民生。2024 年，各地各部门围绕扩内需出台了一系列针对性、组合性强的政策措施，积极扩大有效投资，促进消费加快回暖。

1. 投资增速持续加快

深入开展"项目投资攻坚年"行动，狠抓增发国债、"两重"等重大项目建设，力促投资规模扩大、增速回升。2024 年 1—11 月，全区固定资产投资同比增长 7.6%，比 1—10 月加快 0.8 个百分点，比全国高 4.3 个百分点，增速居全国第三位。一是三次产业投资全面增长。全区第一产业投资同比增长 9.2%，比 1—10 月加快 0.8 个百分点；第二产业投资增长 13.5%，加快 0.2 个百分点；第三产业投资增长 0.7%，加快 1.1 个百分点。二是工业投资支撑作用明显。占全区投资 54.3% 的工业投资同比增长 13.5%，比 1—10 月加快 0.2 个百分点，拉动全区投资增长 7.0 个百分点。其中，电力、热力、燃气及水生产和供应业投资增长 37.7%，采矿业投资增长 18.8%。三是基础设施投资较快增长。全区基础设施投资同比增长 9.5%，拉动全区投资增长 1.5 个百分点。其中，水利、环境和公共设施管理投资增长 38.5%，信息传输和信息技术服务业投资增长 44.2%。

2. 市场消费回升向好

全区消费品以旧换新、汽车报废或置换更新、契税消费券等政策继续发力见效，新能源汽车、家用电器、通信器材等消费品零售额较快增长，带动全区市场消费连续 5 个月回升。一是社会消费品零售总额较快增长。2024 年 1—11 月，全区社会消费品零售总额 1308.3 亿元，同比增长 5.3%，比 1—10 月加快 0.6 个百分点，比全国高 1.8 个百分点，增速居全国第五位。其中，限额以上消费品零售额 503.94 亿元，同比增长 7.9%，比 1—10 月加快 1.3 个百分点，比全国高 5.3 个百分点，增速居全国第三位。二是重点商品销售持续向好。全区重点监测的 18 类限额以上商品中有 10 类实现增长。其中，政府消费券涉及的粮油食品类零售额增长 3.5%，饮料类增长 33.4%，石油及制品类增长 7.0%；消费品以旧换新涉及的汽车类零售额增长 24.1%，家用电器和音像器材类增长 8.7%，家具类增长 48.5%，通信器材类增长 40.5%。三是新能源车销售强劲。2024 年 1—11 月，全区限额以上新能源汽车零售额 99.67 亿元，同比增长 1.5 倍，比 1—10 月加快 9.8 个百分点，拉动限额以上消费品零售额增长 12.8 个百分点。新能源汽车占限额以上消费品零售额比重由上年同期的 8.6% 提高到 19.8%。

（四）向新求质取得突破，新的动能加力提速

2024 年以来，全区坚持向新而行、向绿而进，不断强化科技赋能，新质生产力加快发展、新动能培育壮大、新优势加快塑造。

1. 新兴产业加速培育

2024 年 1—11 月，全区水电、风电、太阳能等可再生能源发电量增长 8.5%，工业机器人增长 38.5%；1—10 月，规模以上信息传输、软件和信息技术服务业营业收入同比增长 6.3%，比规模以上服务业营业收入高 5.0 个百分点。

2. 创新投资加快落地

聚焦八大领域开展大规模设备更新改造。2024 年 1—11 月，全区工业技改投资同比增长 7.2%；高技术服务业投资增长 51.8%，比 1—10 月加快 21.6 个百分点。

3. 数实融合日益深化

2024 年前三季度，全区实物商品网上零售额同比增长 11.0%，占社会消费品零售总额的比重为 9.3%，较一季度、上半年分别提高 8.5 个和 0.6 个百分点。

4. 市场主体持续增加

据自治区市场监管厅统计，2024 年 1—11 月，全区新增市场主体 10.27 万户。11 月末，全区市场主体总量 83.61 万户，同比增长 3.2%，其中，企业 23.26 万户，增长 4.7%；个体工商户 59.11 万户，增长 2.9%。

（五）厚植发展绿色底色，美的生态亮出成效

以黄河流域生态保护和高质量发展先行区建设为牵引，协同推进降碳、减污、扩绿、增长，让高颜值生态成为宁夏的亮丽名片。

1. 生态环境质量不断改善

据自治区生态环境厅统计，2024 年 1—11 月，全区优良天数比例 80.7%，与上年同期持平；细颗粒物（PM$_{2.5}$）平均浓度为 30 微克/立方米；地表水国家考核的 20 个断面水质优良比例为 90.0%，同比上升 10.0 个百分点。

2. 大力推动绿色低碳发展

2024 年 1—11 月，全区规模以上工业单位增加值能耗同比下降 4.2%，连续 6 个月下降。其中，银川市、石嘴山市、吴忠市和中卫市规模以上工业单位增加值能源消耗同比分别下降 2.5%、3.1%、10.6% 和 6.5%。

（六）民生保障有力有效，保的底线更加牢固

围绕保供稳价、稳岗就业、增收致富，深入实施"六大提升行动"，扎实推进"八项民生工程"，77% 的财力用于民生事业，着力兜牢底线、补齐短板。

1. 城乡就业形势稳定

据自治区人力资源和社会保障厅统计，2024 年 1—11 月，全区城镇新增就业 8.28 万人，同比增长 1.5%，完成全年目标任务的 103.5%；农村劳动力转移就业 83.95 万人，增长 0.4%，完成全年目标任务的 104.9%。

2. 居民收入稳定增加

据宁夏调查总队统计，2024 年前三季度，全区全体居民人均可支配收入 23421 元，同比增长 5.6%，比全国高 0.4 个百分点。其中，城镇常住居民人均可支配收入 32253 元，同比增长 4.9%，比全国高 0.4 个百分点；农村常住居民人均可支配收入 12167 元，增长 7.0%，比全国高 0.4 个百分点，快于城镇 2.1 个百分点。脱贫县农村居民收入稳步增长。2024 年前三季度，全区脱贫县农村居民人均可支配收入 9838 元，同比增长 7.1%，比全国脱贫县农村居民人均可支配收入增速快 0.2 个百分点，分别高于全国和全区农村居民人均可支配收入增速 0.5 个百分点和 0.1 个百分点。

3. 消费价格小幅下降

据宁夏调查总队统计，2024 年 1—11 月，居民消费价格同比下降 0.3%，与 1—10 月持平，比全国低 0.6 个百分点。11 月，全区居民消费价格同比下降 0.6%，与 10 月持平，比全国低 0.8 个百分点。

二、当前经济运行中存在的主要困难和问题

当前，全区经济回升向好的基础不牢固，市场信心不足、预期不稳等问题较为突出，实体经济发展困难较多，地区间、产业间、企业间发展分化明显，经济下行压力依然较大。

（一）工业增速持续回落，部分企业经营困难

2024 年 1—11 月，全区规模以上工业增加值增速比一季度、上半年、前三季度分别回落 4.5 个、3.4 个和 0.7 个百分点。一是市场预期持续偏弱。11 月，全区制造业采购经理指数为 49.4%，连续 7 个月处于荣枯线以下，比全国低 0.9 个百分点，2024 年各月均低于全国。二是主要行业拉动减弱。1—11 月，全区电力、化工、电子行业增加值增速比 1—10 月分别回落 1.5 个、0.6 个和 1.8 个百分点，合计比 1—10 月少拉动规模以上工业增加值增长 0.6 个百分点。有色行业增加值下降 8.3%，轻工行业下降 3.1%，机械行业下降 14.5%。三是企业利润降幅扩大。1—10 月，全区规模以上工业企业利润总额 263.3 亿元，同比下降 24.0%，比全国多降 19.7 个百分点，其中制造业利润下降 53.1%。41.2% 的规模以上工业企业亏损，亏损面比上年同期扩大 3.0 个百分点。四是部分产品产量下降。1—11 月，全区重点监测的工业产品中，大米产量同比下降 16.2%，乳制品下降 3.2%，单晶硅下降 12.4%，多晶硅下降 32.0%，水泥下降 12.9%，钢材下降 7.5%，铁合金下降 15.7%，原铝下降 6.3%，金属切削机床下降 6.8%，风力发电机组下降 30.9%，变压器下降 44.9%，电力电缆下降 39.1%，工业自动调节仪表与控制系统下降 2.7%。

（二）部分领域投资下降，投资活力还需增强

一是制造业投资持续下降。2024 年 1—11 月，全区制造业投资同比下降 6.3%，连续 6 个月下降，降幅比 1—10 月扩大 2.1 个百分点，制造业投

资占全区投资比重由上年同期的 26.2% 回落到 22.9%。二是房地产开发投资下降。1—11 月，全区房地产投资同比下降 4.2%，2024 年以来持续下降。其中，住宅投资 317.03 亿元，下降 3.6%。商品房销售面积 486.25 万平方米，下降 24.1%；商品房销售额 329.48 亿元，下降 26.3%。三是交通运输业投资下降。1—11 月，全区交通运输业投资同比下降 24.5%，降幅比 1—10 月扩大 1.7 个百分点，比上年同期扩大 10.7 个百分点，下拉全区投资增长 1.8 个百分点。四是民间投资活力不足。1—11 月，全区民间投资同比下降 5.4%，连续 8 个月下降，比全国多降 5.0 个百分点。其中，占民间投资 56.0% 的工业民间投资下降 9.3%，占民间投资 32.2% 的房地产开发民间投资下降 8.0%。民间投资占全区投资的比重由上年同期的 58.2% 回落到 51.2%。

（三）消费增长后劲不足，重点企业销售下降

一是政策效应减弱。消费品以旧换新政策实施以来，全区限额以上消费品零售额保持较快增长态势，9 月、10 月、11 月分别增长 34.2%、30.4% 和 20.2%。随着全区消费品以旧换新政策资金使用接近尾声，年末限额以上消费品零售额保持较快增长的难度加大。二是燃油汽车销售低迷。1—11 月，占汽车类零售额 54.3% 的燃油汽车零售额同比下降 12.8%，下拉限额以上消费品零售额增长 3.7 个百分点，是影响限额以上消费品零售额增长的主要因素。三是重点零售企业销售下降。1—11 月，占全区限额以上消费品零售额 14.7% 的 38 户综合零售企业零售额同比下降 1.7%，下拉限额以上消费品零售额增长 0.3 个百分点。四是限额以上批发业销售额降幅扩大。1—11 月，全区限额以上批发业销售额同比下降 2.4%，降幅比 1—10 月扩大 0.3 个百分点。

（四）服务业增速趋缓，对经济增长的贡献减弱

近年来，全区服务业占比下降、增速回落、贡献减弱。服务业增加值占全区生产总值比重由 2020 年的 50.3% 波动回落到 2023 年的 45.1%，比全国低 9.5 个百分点。服务业增速总体低于经济增速。2020—2023 年，服务业增加值年均增长 4.2%，比全区经济增速低 1.1 个百分点，对经济增长的贡献率由 47.4% 下降到 35.2%。2024 年前三季度，全区服务业增加值仅增长 2.8%，增速比全国低 1.9 个百分点，贡献率同比回落 9.9 个百分点，比全国低 25.9 个百分点。

（五）城乡居民收入偏低，与全国差距较大

全区城乡居民人均可支配收入长期居全国中等靠后的位次。2024 年前三季度，全区全体居民人均可支配收入 23421 元，比全国平均水平低 7520 元，是全国平均水平的 75.7%，差距较大。其中，城镇居民人均可支配收入 32253 元，居全国第二十四位；农村居民人均可支配收入 12617 元，居全国第二十六位。与往年相比，2024 年全区居民收入增长也趋缓。前三季度，全区城乡居民人均可支配收入同比分别增长 4.9% 和 7.0%，比上半年分别回落 0.4 个和 0.3 个百分点，比上年同期分别回落 1.3 个和 1.0 个百分点。下阶段，受经济下行压力较大、工资性收入和种粮等务农收入增长放缓的影响，居民增收面临较多的制约因素。

三、促进经济平稳健康发展的建议

2025 年是"十四五"规划收官之年，也是"十五五"规划谋划之年。宁夏上下要全面贯彻落实党的二十届三中全会和中央经济工作会议精神，深入贯彻落实习近平总书记考察宁夏重要讲话精神，按照自治区党委和政府的部署要求，以黄河流域生态保护和高质量发展先行区建设为牵引，坚持精耕细作、精打细算、精准发力，锚定发展目标，凝聚最大合力，高质量完成"十四五"规划目标任务，为加快建设美丽新宁夏、奋力谱写中国式现代化宁夏篇章奠定坚实基础。

（一）狠抓政策落实，创造良好发展环境

当前，中央和自治区出台了一揽子增量政策，政策措施成效明显，要精准研判，狠抓落实，保持政策措施的连续性和稳定性，稳定市场主体预期。抓好重大改革举措落地见效，扩大优质增量供给，提高生产效率，着力培育一批"千百十"亿级产业、园区、企业和项目，增强传统产业和优势产业整体实力。深入推进国内统一大市场建设，继续深化"放管服"改革，优化营商环境，增强企业获得感，着力发展实体经济和民营经济。做好防范金融风险各项工作，解决好企业融资难问题，提升金融服务实体经济的能力。

（二）夯实粮食安全，做优做强特色农业

一是抓好粮食生产。稳定粮食种植面积，优化农业种植结构，加大科技投入力度，提高粮食单产，努力实现粮食增产增收，为农林牧渔业总产值稳定增长奠定基础。二是做优"六特"产业。加快现代化产业体系建设，巩固提升牛奶、肉牛、滩羊等产业良好发展势头，引导养殖户加大补栏出栏力度，为农林牧渔业总产值稳定增长提供持久动力；持续推进葡萄、枸杞、冷凉蔬菜产业发展，扩大产业规模，提升质量效益，巩固农业发展良好势头。三是持续改善生产条件。加大农田水利基础设施体系建设，推进高效节水改造和灌溉，不断提升耕地质量；加大田间管理，提高灾害防御能力；增强农户投保意识，扩大农业保险覆盖面，尽量减少因灾造成的利益损失。

（三）强化对标升级，促进工业提质增效

一是改造提升传统产业。坚持从培育壮大新动能和改造提升传统动能两方面入手，通过技术改造、"两化"融合、建链补链、集群发展等综合施策，引导传统产业向价值链高端发展，推动"老产业"焕发"新活力"。二是建设具有宁夏特色的现代化产业体系。支持"六新六特六优+N"产业做大做强，统筹推进现代煤化工、新型材料、清洁能源、数字信息、特色农牧业、文化旅游等优势特色产业向高端化、绿色化、智能化、融合化、集群化迈进，着力构建新型能源体系和新型电力系统。三是大力发展工业园区。紧紧围绕发挥开发区平台作用，不断优化调整产业布局，提升开发区服务质量，多措并举提升开发区承载能级。四是大力发展新质生产力。支持企业采取新技术、新工艺，推进工业生产实现节能降耗、绿色低碳发展。认真组织开展技术创新，围绕先进光伏、高性能金属、装备制造、葡萄酒、乳制品等产业链建设一批重点实验室、技术中心、设计中心等专业化的技术创新平台。

（四）扩大有效投资，夯实经济发展基础

一是加大项目谋划储备力度。聚焦交通、水利、农业、医疗、教育、社会保障等关键领域，谋划一批打基础、利长远、补短板、调结构的重大

项目，为投资稳定增长提供项目支撑。二是优化项目建设要素保障。推进用地、用水、用能等要素向重点项目倾斜，确保重点项目尽早开工；积极加强银企对接，加大金融机构信贷支持，确保项目建设顺利推进。三是大力推进精准招商。更加注重通过政策招商、园区招商、产业链招商、以商招商等多种方式，引导资金投向战略性新兴产业和传统优势产业转型升级，积极扩大有效投资。四是充分调动民间投资积极性。推出一批面向社会资本参与的重大项目，不断激发民间投资活力，支持民间投资向更广领域和更深层次拓展，发挥民间资本对投资的有效带动作用。五是持续用力推动房地产市场止跌回稳。因城施策、精准施策，扎实做好保交楼、保民生、保稳定各项工作，支持刚性和改善性住房需求，提振房地产市场信心，促进房地产市场平稳健康发展。

（五）鼓励扩大消费，增强发展内生动力

一是持续开展促消费活动。统筹调度各方力量，实施更大力度的促消费政策，充分释放消费潜力，促进新能源汽车、智能家电等大宗商品消费，有力推动消费市场加快回暖。二是推动新型消费发展。加速推进消费市场线上线下融合，完善物流、配送等配套服务，扩大本地产品外销，让宁夏更多的特色优质产品走向市场。推动传统商业综合体加快创新转型，通过改造提升推动形成一批高品位街区，促进商圈建设与繁荣。三是营造良好消费环境。围绕居民吃穿用住行和服务消费升级方向，适应居民分层次多样性消费需求，完善城乡商业网点布局，畅通消费供应渠道，大力发展便利店、社区菜店等社区商业，促进社区生活服务集聚式发展，鼓励建设社区生活综合服务中心，打造更为便捷高效生活服务圈，促进消费市场人气回暖。四是推动农村居民消费梯次升级。鼓励和引导农村居民增加交通通信、文化娱乐、汽车等消费，推动电子商务向广大农村地区延伸覆盖。

（六）增加居民收入，切实改善民生福祉

一是多措并举促进高质量充分就业。始终将就业作为最大的民生，大力拓宽就业渠道，引导高校毕业生到中小企业、非公经济和基层就业，落实创业培训补贴、小额担保贷款及贴息、税费减免等政策，突出抓好高校毕业生、脱贫人口、农民工等重点群体的稳岗就业工作。二是提高居民收入。合理调整收入分配，通过提高普通职工、离退休人员工资水平和建档立卡贫困人口、农民务工收入，实现居民收入的增长与经济发展同步。三是全面推进社会事业发展。以推进新型城镇化建设为抓手，切实提高教育、医疗、住房和社会保障等基本公共服务水平，解决好"一老一小"难题，让更多的人共享改革和发展成果，不断增进人民群众获得感、幸福感、安全感。

2024—2025年宁夏农业农村经济运行情况分析与对策建议

王慧春

2024年，自治区党委、政府坚持以习近平新时代中国特色社会主义思想为指导，全面贯彻落实党的二十大和二十届二中、三中全会精神，深入贯彻落实习近平总书记关于"三农"工作的重要论述和重要指示，认真贯彻落实党中央决策部署，深入学习运用"千万工程"经验，全面落实"两确保、三提升、两强化"重点任务，乡村全面振兴样板区建设取得明显成效。2024年1—9月，全区农林牧渔业总产值613.3亿元，同比增长6.2%，第一产业增加值288.75亿元，增长6.3%，农民人均可支配收入12167元，增长7.0%。

一、基本情况

（一）持续抓好粮食生产

一是粮食产量稳定增长。全面落实新一轮千亿斤粮食产能提升行动，合理划定粮食生产功能区和重要农产品生产保护区，大力实施粮食单产提升工程，坚持分品种压实种植面积、分环节挖掘增产潜力、分类型健全防灾机制、分主体调动种粮积极性，全年完成粮食播种面积1045.6万亩，超额完成国家下达目标任务11.6万亩，预计粮食总产量383.9万吨，较上年

作者简介：王慧春，自治区人民政府研究室（发展研究中心）农村处处长。

增加 4.2 万吨，粮食生产实现"二十一连丰"。二是加强耕地保护和建设。严格落实耕地保护制度，聚焦建设全国整省域高标准农田、现代高效节水农业和盐碱耕地综合利用"三个示范区"，深入实施耕地保量提质工程和高效节水农业"三个百万亩"工程。截至 2024 年 10 月，新建高标准农田 77 万亩，发展高效节水农业 47 万亩，改造利用盐碱地 13 万亩。三是强化科技支撑。深入实施农业关键核心技术攻关、种业振兴、农机装备补短板 3 项行动，农业主推技术到位率保持在 95%以上，主要农作物良种覆盖率、耕种收综合机械化率分别达到 97.5%、84%，分别高于全国平均水平 0.2 和 9 个百分点，粮食和重要农产品安全供给基础不断夯实。

（二）持续提升特色产业发展水平

一是特色农业加快发展。实施现代农业"十强行动"，狠抓平台载体创建、农产品精深加工、乡村旅游、品牌培育和市场衔接，举办宁夏精品中国行、全国知名蔬菜经销商走进宁夏等系列推介活动，深化与北京新发地、上海蔬菜集团、深圳百果园、夏商集团超市等知名企业和大型商超合作，及时出台"促进牛奶产业稳定发展 15 条""促进肉牛产业高质量发展 12 条"等一揽子政策措施，全产业链打造葡萄酒、枸杞、牛奶、肉牛、滩羊、冷凉蔬菜六大产业集群，创建国家级现代农业产业园 5 个、农业现代化示范区 6 个、农业产业强镇 19 个。贺兰山东麓葡萄酒、中宁枸杞、盐池滩羊品牌价值跃升至全国区域品牌百强榜第 7、第 13 和第 30 位。截至 2024 年 9 月底，酿酒葡萄、枸杞、蔬菜种植面积分别为 60.6 万亩、22.93 万亩和 223.5 万亩，奶牛存栏、肉牛和滩羊饲养量分别达到 87.8 万头、235.8 万头、1395.3 万只，以"六特"为重点的产业产值占比达 83%。二是促进产业融合发展。大力实施农产品加工业提升行动，支持企业开展农产品加工装备改造升级，蒙牛数智化工厂、融侨肉牛屠宰加工、盐池滩羊肉深加工等一批重大项目建成投产，全区农产品加工企业 2379 家，农产品加工转化率达到 72.5%。协同推进农文、农旅、农商、农体融合，开展美丽乡村休闲旅游精品线路推介，打造全国休闲农业重点县、中国美丽休闲乡村和宁夏十大特色集市，培育出"稻渔空间"、龙王坝等一批农旅融合典型，累计创建国家级休闲农业示范县 11 个、中国美丽休闲乡村 32 个。三是构建长效利益联结机制。深入实施农业产业化龙头企业"双倍增计划",大力开展家庭农场培育和农民合作社规范提升行动,创新发展农业社会化服务,组建"公司+基地+农户""龙头企业+专业合作社+农户"等联合体,探索"订单收购+分红""农民入股+保底收益+按股分红"等模式,多元化新型农业经营主体蓬勃发展。累计培育国家级龙头企业 30 家、自治区级龙头企业 390 家、农民专业合作社 6353 家、家庭农场 14329 家,农业社会化服务组织突破 1600 家,带动全区 60%以上的农户参与产业化经营。

(三) 持续巩固拓展脱贫攻坚成果

一是健全完善防返贫监测帮扶机制。聚焦收入不增反降脱贫户、"八必访"对象等重点群体,通过农户自主申报、基层干部排查、部门大数据筛查预警等措施,累计识别监测对象 2.38 万户 9 万人,99.6%已落实各类帮扶措施,54.8%已消除返贫风险。二是加强常态化帮扶支持。通过涉农资金整合、定点帮扶、金融支持、消费帮扶等,加大对乡村振兴重点帮扶县支持力度,深入开展"万企兴万村"和"百校联百县兴千村"行动,受益脱贫人口和监测对象 46 万人。三是深化闽宁协作。持续完善闽宁协作运行机制,在银川召开闽宁协作第二十八次联席会议,闽宁协作向更深层次、更高水平、更宽领域发展。建设闽宁产业园 12 个,打造闽宁乡村振兴示范村 119 个,带动就业超 10 万人。四是强化稳岗就业。深化城乡居民增收和百万移民致富提升行动,促进脱贫人口增收和低收入组脱贫人口持续稳定增收。大力实施防止返贫就业攻坚行动,深化东西部劳务协作,出台促进农民工就业创业 17 条、稳内拓外促进农村劳动力高质量充分就业 20 条等政策,稳定和扩大有组织、定向化、技术型劳务输出,千方百计稳定农村劳动力务工就业规模。截至 2024 年 9 月底,全区农村劳动力转移就业82.97 万人,其中脱贫劳动力转移就业 30.98 万人,分别完成全年目标任务的 104%和 126%。

(四) 持续深化农村改革

一是深化农村土地制度改革。积极探索农村土地"三权分置"有效实现形式,全面开展确权登记颁证,全区累计确权 1561.9 万亩,确权率达96.1%。扎实推进对 4 县 12 村的全国第二轮农村土地承包到期后再延长 30

年试点工作,规范有序流转承包地 381.7 万亩,流转率达到 23.3%。稳慎推进农村宅基地制度改革试点,创新"移民安置+""乡村建设+""产业发展+"等盘活利用闲置宅基地和闲置住宅方式。二是深化农村集体产权制度改革。推进农村"资源变资产、资金变股金、农民变股东"改革,扎实开展集体"三资"监管突出问题集中专项整治,搭建自治区、市、县、乡、村五级监管平台。全区清查核实农村集体资产 282.4 亿元,鉴定确认集体经济组织成员身份 416 万人,颁证率 90%以上,累计折股量化资产 40.6 亿元。三是发展壮大村级集体经济。出台激励村干部发展壮大村级集体经济实施办法、壮大新型农村集体经济实施意见等政策文件,探索资源利用、产业带动、股份合作、经营服务等集体经济发展类型,不断增强村集体"造血"功能。全区农村集体经济总收入突破 24 亿元,87.3%的村实现了稳定经营收益。

(五)持续促进城乡融合

一是农业支持保护制度不断完善。出台实施《宁夏回族自治区乡村振兴促进条例》等,建立财政资金投入增长机制。强化金融支持,深入实施金融科技赋能乡村振兴示范工程和整村授信工程,创新推广"青贮贷""奶牛场地上附着物评估抵押"等金融产品,不断解决经营主体、小农户贷款难、融资难等问题。及时出台农业保险保费补贴管理办法和创新试点政策,推出肉牛、滩羊、葡萄等地方优势特色农产品保险,险种增加到三十类 58 个品种。

二是乡村建设水平不断提升。加快城乡基础设施和公共服务均等化发展,扎实开展"提升农村公路质量服务乡村振兴三年攻坚行动"、农村电网工程和北方地区冬季清洁取暖项目及"互联网+城乡供水",全区行政村通硬化路率达 100%,农村自来水普及率 95.8%,行政村卫生室覆盖率98.5%。持续推进农村人居环境整治提升,农村卫生厕所普及率、生活垃圾治理村庄占比、生活污水治理率分别达 69%、95%、35.6%。综合治理农业面源污染,推进秸秆粪污"两利用"、化肥农药"两减量"、农用残膜和农药包装废弃物"两回收",全区化肥、农药利用率分别为 41.5%、41.8%,农作物秸秆、畜禽粪污综合利用率均达到 90%以上,农用残膜回收利用率 88%。

三是乡村治理效能不断提升。坚持党建引领，县、乡、村三级联动，自治、法治、德治结合，持续巩固整省域乡村治理示范创建成果，"积分制""清单制"实现行政村全覆盖，常态化开展"一村一年一事"行动，深入推进农村移风易俗，大力开展全区农村高额彩礼专项治理，创建全国乡村治理示范村镇 3 个、示范村 27 个。

二、存在问题及成因分析

当前，宁夏仍然存在现代农业发展质量不高、农民增收压力增大、乡村振兴体制机制尚不完善、城乡融合发展不充分等短板弱项和现实问题。

（一）现代农业发展水平有待提升

一是产业体系还不够优。农业特色产业规模较小，产品附加值较低，农产品加工仍处于"粮去壳""菜去帮""牛变肉"的低层次初级阶段，全区 85% 的农产品加工企业是中小企业和加工作坊，90% 以上的牛奶以常温液态奶销售，70% 的肉牛以活体牛外销，大多数酒庄仍以传统"种好葡萄酿好酒"方式发展，缺少文化旅游、休闲体验、产学研用等经营模式，全区主要农产品加工业产值与农业总产值比为 2:1，与全国 2.5:1 有较大差距。

二是生产体系还不够强。支撑农业发展的土地、水等资源供需矛盾比较突出，全区人均水资源占有量不足全国平均水平的 1/3，农业用水仍占 81.8%，高于全国 62.2% 的平均水平。耕地质量平均等级为 6.85 等，与全国平均 4.76 等的差距较大，旱耕地占比 55%，超过全国 50% 的平均水平。葡萄、枸杞种植距离百万亩发展目标用地缺口较大。农业科技产学研深度融合机制尚未形成，聚焦特色农牧业发展的重大科技成果偏少、实用型科技成果转化率偏低。优质种质资源大量依赖外购，全区 223 家农业种企中仅有 17 家开展科研育种，奶牛基本从国外引进，肉牛国外品种占 75% 以上。农机化率山川不平衡，南部山区平均水平比全国低 8 个百分点。劳务、物流配送等农业生产费用逐年攀升，尤其是枸杞采摘、蔬菜采收、酿酒葡萄埋藤出土用工量大，劳务成本持续增加。同时，受市场大环境影响，化肥、农药、种子、饲草料价格虽有回落但仍高位运行，奶价连续 27 个月下跌，牛肉价格连续 11 个月下跌，种养殖业盈利空间有限。

三是经营体系还不够活。新型农业经营主体总体偏弱，能够实现种养加销一体化发展的还比较少，国家级农业产业化龙头企业仅占总量的 1.3%，绝大多数农业社会化服务组织规模小、服务范围窄，服务能力不强。农产品有品质无品牌、有产量无销量、有名气无人气现象仍然存在，除葡萄酒、枸杞以外的农产品在市场上的知晓度、认可度和美誉度不高。近七成的酒庄、超一半的枸杞企业缺乏专业化营销团队和现代化营销手段，牛奶、肉牛产业养殖端在利益分配中仍处于弱势地位，加工企业处于主导地位，拥有话语权，产销没有真正形成利益共同体。

（二）农民持续稳定增收压力较大

一是城乡收入差距仍然较大。2023 年，全区城乡居民收入比 2.39，绝对差距达 24623 元。2024 年前三季度，全区城乡居民收入比 2.65，绝对差距 20086 元。

二是农村居民收入潜力仍需挖掘。全区农村居民经营净收入占比 41.3%，高于全国 7 个百分点，而工资性收入、财产净收入、转移净收入占比分别为 37.4%、1.1%、20.1%，低于全国 4.8 个、1.3 个、0.9 个百分点，农民工资性收入、财产净收入等方面潜力亟须挖掘。

三是种养殖业效益持续下滑。受人工、化肥、农药、种子等价格持续上涨影响，农民种粮效益有所下降，水稻、小麦、玉米三大粮食作物的亩均纯收益分别为 10.6 元、-139.1 元和 376.1 元。2024 年小麦收购价、玉米市场价格每斤同比分别下降 0.25 元、0.3 元，严重影响农民种粮积极性。2024 年上半年，全区畜禽产品价格总体下降 9.5%，其中活牛、活羊、生鲜乳价格分别下降 19.2%、7.0% 和 13.0%，大部分养殖场亏损经营，养殖业效益持续下滑。

四是联农带农机制还不完善。广大农户与新型农业经营主体的关系仍停留在流转土地挣租金、零散打工挣工资的阶段，整体利益联结仍不够紧密。近两年，经营主体因牛奶、肉牛、滩羊等产业市场价格处于低位，持续健康发展面临很大困境，不但影响了与农户的稳定合作，而且对农民稳定增收产生了一定影响。

五是脱贫攻坚成果巩固仍需用力。全区仍有一定数量的脱贫不稳定户、边缘易致贫户和突发严重困难户，防止返贫动态监测对象中还有近1.1万户4.1万人没有消除返贫风险。2024年上半年，脱贫县农村居民人均可支配收入6203元，比全区农民人均收入低774元，比全国低5069元。农村集体经营收益低于5万元的"空壳村"还有286个，占比12.7%，对促进脱贫人口持续增收、脱贫地区稳定发展支撑能力不强。

（三）乡村全面振兴体制机制亟待健全

一是投入保障还不足。调研了解到，过渡期内74%的中央及自治区衔接资金用于支持9个乡村振兴重点帮扶县，而川区在乡村基础设施建设、公共服务等方面投入不够，与山区差距较大。金融支持乡村全面振兴方式与多元融资需求变化不相适应，涉农信贷产品额度小、期限短，无法匹配农业生产周期长、季节性变化的需求，养殖场土地、动物活体、葡萄园确权颁证难，难以作为有效抵质押物，农业经营主体贷款意愿不强。同时，随着国家土地政策缩紧，存量集体建设用地零星碎片、闲置宅基地和闲置农房盘活利用不充分，乡村建设用地紧缺，加之农村青壮年劳动力大量转移，导致高素质劳动者不足和"用工难"等问题，社会力量参与乡村发展的积极性还不强。

二是乡村建设短板仍然突出。城乡基础设施和公共服务仍未一体化发展，水、气、热等市政公用设施尚未实现城乡互联互通，城市的污水、生活垃圾处理率分别为98.2%、100%，而农村仅为35.6%、25%。农村低收入家庭享受义务教育阶段优质教育资源的可及性较低，农村基层医疗队伍流动性较大、稳定性差，诊疗水平不高，75%—80%的农民在参加养老保险时按照每年200元的最低档缴纳，低于全区和城镇职工基本养老保险平均水平。

三是乡村治理还需加强。一些基层干部推动乡村治理能力偏弱，对政策把握不准。农村精神文明建设与农民精神文化需求还不适应，群众喜闻乐见的文化活动还不多，群众参与度不够高，一些地方天价彩礼、铺张浪费、大操大办等陈规陋习还不同程度存在。

三、思路对策

深入学习贯彻党的二十届三中全会和习近平总书记考察宁夏重要讲话精神，统筹推进新型城镇化和乡村全面振兴，深入学习运用"千万工程"经验，扎实推动乡村"五个振兴"，促进城乡融合发展、共同繁荣。

（一）精准发力抓好粮食生产

落实"藏粮于地、藏粮于技"战略，压紧压实各级党委和政府粮食安全主体责任，加快良田良种良机良法良制系统集成，确保全区粮食播种面积和产量完成国家下达任务。

一是加强耕地保护建设。全面压实耕地保护责任，健全保障耕地用于种植基本农作物管理体系，严格落实耕地占补平衡，加强土地用途管制和监测执法，扎实推进高标准农田和高效节水"三个百万亩"工程，完善建管护长效机制，全力提升耕地质量，打造全国整省域高标准农田示范区、国家现代高效节水农业示范区。

二是强化农业科技创新支撑。加快实施农业产业高质量发展科技支撑、"三百三千"科技服务、"互联网+现代农业"和农业机械化转型升级行动，大力培育农业新质生产力，加快推进中国（宁夏）良种牛繁育中心、盐池滩羊研发中心投运，建好南繁科研育种基地和13个农业特色产业良种繁育基地，保障粮食和重要农产品稳定安全供给。

（二）精耕细作特色农牧业

精准把握引黄灌区、中部干旱带、南部山区地理环境、资源禀赋和开发潜力，走出一条特色化、差异化的产业发展新路子。

一是推进产业集群发展。深入实施特色农业提质计划，科学规划葡萄酒、枸杞、牛奶、肉牛、滩羊、冷凉蔬菜等产业规模，全面推进绿色、有机、地理标志和新"三品一标"示范建设，做强"六盘山牛肉""宁夏牛奶""盐池滩羊""中宁枸杞"等地理标志认证和特色品牌，不断提升优质农产品溢价能力。大力发展农产品精深加工，加快推进高端乳制品、枸杞深加工和肉牛屠宰加工等重点项目建设，开发类别多样、营养健康、方便快捷的系列化产品，不断提高特色农产品附加值。紧盯长三角、粤港澳大湾区、京津冀经济圈等重点消费市场，持续开展"宁夏精品中国行"系列宣传推介活动，加强农企对接、商超合作，打造一批网红直播基地，促进宁夏特色农产品叫响全国。拓展农业多种功能、乡村多元价值，以"六特"产业串联整合休闲、旅游、康养、科普等现代服务业，形成"农业+"全链条发展态势，打造乡村经济新的增长点。

二是推动农业绿色发展。深化国家农业绿色发展先行区建设，大力发展绿色生态循环畜牧业，持续加强农业面源污染治理，开展畜禽粪污资源化利用、秸秆综合利用、农药化肥减量替代、农膜回收利用、受污染耕地综合治理等行动，构建山清水秀、天蓝地绿的农业生产环境。加快推动物联网、大数据、人工智能等数智技术与农业生产深度融合，建设覆盖农业生产全过程全链条的数字化平台，积极培育一批智慧牧场、智能车间、智慧园区，推动农业生产精细化、高效化、标准化。

三是完善联农带农利益联结机制。深入实施新型农业经营主体质量提升、农业社会化综合服务提质增效、"三联三促"行动，加强新型农业经营主体扶持政策同带动农户增收挂钩。健全便捷高效的农业社会化服务体系，探索建立"新型经营主体+村集体经济组织+基地+农户联动"和"入股+务工+分红""订单+分红""社会化服务+节本增效"等利益联结新模式，鼓励开展生产托管、统防统治、机耕机收、预冷烘干、储藏保鲜等服务，发展农业适度规模经营，促进小农户与现代农业发展有机衔接。

（三）精准对标深化农村改革

坚持农村基本经营制度，深入推进农村土地制度、集体产权制度改革，盘活农村资产资源，激发农村发展活力。

一是加快推进承包地"三权分置"。实施好第二轮土地承包到期后再延长30年整县整乡试点，依法保障进城落户农民合法土地权益，确保大多数农户原有承包地保持稳定。完善承包地经营权流转价格形成机制，引导农户依法依规通过出租、入股等方式有序流转承包地，推进土地适度规模经营。有序推进农村集体经营性建设用地入市改革，探索通过出让、出租等方式进行入市交易，健全土地增值收益分配机制，稳步提高土地收入用于农业农村比例。

二是稳慎推进宅基地制度改革。探索农村宅基地资格权限获取和有偿退出机制，鼓励农户和农村集体经济组织将合法拥有的闲置宅基地和住房通过出租、入股、合作等方式盘活利用，推进实现保障居住、管住乱建、盘活闲置。

三是发展壮大新型农村集体经济。巩固提升农村集体产权制度改革成果，鼓励各地充分利用自身资源禀赋、经营能力，探索资源发包、物业出租、居间服务、经营性资产参股等方式发展新型农村集体经济，加快农村产权流转交易市场规范化建设，切实抓好农村集体经济发展壮大项目，推进集体"三资"规范化、信息化、数字化监督管理，加强脱贫攻坚国家投入形成资产的全链条监管，有效盘活农村集体资产资源。

（四）精打细算促进农民增收

深化居民增收和百万移民致富提升行动，加大乡村振兴重点帮扶县支持力度，确保实现脱贫县农村居民人均可支配收入和脱贫人口人均纯收入增速目标，长效巩固拓展脱贫攻坚成果，衔接推进乡村全面振兴。

一是健全防止返贫动态监测和帮扶机制。完善覆盖农村人口的常态化防止返贫致贫机制，紧盯因病因灾因意外事故等重点风险，加强动态监测预警，分层分类精准实施帮扶措施，守牢不发生规模性返贫底线。

二是促进重点群体稳定就业。发挥好东西部协作和中央单位定点帮扶作用，持续深化闽宁等省际劳务协作，扎实推进防止返贫就业攻坚、"万企兴万村"行动，发挥劳务品牌和乡村工匠带动作用，培育壮大劳务中介组织和劳务经纪人队伍，开展有组织、定向化、技术型劳务输出，统筹用好就业帮扶车间、公益性岗位等，精准开展技能培训，根治拖欠农民工工资行为，确保农村劳动力转移就业和脱贫劳动力稳岗就业。

三是不断拓宽农民增收致富渠道。大力发展特色种养、休闲旅游、特色民宿等乡村富民产业，全面落实以工代赈、帮扶车间吸纳、公益岗位安置、就业奖补等就业帮扶措施，严格落实各项强农惠农政策，持续推动基本养老、医疗、失业等参保扩面，提升兜底保障能力，持续增加农民经营性、工资性、转移性和财产性收入。

（五）精益求精推进城乡融合

创新乡村全面振兴新机制新模式，推动城乡产业发展、基础设施、公共服务一体化。

一是完善强农惠农富农支持政策。坚持将农业农村作为一般公共预算优先保障领域，探索建立种养加销全环节补贴机制，加快农业保险扩面、增品、提标，引导金融机构把更多金融资源配置到农村，有序引导社会力量参与乡村发展，形成财政优先保障、金融重点倾斜、社会积极参与的多元投入格局。

二是建设宜居宜业和美乡村。聚焦普惠性、基础性、兜底性民生建设，加快补上农村饮水、道路、住房安全等基础设施短板。深入开展农村环境整治提升，因地制宜推进农村卫生厕所改造，农村生活污水、垃圾治理，健全长效运行管护机制，持续推进村庄清洁行动，集中力量办好村内道路、供排水、寄递物流等民生实事。优化农村基本公共服务布局，巩固拓展"互联网+教育""互联网+医疗"示范区建设成果，加强适老化设施建设和运行管护，强化县域综合服务功能，推动服务中心下移、资源下沉，让农民群众可感可及、得到实惠。

三是提升基层治理效能。持续巩固整省域乡村治理示范创建成果，创新乡村治理数字化等治理平台和载体，深入实施文明乡风建设工程，持续推进移风易俗，深化文明村镇创建，大力推广"积分制""清单制"等务实管用的治理方式，有效遏制高额彩礼、人情攀比等突出问题。鼓励基层自主举办"村BA"、村晚、村跑等"村字号"文化活动，激发乡村发展活力。

四是推进新型城镇化建设。适应乡村人口变化趋势，科学布局建设县城、小城镇和村庄，有效破解村庄地质灾害频发、"空心化"问题突出等难题，推动符合条件的农业转移人口在社会保险、住房保障、随迁子女义务教育等方面与迁入地户籍人口享有同等权利，加快农业转移人口市民化。

2024—2025年宁夏规模以上工业经济运行情况分析与对策建议

张成海

2024年，在自治区党委和政府的正确领导下，全区上下认真贯彻落实党的二十大，二十届二中、三中全会，以及习近平总书记考察宁夏重要讲话精神，全面落实党中央、国务院各项决策部署，始终不渝坚持稳中求进工作总基调，锚定高质量发展首要任务，加快推进产业转型升级，培育壮大新兴动能，稳定重点企业生产经营，积极应对工业经济运行中出现的新特点、新情况、新问题，为工业企业健康发展提供良好的生产经营环境，助力工业经济质效持续恢复向好。1—10月，宁夏规模以上工业延续了年初以来的较快增长态势，工业增加值同比增长9.9%，比全国平均水平高4.1个百分点，增速位居全国第三位、西部第三位、西北第二位。

一、工业经济运行主要特点

（一）工业持续较快增长，拉动增长贡献突出

工业是立区之本、强区之基，工业稳则经济稳，工业兴则经济旺，工业经济在宁夏国民经济中的主导地位突出，发挥着举足轻重的"压舱石""稳定器"作用。2024年前三季度，宁夏工业经济实现增加值1502.6亿元，

作者简介：张成海，自治区统计局工业处副处长，主要研究方向为工业生产统计和工业核算。

占全区生产总值的 38.9%，增速比全区生产总值增速快 3.6 个百分点，对全区生产总值增长的贡献率达到 63.5%，拉动地区生产总值增长 3.1 个百分点。工业经济在全区国民经济中比重大、增长快、贡献足，对国民经济增长的支撑作用突出，确保了全区国民经济平稳较快增长。1—10 月，宁夏规模以上工业增加值同比增长 9.9%。其中，规模以上采矿业同比增长 7.7%，制造业同比增长 12.2%，电力、热力、燃气及水生产和供应业同比增长 4.2%。

（二）各类企业全面增长，民营企业增势良好

2024 年，宁夏上下持续落地落实助企惠企政策措施，着力为企业纾困解难，稳定企业正常生产经营，各类工业企业全面实现增长。1—10 月，占全区规模以上工业增加值 48.0% 的国有控股企业增加值同比增长 6.3%，股份制企业增加值同比增长 8.6%，非公有工业企业增加值同比增长 13.1%，国有企业增加值同比增长 6.3%，大中型工业企业增加值同比增长 9.0%。规模以上民营工业经济充分利用自身产权多元明晰、发展自主灵活的优势特点，增势较为亮眼，成为推动规模以上工业经济健康持续发展的"主力军"。1—10 月，占全区规模以上工业增加值比重 49.9% 的民营企业增势良好，同比增长 13.0%，高出全区规模以上工业平均增长水平 3.1 个百分点，对全区规模以上工业增加值增长的贡献率达到 66.4%，拉动规模以上工业增加值增长 6.6 个百分点。

（三）重点企业稳定生产，主要行业较快增长

重点工业企业具有较强的市场竞争力和研发创新能力，是产业链条关键一环，能够引领产业行业发展方向，辐射带动一批配套企业协同发展。2024 年，宁夏上下着力释放政策措施红利，持续优化营商环境，稳定重点企业生产经营，重点企业增长明显快于规模以上工业增长平均水平，成为全区工业经济持续较快增长的"主引擎"，影响和带动主要工业行业实现较快增长。1—10 月，全区累计产值前 100 户重点企业产值占全区规模以上工业产值比重 69.8%，工业总产值同比增长 1.9%，高于全区规模以上工业总产值平均增长水平 5.7 个百分点；1—10 月，全区规模以上大中型工业企业增加值占全区规模以上工业增加值比重 72.5%，同比增长 9.0%，高于微型工业企业增速 1.6 个百分点，对全区规模以上工业增加值增长的贡献率达 67.0%，拉动增长 6.6 个百分点。

1—10 月，宁夏 14 个工业行业中有 11 个行业同比增长，增长面 78.6%。其中，煤炭行业同比增长 8.2%，化工行业同比增长 32.1%，石油石化行业同比增长 5.5%，冶金行业同比增长 13.1%，建材行业同比增长 4.4%，电子行业同比增长 4.9%，纺织行业同比增长 3.7%，医药行业同比增长 10.2%，烟草行业同比增长 13.8%，电力行业同比增长 4.5%，其他工业行业同比增长 5.4%。11 个增长行业工业增加值占全区规模以上工业增加值比重 88.2%，对规模以上工业增加值增长的贡献率达 111.2，拉动规模以上工业增加值增长 11.0 个百分点。41 个工业大类行业中，有 26 个行业实现增长，增长面 63.4%。其中，煤炭开采和洗选业增长 8.2%，石油、煤炭及其他燃料加工业增长 10.4%，化学原料和化学制品制造业增长 32.3%，橡胶和塑料制品业增长 13.9%，黑色金属冶炼和压延加工业增长 5.1%，金属制品业增长 14.7%，计算机、通信和其他电子设备制造业增长 4.8%，电力、热力、燃气及水生产和供应业增长 4.4%。

（四）转型升级成效显著，新兴产业蓄势赋能

近年来，宁夏持续大力实施创新驱动发展战略，以工业高质量发展为导向，积极推动传统产业改造升级，新兴产业加快培育，蓄力下好可持续发展"先手棋"，有力有效推进产业发展从资源要素依赖到创新驱动发展的华丽转型，一个个科技创新平台批复组建，一批链主企业、专精特新"小巨人"企业、科技"小巨人"企业培育壮大，持续加强行业产业关键共性技术研发和科研成果转化，既聚集培养一批高水平科技创新人才，又研发产出一批优秀科技成果，既增强了行业整体技术创新水平，又有效续接产业链条"断点"、打通"堵点"，不断提升工业企业数字化、智能化、绿色化水平，为高质量发展提供有力支撑。

一是研发经费投入较快增长。2023 年，宁夏规模以上工业企业研究与试验发展（R&D）经费投入 66.88 亿元，占全部企业 R&D 经费投入比重 96.9%，同比增长 12.0%，比全区企业 R&D 经费投入增速高 5.2 个百分点，拉动全区 R&D 经费投入增长 8.4 个百分点。

二是工业投资较快增长。2024 年 1—10 月，宁夏工业投资同比增长 13.3%，比全区固定资产投资平均水平高 6.5 个百分点，其中煤炭开采和洗选业投资增长 10.7%，电力、热力、燃气及水生产和供应业投资增长 37.9%。

三是新兴动能加快培育。1—10 月，宁夏高技术制造业增加值同比增长 3.8%。截至 10 月底，全区在库规模以上工业企业 1575 户，比上年同期增加 71 户，同比增长 4.7%。当年达到规模以上工业标准且纳入统计调查的工业企业 73 户，其中新建纳统工业企业 41 户，比上年同期增加 8 户。

（五）降本增效初具效果，经营状况有所改善

宁夏上下持续打好各项助企纾困政策措施"组合拳"，切实为企业减负担。实施各项普惠性政策措施的同时，相继出台一系列针对性强、操作性高的实际举措，大力推进企业债务化解、生产要素保供、本地产销对接等工作，进一步帮助企业缓解生产经营压力，企业运营成本逐渐下降，企业应收账款逐渐回笼，企业实际生产经营困难有所减缓，经营压力有所减轻。

一是资产负债率下降。截至 10 月末，全区规模以上工业企业资产负债率 66.5%，同比下降 0.4 个百分点。

二是应收账款减少。1—10 月，全区规模以上工业企业应收账款为 1290.5 亿元，同比减少 8.8 亿元，下降 0.7%。

三是营业成本减少。1—10 月，全区规模以上工业企业营业成本 5237.4 亿元，同比减少 354.4 亿元，下降 6.3%；财务费用、管理费用、销售费用、研发费用等四项费用 434.5 亿元，同比减少 22.1 亿元，下降 4.8%。

（六）绿色发展积极推进，社会贡献担当突出

2024 年 2 月，工业和信息化部等七部门联合印发了《关于加快推动制造业绿色化发展的指导意见》，对推动制造业绿色化发展、培育制造业绿色融合新业态及提升制造业绿色发展能力等进行了全面明确和部署，绿色发展成为推进新型工业化的坚实基础。近年来，宁夏坚持走绿色低碳发展路子，大力推进产业改造升级，持续发展绿色产业，凸显高质量发展的绿色属性和生态底色。

一是工业技改投资快速增长。1—10 月，全区工业技改投资增长

14.8%，风电、光电投资增长 29.2%，分别比全区固定资产投资平均水平高出 8.0 个和 22.4 个百分点。

二是清洁能源产业快速增长。1—10 月，全区清洁能源（水电、风电、光伏发电、生物质发电）工业总产值同比增长 13.9%，高出全区规模以上工业总产值平均水平 17.7 个百分点。

企业作为社会的基本构成单元，在利用自身生产运营、产品结构、投入产出、市场销售等影响和优势获取相应经济效益的同时，在解决就业、缴纳税金、产业带动、延链补链等方面也作出了积极的贡献。10 月末，宁夏规模以上工业企业平均用工人数达到 32.7 万人，占全区规模以上企业从业人员比重近六成。宁夏回族自治区税务局数据显示：1—10 月，全区实现工业税收收入 363.1 亿元，同比增长 4.1%，其中制造业税收收入 209.0 亿元，同比增长 6.0%，增速高于全区工业税收收入平均增长水平 1.9 个百分点；采矿业税收收入 100.8 亿元，同比增长 1.1%；电力、热力、燃气及水生产和供应业税收收入 53.3 亿元，同比增长 2.8%。

二、当前规模以上工业经济运行存在不足

全区规模以上工业在一系列助企纾困政策措施落地落实、部分企业生产企稳加快、部分工业产成品价格小幅上涨等因素综合影响下，1—10 月，工业增加值同比实现了 9.9% 的较快增长速度，但仍然面临着有效需求不足、企业盈利空间被压缩、部分企业生产经营困难等问题，企业稳定生产、扩大生产信心不足，保增长稳增长压力较大。

（一）市场有效需求不足，持续增长基础不牢

2024 年以来，全区规模以上工业受大宗产品价格波动下行或持续低位、市场有效需求不足等影响，企业产销不衔接，工业生产持续稳定较快增长基础不牢。

一是工业产品价格持续低位。1—10 月，全区工业品出厂价格指数 93.2%，同比下降 6.8%，在继上年同比下降 7.1% 的基础上持续下降。而同时期购进价格指数 96.3%，同比下降 3.7%，购进和出厂两个价格倒挂 3.1 个百分点，进一步挤压企业盈利空间。

二是工业产品产销不衔接。1—10月，全区规模以上工业产品产销率95.7%，同比下降0.9个百分点，比全国平均水平低0.6个百分点；10月末，规模以上工业产品存货491.0亿元，同比增加76.7亿元，增长18.5%。

三是部分企业生产经营困难。由于市场订单不足、产品市场竞争力弱、产成品库存较大、产成品同质化竞争等，部分企业生产经营困难，停产减产、经营亏损企业数量比重较大。10月，全区规模以上工业企业中停产企业132户，停产面8.4%，同比累计减少产值214.4亿元；1—10月，累计减产企业727户，减产面46.2%，累计减少产值722.1亿元，企业停减产面54.6%，合计减少产值936.5亿元；1—10月，全区规模以上工业企业中经营亏损企业649户，比上年同期增加60户，亏损面41.2%，企业亏损总额142.8亿元。

（二）部分行业增长乏力，重点产品增长回落

宁夏工业产业结构倚重倚能状况在短期内难以改变，煤炭、化工、有色等行业增长放缓或同比下降，重点工业产品产量下降，对稳定工业增长产生一定影响。

一是重工业比重超九成。1—10月，规模以上重工业增长10.2%，高出全区规模以上工业平均增长水平0.3个百分点，占全区规模以上工业增加值比重达91.7%，对全区规模以上工业增加值增长贡献率为95.3%，拉动增长9.4个百分点，轻工业仅占8.3%，拉动增长4.7%。

二是部分行业增长乏力。1—10月，全区规模以上工业行业中有色行业、轻工行业、机械行业同比下降，分别下降11.4%、2.2%、16.7%，下降行业增加值占全区规模以上工业增加值比重11.9%，下拉规模以上工业增加值增长1.1个百分点；煤炭行业、化工行业、轻工行业、电子行业增长比1—9月放缓，分别回落0.6个、1.9个、0.7个、2.2个百分点，其中有色行业降幅比1—9月扩大0.3个百分点；41个工业大类行业中有14个行业同比下降，下降面34.1%，其中农副食品加工业下降1.0%，非金属矿物制品业下降3.8%，有色金属冶炼和压延加工业下降12.1%，电气机械和器材制造业下降48.2%，燃气生产和供应业下降0.1%，通用设备制造业下降2.8%，专用设备制造业下降13.3%。

三是重点产品产量同比下降。1—10月，全区部分重点工业产品产量处于下降区间。全区重点监测的50种工业产品产量中有27种同比下降，下降面54.0%。其中，乳制品下降3.3%，味精下降3.2%，单晶硅下降9.7%，多晶硅下降27.0%，水泥下降14.0%，粗钢下降5.5%，铁合金下降16.9%，风力发电机组下降20.6%，工业自动调节仪表与控制系统下降11.8%。

（三）资金周转效率不高，利润总额大幅下降

受市场有效需求不足、生产经营成本较高等影响，宁夏工业企业仍然面临产品价格低位，库存积压较多，周转天数延长，资金周转效率不高，回款周期变长，原材料、人力、物流等成本较高等问题，进一步压缩企业盈利空间，企业利润大幅下降，企业持续稳定经营面临一定压力。

一是企业"两金"占用率较高。1—10月，全区规模以上工业企业"两金"占用率48.4%，比上年同期上升2.5个百分点。其中，应收账款占流动资产比重27.5%，同比上升0.3个百分点；存货占流动资产比重20.9%，同比上升2.2个百分点。

二是企业回款周期较长。10月末，全区规模以上工业企业应收账款平均回收期60.6天，比上年同期增加3.5天；产品存货周转天数27.0天，比上年同期多6.5天。

三是企业利润大幅下降。1—10月，全区规模以上工业企业实现利润总额263.3亿元，同比下降24.0%。其中采矿业实现利润总额88.7亿元，实现小幅增长，同比增长5.4%；制造业利润总额75.4亿元，下降53.1%；电力、热力、燃气及水生产和供应业利润总额99.2亿元，下降2.1%。营业收入利润率4.36%，同比下降0.96个百分点。资产利润率2.23%，同比下降0.72个百分点。

三、推进工业经济运行的建议

（一）持续强化运行调控，夯实稳定增长基础

全区上下持续强化工业经济运行调控，继续推进落实落细各项针对性助企纾困政策措施，财政、税收、金融和企业发展政策要协同实施，形成

助企纾困合力，进一步降低企业运行成本，激发企业造血功能。

一是持续扩大有效需求。加强企业产销对接，首先挖掘当地工业产能消化潜力，充分利用区内产业上下游承接，完成区内供销调度和产业适配，有效降低物流成本和原材料成本，减少企业库存，其次关注区外市场需求，丰富完善共享信息平台产品供销信息，并充分利用地区行业发展优势推广优势产品，不断提升产品市场占有份额。

二是持续释放政策红利。坚持各项各类政策措施的普惠性和针对性，分类指导、精准帮扶。通过帮扶，激发企业自主发展意识，主动求变，创新发展，扩大生产。

三是持续强化企业培育。持续优化企业梯度培育机制，跟踪服务，精准指导，聚焦企业生产经营困难，聚力解决企业发展难题，助力停产减产企业尽快复产增产，经营亏损企业止跌企稳，稳定经营，促进工业经济健康运行。

（二）持续强化创新驱动，提升企业生产水平

围绕构建"六新六特六优+N"产业格局，优化地区产业布局，着力鼓励推动企业创新研发和改造升级，实施创新赋能，持续抓好传统产业转型升级、新旧动能转换和新兴业态培育，紧盯重点产业、重点行业运行中的新情况、新问题，早发现、早解决。

一是加快推进关键技术研发。坚持产教融合、校企合作、人才引进，着力破解瓶颈技术攻关难题，加快创新技术成果转化，助力企业转型升级，加快形成高技术含量产能，提升企业整体实力。

二是着力加大招商引资力度。持续优化营商环境，打造聚商、扶商、富商、留商的良好经营氛围，确保引得来、留得住，着力优化完善全区产业结构，弥补产业断链，延展产业堵链，壮大产业链条。

三是加力稳定产业行业发展。紧盯全区重点企业、重点行业及重点地区，加强工业经济运行调度，着力抓好煤炭行业、石油石化、化工行业、冶金行业、电力行业等重点行业企业发展，强化政策倾斜、要素保障、产业引导，有效引导市场预期，提振企业发展信心，确保全区重点行业、重点产品止降转增、扭亏增盈，加快发展。

（三）持续解决经营困难，改善企业质量效益

持续落实财税、金融等普惠性政策及重点企业、重点行业针对性帮扶措施，加大减税降费力度，不断降低企业生产经营成本，加强企业高素质人才培养，提升企业运营效率，优化企业产品质效，提升企业盈利水平。

一是"内外"联动缓解资金困难。既鼓励企业自筹与协调银行贷款相结合、企业产品促销与政府补贴激励相结合，还要协调企业加强内部控制，优化企业资金预算管理，开源节流，双管齐下。同时，还要加快回笼企业应收账款，有效缩短产成品周转天数，有效缓解企业资金问题。

二是引导鼓励提升企业盈利水平。追求利润最大化是企业经济活动的最终目标。从内部管理看，适时引导鼓励企业依据发展优势和预判市场走向确定自身发展规划，生产适销对路的产品。持续优化企业管理，加强成本控制，提高劳动生产率。从外部市场看，优化市场营销策略，拓展营销路子，增加企业订单，增加营业收入，不断提升企业盈利水平，确保工业经济持续稳定健康发展。

2024—2025 年宁夏服务业运行情况分析与对策建议

马晓昀

2024 年，全区上下深入学习贯彻党的二十大和二十届二中、三中全会，以及习近平总书记考察宁夏重要讲话精神，全面落实党中央、国务院决策部署，积极应对严峻复杂的经济形势，全力打好"百日攻坚战"，靠前发力，有效落实各项政策措施，聚焦服务业重点产业精准施策，围绕重点地区靶向发力，紧盯目标任务找差距、补短板、强弱项，集中力量推动服务业做大规模、调优结构、转型突破，全区服务业平稳运行，服务需求加快释放，新兴服务业加快成长，市场预期总体向好。

一、宁夏服务业经济总体发展情况

（一）现代服务业增势良好，行业结构不断优化

2024 年前三季度，全区实现服务业增加值 1803.2 亿元，同比增长 2.8%，占全区生产总值比重为 46.7%，比上年同期提高 0.2 个百分点，对全区经济增长的贡献率为 28.0%，比上半年提高 2.1 个百分点，拉动全区经济增长 1.4 个百分点，比上半年提高 0.1 个百分点。近十年，全区服务业增加值年均增长 8.5%，占地区生产总值比重均在 45% 以上（除 2022 年为 43.7%）。（见图 1）

作者简介：马晓昀，自治区统计局服务业统计处副处长。

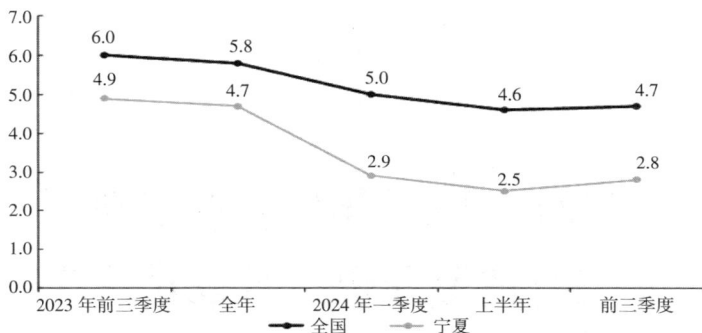

图 1 2023—2024 年前三季度宁夏与全国服务业增加值增速对比（%）

2024 年前三季度，以信息传输、软件和信息技术服务业，租赁和商务服务业，金融业等行业为主的现代服务业蓬勃发展，转型升级步伐加快，3个行业增加值合计为 482.54 亿元，同比增长 2.6%，占服务业增加值的比重为 26.8%，共拉动服务业增加值增长 0.9 个百分点。以批发和零售业、住宿和餐饮业、房地产业等行业为主的传统服务业保持稳定增长，其中，批发和零售业，住宿和餐饮业，交通运输、仓储和邮政业增加值同比分别增长 7.4%、4.5% 和 2.9%，占服务业增加值的比重分别为 9.7%、2.7% 和 10.2%；房地产业增加值下降 3.8%，占服务业增加值的比重为 8.1%，延续下行态势。

（二）服务业投资稳步回升，高技术服务业投资快速增长

2024 年 1—11 月，全区服务业固定资产投资同比增长 0.7%，增速比上年同期加快 3.9 个百分点，占全部固定资产投资的比重为 42.3%。服务业主要行业中，科学研究和技术服务业投资增长 2.6 倍，居民服务、修理和其他服务业投资增长 1.2 倍，住宿和餐饮业投资增长 68.9%，信息传输、软件和信息技术服务业投资增长 49.1%，租赁和商务服务业投资增长 39.0%，文化体育和娱乐业投资增长 24.5%。全区高技术服务业投资增长 51.8%，高于全区固定资产投资增速 44.2 个百分点，比上年同期加快 36.3 个百分点，占服务业投资的 8.2%，其中，电子商务服务、研发与设计服务、科技成果转化服务投资分别同比增长 2.0 倍、1.7 倍和 1.7 倍，为服务业高质量发展注入新动能。

（三）新兴业态活力释放，服务业发展韧性彰显

新一代信息技术广泛应用，线上线下加速融合，直播电商、跨境电商、网约车、在线诊疗、远程办公等服务业新业态、新模式、新场景不断涌现，数字消费广泛渗透生产生活各个领域，促进市场销售增长。2024年1—11月，全区网上零售额增长17.0%，其中，实物商品网上零售额增长14.8%，高于同期社会消费品零售总额增速9.5个百分点。1—10月，全区移动互联网接入流量达到20.65亿GB，同比增长21.5%。全区邮政行业寄递业务量2.17亿件，增长20.3%，增速比上年同期提高6.7个百分点。

（四）服务业用电量稳定，充换电服务业用电量增长较快

2024年1—11月，全区服务业用电量为107.47亿千瓦时，同比增长9.9%，高出全社会用电量增速9.8个百分点，占全社会用电量的比例为8.5%。分行业看，信息传输、软件和信息技术服务业用电量增长25.5%，比上年同期加快7.8个百分点；住宿和餐饮业用电量增长18.0%，回落15.1个百分点；租赁和商务服务业用电量增长16.2%，加快13.6个百分点；批发和零售业用电量增长13.9%，回落13.5个百分点；房地产业用电量增长7.0%，加快7.3个百分点；交通运输、仓储和邮政业用电量增长5.6%，加快3.5个百分点；公共服务及管理组织用电量增长5.1%，回落2.9个百分点；金融业用电量增长3.2%，回落2.4个百分点。从细分行业看，随着新能源汽车持续渗透，各种高效、便捷的充电服务设施也逐步完善，充换电服务业用电量增长了67.2%，占批发和零售业用电量的13.5%，占比较上年同期提高4.3个百分点。

二、宁夏规模以上服务业及重点行业运行态势

（一）宁夏规模以上服务业运行态势

1. 生产经营承压增长，运行态势稳中有进

2024年1—10月，全区规模以上服务业[①]（以下简称"规上服务业"）

[①]规模以上服务业企业范围包括：年营业收入2000万元及以上的交通运输、仓储和邮政业，信息传输、软件和信息技术服务业，水利、环境和公共设施管理业，卫生行业法人单位；年营业收入1000万元及以上的房地产业（不含房地产开发经营），租赁和商务服务业，科学研究和技术服务业，教育行业法人单位；以及年营业收入500万元及以上的居民服务、修理和其他服务业，文化、体育和娱乐业，社会工作行业法人单位。未包括金融业、批发和零售业、住宿和餐饮业、房地产开发经营业法人单位。

实现营业收入 544.45 亿元，同比增长 1.3%，比 1—9 月提高 0.2 个百分点，延续恢复发展态势。（见图 2）10 月末，全区规上服务业用工人数同比增长 2.7%，其中，水利、环境和公共设施管理业，租赁和商务服务业期末用工人数增长较快，分别为 14.5% 和 12.0%。

从运行趋势看，2024 年全区规上服务业总体呈现"前高中稳后低"、逐月回落的走势。一季度实现良好开局，1—2 月全区规上服务企业营业收入增长 10.0%，1—3 月回落至 7.8%；二季度增速基本稳定在 6% 左右，总体较为平稳；三季度波动下行，增速由 1—7 月的 6.0% 回落至 1—9 月的 1.1%，波动较大；四季度企稳回升，1—10 月增速为 1.3%，比 1—9 月提高 0.2 个百分点。

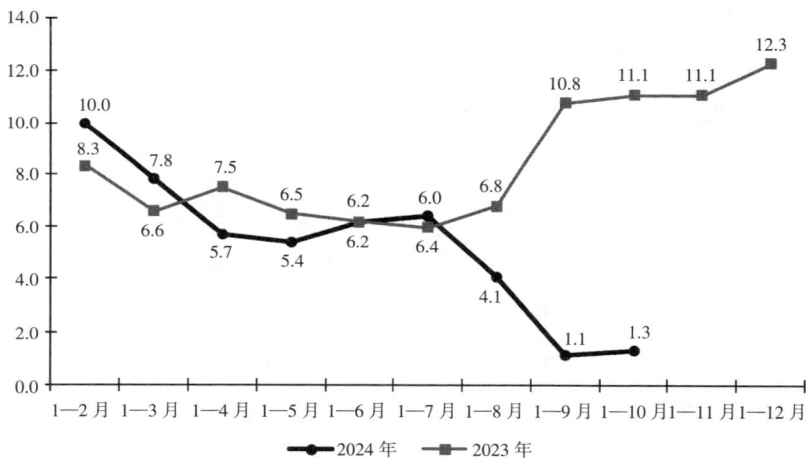

图 2　2023—2024 年宁夏规上服务业月份营业收入趋势（%）

2. 十个门类行业"七升三降"，五市"四升一降"

2024 年 1—10 月，全区规上服务业 10 个门类行业中，7 个行业增长。其中，卫生和社会工作①、教育 2 个行业营业收入两位数增长，分别为 31.4% 和 23.8%，分别占全区规上服务业营业收入的 3.2% 和 0.4%；信息传输、软件和信息技术服务业，文化、体育和娱乐业，租赁和商务服务业，水利、环境和公共设施管理业，房地产业营业收入分别增长 6.3%、6.0%、

---

　　① 卫生和社会工作不含事业单位性质的医院、专业公共卫生服务业等单位。

4.1%、4.1%和1.6%，分别占全区规上服务业营业收入的22.0%、1.9%、13.1%、3.0%和3.6%；科学研究和技术服务业，居民服务、修理和其他服务业，交通运输、仓储和邮政业3个行业营业收入分别下降14.5%、10.9%和1.5%，分别占全区规上服务业营业收入的5.4%、0.6%和46.8%。（见表1）

表1　2024年1—10月宁夏规上服务业十类行业营业收入增速情况

单位：%

指标	1—2月	1—3月	1—4月	1—5月	1—6月	1—7月	1—8月	1—9月	1—10月
全区规模以上服务业	10.0	7.8	5.7	5.4	6.2	6.4	4.1	1.1	1.3
交通运输、仓储和邮政业	16.1	6.9	4.1	4.3	6.6	7.4	3.4	−2.2	−1.5
信息传输、软件和信息技术服务业	9.8	9.6	6.8	6.5	5.2	5.1	4.7	4.5	6.3
房地产业	−21.5	−13.7	−10.2	−7.6	−4.4	−2.4	−1.3	−0.6	1.6
租赁和商务服务业	−4.5	7.4	5.8	2.0	1.6	1.4	−0.4	−0.4	4.1
科学研究和技术服务业	18.5	33.5	28.6	22.6	12.5	11.4	7.5	2.8	−14.5
水利、环境和公共设施管理业	2.0	−4.0	−6.1	−1.6	5.2	2.2	−0.7	4.3	4.1
居民服务、修理和其他服务业	−29.0	−31.3	−18.6	−17.6	−12.7	−16.2	−12.9	−11.3	−10.9
教育	43.5	13.6	14.8	12.1	7.1	12.0	9.7	8.7	23.8
卫生和社会工作	29.1	27.7	30.3	34.2	40.2	40.0	39.4	32.1	31.4
文化、体育和娱乐业	21.4	10.6	9.9	7.7	13.0	9.5	11.9	11.1	6.0

2024年1—10月，五市规上服务业企业营业收入除石嘴山市同比下降23.1%，其余四市均实现了增长。其中，银川市规上服务业企业营业收入同比增长2.7%，吴忠市增长5.7%，固原市增长0.6%，中卫市增长6.4%。从区域结构来看，银川市规上服务业企业营业收入占全区规上服务业企业营业收入的68.4%，石嘴山市占6.2%，吴忠市占7.4%，固原市占2.8%，中卫市占15.2%。（见表2）

表2　2024年1—10月宁夏及五市规上服务业营业收入情况

指　标	2023年1—10月	2024年1—10月	增速(%)	占比(%)
全区	537.65	544.45	1.3	100.0
银川市	362.98	372.62	2.7	68.4
石嘴山市	43.55	33.49	−23.1	6.2
吴忠市	38.07	40.25	5.7	7.4
固原市	15.08	15.18	0.6	2.8
中卫市	77.96	82.92	6.4	15.2

3. 新兴产业快速发展，引领带动作用凸显

2024年1—10月，全区规模以上高技术服务业营业收入158.67亿元，同比增长1.5%，增速快于全区规上服务业营业收入0.2个百分点，拉动全区规上服务业增长0.4个百分点，贡献率为34.1%。5G、大数据、云计算、物联网等数字经济核心产业持续较快发展，有力支撑服务业经济稳定发展。全区规模以上信息传输、软件和信息技术服务业营业收入119.85亿元，同比增长6.3%，占全区规上服务业营业收入的22.0%。其中，规上软件和信息技术服务业营业收入16.94亿元，增长11.1%，比上年同期加快4.7个百分点，信息系统集成和物联网技术服务增长64.4%，信息处理和存储支持服务增长33.9%，数字赋能稳步推进。

（二）服务业重点行业发展向好

1. 交通基础设施逐步完善，承载经济社会发展能力增强

宁夏铁路、公路、民航等部门持续优化营商环境，积极促进货运市场加快发展，货物运输保持增长，进一步促进服务业经济稳定发展。2024年前三季度，全区交通运输、仓储和邮政业实现增加值184.65亿元，同比增长2.9%，对服务业经济的贡献率为9.9%，拉动服务业增加值增长0.3个百分点。1—11月，全区客货运输周转量958.85亿吨公里，同比增长4.0%，其中，货运量（不含管道）5.36亿吨，增长5.3%。分运输方式看，公路客货运周转量增长1.3%，占全区客货运周转量的65.7%；铁路客货运周转量增长9.4%，占全区客货运周转量的33.8%；民航客货运周转量增长18.2%，占全区客货运周转量的0.5%。

2. 邮政业务迭代升级，快递业支撑作用强

随着互联网经济的发展，邮政业领域发生新变化，邮政速递的方便快捷逐步改善着人们的生活，以顺丰、"四通一达"（申通、圆通、中通、百世汇通和韵达）为代表的快递业服务电商经济发展、保障商品流通的基础性作用继续显现，带动和支撑邮政业稳健增长。2024 年 1—10 月，全区邮政行业完成业务总量 24.24 亿元，同比增长 13.2%；邮政行业业务收入 25.21 亿元，增长 3.7%。其中快递业完成揽件量 1.43 亿件，增长 31.3%；完成快递业务收入 18.78 亿元，增长 18.7%，占邮政业务收入的比重为 75%。

3. 电信业务总量较快增长，电信新业务拉动明显

电信业与移动上网、游戏、小视频等深度融合，与物联网、数据中心业务深度联合，助力数字经济发展。2024 年 1—10 月，全区电信业务总量较快增长，累计实现电信业务总量 98.7 亿元，同比增长 14.8%；完成电信业务收入 70.0 亿元，增长 5.1%。10 月末，全区互联网宽带接入用户 389.0 万户，增长 5.3%。完成互联网宽带接入业务收入 9.2 亿元，增长 1.6%；移动电话用户 931.2 万户，增长 1.5%，完成移动数据流量业务收入 21.5 亿元，下降 9.1%，占全区电信业务收入的 30.7%。全区 3 家基础电信企业积极发展大数据、云计算、物联网等新兴业务，成为电信行业增长新亮点。据宁夏通信管理局统计，2024 年 1—10 月共完成新业务（含网络电视、数据中心、云计算、大数据、集成、物联网业务）收入 24.8 亿元，增长 26.5%，占电信业务收入的 35.4%。

4. 货币金融服务稳步发展，人民币存贷款保持稳定

2024 年，全区人民币存款余额增速保持在 7% 左右。据人民银行宁夏分行统计，11 月末，宁夏金融机构人民币各项存款余额 9909.39 亿元，同比增长 6.1%。其中，住户存款 6086.14 亿元，增长 10.1%。人民币各项贷款余额 10087.3 亿元，增长 4.5%。全区实现保费收入 235.8 亿元，增长 3.2%。全区实现证券交易额 14302.56 亿元，增长 26.6%，资本市场运行平稳，证券市场为优质企业注入发展新活力。

5. 以旧换新政策发力，消费市场乘势增长

2024 年，全区各地各部门积极落实中央、自治区促进消费品以旧换新、汽车报废或置换更新、契税消费券等政策，市场销售保持增长。1—11月，全区社会消费品零售总额1308.3亿元，同比增长5.3%，比上年同期加快3.9个百分点，比1—10月加快0.6个百分点。其中，限额以上消费品零售额503.94亿元，同比增长7.9%，整体稳中有升，拉动社会消费品零售额增长3.0个百分点。全区重点监测的18类主要商品中有10类实现正增长。（见表3）

表3　2024年1—11月宁夏限额以上商品零售额按类值分增速

单位：%

指　标	1—2月	1—3月	1—4月	1—5月	1—6月	1—7月	1—8月	1—9月	1—10月	1—11月
社会消费品零售总额	3.6	1.7	1.0	1.4	1.3	1.5	1.8	3.5	4.7	5.3
1. 粮油、食品类	6.6	−0.1	0.3	0.5	−0.5	−0.7	0.5	0.5	1.3	3.5
2. 饮料类	16.7	35.4	36.1	35.8	34.9	30.0	26.3	21.8	34.1	33.4
3. 烟酒类	−7.7	−5.2	−7.1	−9.2	−8.0	−8.9	−8.1	−6.7	−63.0	−5.3
4. 服装、鞋帽、纺织品类	−16.3	−18.7	−15.6	−9.9	−10.3	−9.8	−9.2	−8.5	−7.5	−7.2
5. 化妆品类	−14.2	−25.3	−24.2	−14.0	−13.9	−13.1	−13.0	−11.9	−8.4	−8.1
6. 金银珠宝类	−11.4	−10.0	−1.9	−0.2	4.0	4.5	6.6	6.7	55.0	3.9
7. 日用品类	15.1	−0.8	−3.6	−2.4	−2.6	−1.9	−2.5	−1.4	−1.3	−0.8
8. 体育、娱乐用品类	−3.9	−4.0	−7.7	−0.5	−6.8	−2.5	−3.6	−7.0	−12.6	−14.4
9. 书报杂志类	1.2	−11.0	−11.6	−7.2	−1.9	−0.4	−2.6	−2.0	−0.8	1.7
10. 家用电器和音像器材类	−2.7	−9.9	−9.9	−3.7	−4.6	−4.1	−4.5	0.7	52.0	8.7
11. 中西药品类	−10.5	−10.2	−9.4	−8.7	−7.9	−7.6	−7.6	−5.5	−4.4	−3.8
12. 文化办公用品类	17.9	−7.2	−10.3	−13.9	−14.0	−20.8	−23.9	−19.4	20.8	−30.4
13. 家具类	−0.1	8.3	9.5	5.1	7.5	5.4	10.7	13.2	62.2	48.5
14. 通信器材类	45.4	42.5	41.4	50.2	50.0	54.4	54.8	65.0	58.4	40.5

续表

指　　标	1—2月	1—3月	1—4月	1—5月	1—6月	1—7月	1—8月	1—9月	1—10月	1—11月
15. 石油及制品类	10.5	10.9	11.7	13.3	10.8	10.8	11.4	8.5	85.0	7.0
16. 电子出版物及音像制品类	2.0	30.0	13.8	33.8	36.4	26.7	22.2	21.1	20.7	11.5
17. 汽车类	3.3	1.7	−1.0	−0.4	−2.7	−2.1	0.0	12.5	20.4	24.1
18. 其他类	−54.5	−36.2	−4.5	−23.7	−33.9	−24.2	−24.1	−29.5	−17.7	−12.4

四、宁夏服务业发展需要关注的问题

（一）服务业对经济增长贡献持续减弱

近年来，服务业增加值增速持续回落，占全区经济比重下降，对经济增长贡献减弱。服务业增加值占全区生产总值比重由 2020 年的 50.3%波动回落到 2023 年的 45.1%，比全国低 9.5 个百分点；2024 年前三季度占比为46.7%，低于全国 9.2 个百分点。服务业增加值增速总体低于全区经济增速。2020—2023 年，服务业增加值年均增长 4.2%，比全区经济增速低 1.1个百分点。2024 年前三季度服务业增加值增长 2.8%，比全区经济增速低2.1 个百分点，比全国服务业增加值增速低 1.9 个百分点，对全区经济增长的贡献率由 2020 年的 47.4%下降到 28.0%，比全国低 25.9 个百分点。

（二）营利性服务业增长放缓

2024 年前三季度，全区营利性服务业[①]实现增加值 298.91 亿元，增长3.1%，比上年同期低 6.4 个百分点，比上半年低 1.4 个百分点，占全区第三产业的比重为 16.7%，对服务业经济的贡献率为 19.4%，拉动服务业增加值增长 0.5 个百分点，低于上半年 0.3 个百分点。其中，租赁和商务服务业增加值下降 0.8%，比上半年回落 4.3 个百分点；科学研究和技术服务业增加值增长 0.7%，比上半年回落 8.4 个百分点。从企业运行情况看，营业利服

[①]营利性服务业包括：信息传输、软件和信息技术服务业，租赁和商务服务业，科学研究和技术服务业，居民服务、修理和其他服务业，文化、体育和娱乐业。

务业企业营业收入增速逐月回落。1—10月，规模以上营利性服务业实现营业收入234.01亿元，同比增长2.2%，比上年同期回落11.5个百分点，比全国低6.1个百分点，连续7个月回落。

（三）交通运输、仓储和邮政业增速回落

2024年前三季度，全区交通运输、仓储和邮政业实现增加值184.65亿元，同比增长2.9%，比全国低3.9个百分点，增速比上年同期、上半年分别回落6.3个、1.6个百分点，对服务业经济增长的贡献率为9.9%，低于上半年6.5个百分点。1—11月，全区客货运输周转量比上年同期回落8.5个百分点，比上半年回落3.1个百分点，其中，铁路客货运输周转量比上年同期回落1.4个百分点，公路客货运输周转量比上年同期回落11.6个百分点，民航客货运输周转量比上年同期回落84.9个百分点。从企业经营情况看，1—10月，占全区规模以上服务业营业收入46.8%的交通运输、仓储和邮政业实现营业收入254.61亿元，下降1.5%，降幅比上年同期回落7.1个百分点。

（四）房地产市场延续筑底运行态势

房地产业链条长、涉及面广，是国民经济的重要产业之一。从目前房地产市场情况看，购房者预期尚未改善，居民观望情绪浓厚，房地产市场仍处于"U"形底的深度调整阶段，房地产业对经济增长的贡献率呈波动下行态势，2020—2023年分别为4.1%、1.0%、−5.0%和0.3%。2024年前三季度，全区房地产业实现增加值146.03亿元，同比下降3.8%，对全区经济增长的贡献率为−3.4%，下拉全区生产总值增长0.2个百分点。1—11月，全区房地产开发投资396.95亿元，下降4.2%，连续11个月下降。房屋施工面积3934.43万平方米，下降19.2%，房屋新开工面积494.92万平方米，下降33.7%。从需求端看，全区商品房销售面积486.25万平方米，下降24.1%，连续18个月下降，销售额329.48亿元，下降26.3%。其中，住宅销售面积下降27.0%，办公楼销售面积增长3.6倍，商业营业用房销售面积下降7.2%。从企业经营情况看，1—10月，房地产业[①]营业收入19.8亿元，

---

① 房地产业包含物业管理、房地产中介服务业和房地产租赁经营。

增长 1.6%，比上年同期回落 21.4 个百分点。从供给端看，在销售市场持续低迷、建材价格高位运行等因素影响下，房企资金压力增大，未来继续投资意愿不足。

五、加快宁夏服务业发展意见建议

（一）把握服务业高质量发展路径，着力提振市场信心

把提振服务业发展作为稳经济、补短板的重中之重来谋划推进，加大政策支持、资金保障、责任落实，全力补齐服务业发展短板，提升服务业对经济增长的贡献。充分发挥政府、部门和企业联动性，切实解决企业发展中的实际问题，提高企业发展积极性和主动性，持续推动实体经济尤其是小微企业的成长，做大做强一批服务业企业；引导金融机构落实好各项增量政策工具，增大对普惠小微、绿色、科创领域的信贷支持力度；及时做好针对餐饮、文旅等行业的纾困工作，继续精准发力抓好批发、住宿、餐饮企业培育和行业发展；加强健康、养老、育幼等民生产业的投资改造；落实好一系列促进房地产平稳健康发展政策措施，从供需两端发力，充分释放政策效应，力促房地产市场止跌回稳，带动房地产开发投资接续和上下游相关产业健康平稳发展；持续做好稳就业工作，保持低收入人群政策兜底力度，不断提升居民的安全感和消费信心。

（二）强化服务业项目策划建设，不断增强未来发展后劲

认真贯彻中央经济工作会议精神，落实国家和自治区稳经济各项政策，助力重点行业、龙头企业稳定生产壮大。积极谋划一批服务业大项目、好项目，通过银行贷款、企业投入、政府贴息等多种手段逐步形成多渠道的全社会投入体系，以有力有效的政策供给驱动服务业经济增长。加大服务业领域招商力度，发挥区位优势、资源优势、政策优势，大力引进经营管理强、发展潜力大的企业来宁投资开发重点项目，不断塑造产业新结构。

（三）用"软实力"带动"硬产业"，加快服务业转型升级

持续加快 5G 基础设施建设，扩大千兆用户规模，有效提升电信流量消费，巩固传统业务提质增效；充分发挥一体化算力网络枢纽节点中心和新型互联网交换中心"双中心"区位优势和绿电资源优势，在云计算、人工

智能、物联网等领域持续发力,促进新兴业务增收扩量,提升高技术服务业发展水平。推动传统服务业向现代服务业转型,尤其是工业生产性服务领域,大力推广"互联网+货运"模式,充分发挥当前信息技术、科技服务、电子商务和现代物流的引领作用,逐步优化服务业供给结构。

(四)构建优质高效服务业新体系,促进三次产业融合发展

立足全区三次产业发展实际,顺应产业转型升级新趋势和居民消费升级、人口结构变化新趋势,聚力"六新六特六优+N"产业,加快发展文化旅游、现代物流、现代金融、健康养老、电子商务、会展博览等产业,培育一批"千百十"亿级企业,推动生产性服务业向专业化和价值链高端延伸,促进生活性服务业向高品质和多样化升级,加快构建优质高效的服务业新体系,推动现代服务业同先进制造业、现代农业深度融合,力促服务业发展提速、水平提升、活力增强,提高服务业对经济增长的贡献和带动作用。

2024—2025 年宁夏财政税收运行情况分析与预测

王富强　袁海龙

2024 年，宁夏财政部门深入学习贯彻党的二十大，二十届二中、三中全会和习近平总书记考察宁夏重要讲话精神，全面落实党中央、国务院和自治区决策部署，顶住下行压力、攻坚克难，不断在积极的财政政策上精耕细作、提质增效，为全区经济补短板、稳增长、促发展，坚决打赢"百日攻坚战"提供持续动力。1—10 月，财政税收运行平稳，全区经济继续保持稳中有进、稳中向好的发展态势。

一、宁夏地方一般公共预算收支情况

（一）地方一般公共预算收入情况

2024 年 1—10 月，宁夏地方一般公共预算收入 441.6 亿元，同比增长 2.2%，增速高于全国 1.3 个百分点，居全国第十四位。其中：税收收入 316.2 亿元，同比增长 0.4%，高于全国 3.3 个百分点，居全国第九位；非税收入 125.4 亿元，同比增长 6.9%。分级次看，区本级地方一般公共预算收入 168.7 亿元，同比下降 2.1%；市县级地方一般公共预算收入 272.9 亿元，同比增长 5.0%。从收入结构看，全区税收收入占比 71.6%，区本级税收收

作者简介：王富强，宁夏财政政策研究中心副研究员；袁海龙，宁夏财政政策研究中心研究助理。

入占比72.5%，市县级税收收入占比71.0%，财政收入结构持续优化，质量稳步提升。

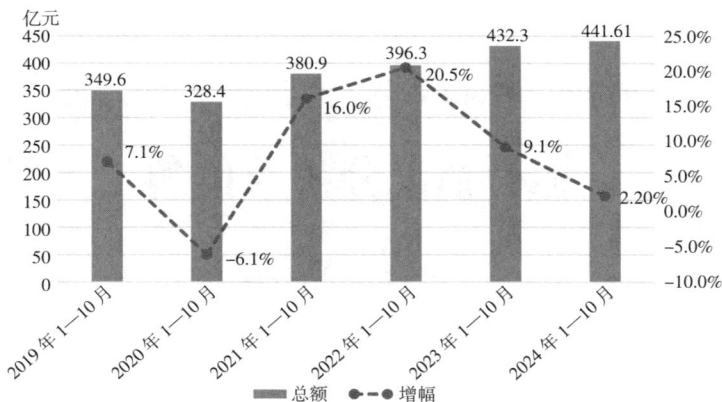

图1　2024年1—10月宁夏地方一般公共预算收入情况

从税收收入看，三大税种（国内增值税、企业所得税、个人所得税）"两增一降"，重点税种带动作用明显。其中，国内增值税134.8亿元，同比增长6.7%；企业所得税37.7亿元，同比下降19.3%；个人所得税12.5亿元，同比增长2.9%。与此同时，全区城镇土地使用税、房产税、土地增值税等多税种持续增长，一定程度上拉动税收收入增长。分市县看，全区11个市、县（区）税收收入正增长，增幅最大的是海原县（33.3%）、灵武市（21.8%）、中卫市（16.7%）；全区9个市、县（区）税收收入下降，降幅最大的是贺兰县（–9.4%）、红寺堡区（–7.9%）、彭阳县（–6.9%）。

从非税收入看，非税收入保持增长态势，同比增长6.9%，主要表现在专项收入、国有资源（资产）有偿使用收入、罚没收入、国有资本经营收入持续正增长，较上年同期分别增长4.0%、6.5%、24.6%、43.0%。分市县看，12个市、县（区）非税收入呈两位数增长，分别是彭阳县（53.7%）、盐池县（48.7%）、西吉县（45.9%）、红寺堡区（43.8%）、银川市（39.9%）、吴忠市（17.3%）、平罗县（16.5%）、隆德县（14.6%）、宁东管委会（13.9%）、石嘴山市（12.5%）、固原市（11.3%）、中宁县（10.1%），较上年同期共计增收14.30亿元，同比增长30.7%。

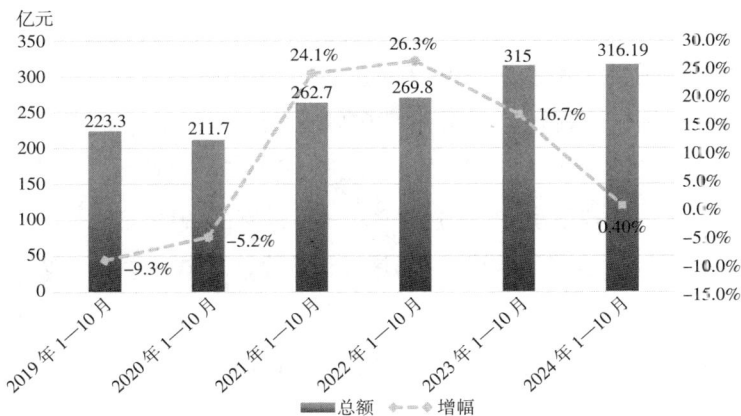

图 2　2024 年 1—10 月宁夏地方一般公共预算税收收入情况

（二）一般公共预算支出情况

2024 年 1—10 月，宁夏一般公共预算支出 1426.6 亿元，同比增长 1.4%。分级次看，区本级一般公共预算支出 324.2 亿元，同比增长 0.4%；市县级一般公共预算支出 1102.4 亿元，同比增长 1.7%，进一步强化对财力薄弱地区的资金保障。

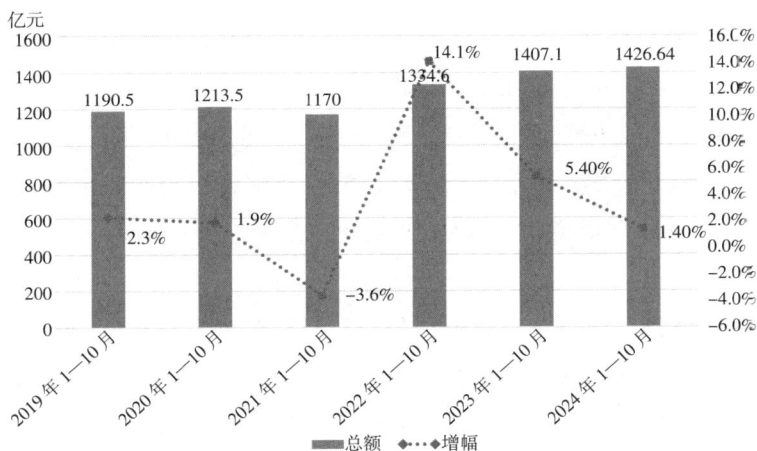

图 3　2024 年 1—10 月宁夏一般公共预算支出情况

财政支出结构持续优化，重点领域保障有力。一是民生领域支出不断加大，各项民生实事落地实施。1—10 月，全区民生支出共计 1098.0 亿元，同比增长 2.6%，占一般公共预算支出的 77.0%，民生领域中农林水、城乡社区、社会保障和就业、文化旅游体育与传媒支出分别增长 17.4%、8.2%、

6.2%、3.2%。二是持续推进乡村全面振兴。紧扣巩固拓展脱贫攻坚成果同乡村振兴有效衔接，不断加大财政投入，推动农业高质量发展。1—10月，全区巩固脱贫衔接乡村振兴支出共计61.4亿元，同比增长0.2%。三是全面落实黄河流域生态保护和高质量发展战略。协同推进降碳、减污、扩绿、增长，主要体现在自然资源、海洋气象等科目支出20.9亿元，比上年同期增加6.4亿元，同比增长44.0%。四是强化安全生产投入。加强安全生产风险防范，加强安全生产基础设施建设，着力提升安全水平。1—10月，全区灾害防治及应急管理支出较上年同期增长85.8%。

二、当前财税运行存在的问题

（一）财政减收因素较多，地方收入增长压力加大

一是企业增产不增利形势严峻。2024年1—10月，PPI同比下降6.8%，连续23个月增速为负。1—9月，全区规上工业企业利润总额同比下降18%，降幅扩大9.6个百分点，企业利润倒挂严重，生产经营困难，增产不增收不增利问题较为突出，税收增长压力大。1—10月，全区企业所得税完成37.7亿元，同比下降19.3%，减收9亿元，影响全区财政收入增速2个百分点，对地方财政收入影响较大。

二是重点行业税收增长放缓。全区重点行业如采矿业、冶金、化工、房地产、建筑安装等行业，1—10月相关行业地方级税收较上年同期减收11.7亿元，预计全年税收减收16.5亿元，影响全年财政收入增速5个百分点。

三是非税收入增收空间有限。各级财政尽最大努力挖掘国有资源（资产）潜力，上年已通过盘活国有资产等方式用于偿还地方债务，2024年可变现的资产有限且大多已经组织入库，预计后两个月非税收入增速将放缓，难以弥补税收收入短收缺口。

四是土地出让收入进度较慢。1—10月，全区国有土地使用权出让收入仅完成年初预算的51.4%，收入形势严峻。

（二）受多重因素影响，财政支出增速放缓

近年，宁夏财政支出的基数较高（2022年全区财政支出1583亿元，

增长 10.9%，全国增长 6.1%；2023 年全区财政支出 1751.5 亿元，增长 10.3%，全国增长 5.4%），保持高速增长难度加大。

一是财政支出来源明显减少。2024 年中央增值税留抵退税补助、疫情防控补助、土地指标跨省域调剂收入安排的支出三项转移支付合计减少过百亿元，而超长期特别国债项目形成的支出列入政府性基金支出，全区一般公共预算支出增长难度加大。

二是部分预算项目资金支出进度偏慢。受项目前期准备不充分、执行条件发生变化等因素影响，部分预算项目支出进度偏慢。截至 10 月底，区本级部门当年重点项目预算执行进度 74.2%，其中教育、环保相关项目，部分基建类项目受提级审批和季节性因素等影响，整体执行进度较慢，制约财政资金稳定经济增长效益发挥。

（三）化债进入攻坚期，难度逐步加大

近年来，宁夏坚决防范化解地方债务风险，统筹各类资金资产资源化解债务，实现了债务总量、债务率、风险等级"三下降"。但距离退出债务高风险省份仍存在难度。主要是受中央转移支付规模下降、土地出让收入减收、经济下行税收增速放缓等因素影响，全区财政运行特别是基层财政受到很大影响，加之可盘活的资产数量有限，一些市县很难拿出更多财力来化债。

三、当前财税运行形势分析与预测

（一）经济形势显著好转，力促财政收入稳定增长

2024 年，面对大宗商品价格下行等不利因素，财政部门迎难而上，切实采取措施，坚决打好"百日攻坚战"，深挖收入增长点，努力实现财政收入稳定增长。1—10 月，全区房产税、土地增值税、城镇土地使用税分别增长 14.2%、11.7%、26%，累计较上年同期增加 6.7 亿元，拉动全区税收收入增速 2.2 个百分点，房地产积极政策效应逐步显现。深入挖掘闲置资产潜力，全区非税收入完成 125.4 亿元，同比增长 6.9%，其中市县国有资源（资产）有偿使用收入增长 15.9%，有力拉动全区财政收入增长。

（二）重点产业持续恢复，税收形势回升向好

1—10月，全区规模以上工业增加值同比增长9.9%。其中，重工业增加值增长10.2%，轻工业增长6.2%。重点行业税收回升态势较好，其中采矿业税收51.2亿元，增长25.3%，增速环比上升17.4个百分点；煤炭、石油加工业税收48.2亿元，增长19.4%；有色行业受铝锭价格上涨带动，实现税收6.1亿元，增长46.1%。新型煤化工、新材料、风电、光伏等重点产业持续恢复，带动工业税收整体好转，占全区税收收入比重达到71.6%，较2023年提升1.3个百分点，居全国第十一位，高于全国0.9个百分点。

（三）社会投资全面回升，重点领域投资保障有力

1—10月，全区固定资产投资同比增长6.8%，比1—9月加快1.4个百分点。第一、第二产业投资分别增长8.4%、13.3%，第三产业投资下降0.4%，降幅收窄1.8个百分点。电力、热力、燃气及水生产和供应投资增长37.9%。全区民生支出增长2.6%，占比77%，较上年同期提高0.9个百分点，其中水利、环境和公共设施管理业投资增长47.2%，比1—9月加快9个百分点。加速释放财政政策资金效益，发挥逆周期调节作用，积极抢抓中央超长期特别国债政策机遇。1—10月，争取中央超长期特别国债项目资金71.3亿元，其中，"两重"建设项目83个37.5亿元，"两新"项目33.8亿元，为补齐重点领域短板弱项提供有力支撑。全区156个增发国债项目累计完成项目投资91.5亿元，其中吴忠市南片区排水管网收集项目、固原市雨污分流雨水管网二期建设项目等43个项目已全面完工，带动全区基础设施投资稳定增长。

（四）市场消费持续向好，财政支持扩大消费政策成效显著

1—10月，全区社会消费品零售总额同比增长4.7%，比1—9月加快1.2个百分点，加快刺激消费市场提升活力。全区累计投入财政资金2.24亿元，其中自治区扩大消费专项资金1.2亿元，市县配套1.04亿元，形成有效支出2.19亿元，核销消费券243万张，撬动社会消费61.44亿元，精准投向汽车、绿色家电、餐饮百货等领域，助力1—10月全区社会消费品零售总额加快回升。

（五）财税经济形势分析预测

当前，我国经济回升向好态势明显，积极因素增多，从需求看，"两重""两新"政策和积极的财政政策持续发力，不断释放消费潜力，拉动投资增长。从预期看，制造业PMI、服务业商务活动指数都回到扩张区间，企业生产投资意愿增强。随着存量和增量政策效应不断释放，经济运行仍将延续10月以来回升态势。从区内看，1—10月，全区规模以上工业增加值同比增长9.9%，全区固定资产投资同比增长6.8%，高技术服务业投资同比增长30.2%，全区社会消费品零售总额同比增长4.7%，投资消费加速回升，财政金融运行平稳，就业物价总体稳定，总体呈现稳中有进、稳中向好发展态势。

2025年是"十四五"规划收官之年，随着我国超大规模市场需求潜力持续释放，城镇化水平进一步提升，一系列重大战略任务、重大改革举措、重大工程项目将全面落地见效，党的二十届三中全会部署的300多项重大改革举措加快落实，将全面激发全社会内生动力和创新活力。宁夏正处于转型发展关键期，将聚焦黄河流域生态保护和高质量发展先行区建设使命，加快融入国内大循环体系，积极扩大总需求，大力推进产业优化升级，加快新质生产力发展，持续深化改革扩大开放，防范化解重点领域风险，切实保障和改善民生，推动经济持续回升向好。

四、促进经济平稳健康发展的对策建议

（一）聚焦全年发展目标任务，加力加效推动各项工作落实

一是持续推进财源建设，紧密对接重点税源企业，加强服务与保障，支持重点税源企业多做贡献，重点关注房地产调控政策影响，努力缩小房地产行业税收降幅。规范非税收入收缴，加快盘活闲置资产（资源），深挖矿业权、特许经营权出让等潜力，争取多做贡献。

二是加力盘活存量土地，跟进房地产企业摘地事宜，协调土地出让尽快入库，加快清欠历年欠缴，力争12月底前土地出让收入足额入库。

三是加大"三争"力度，全面争项目、争政策、争资金，牢牢把握国家政策契机，谋划争取国家对宁夏重大项目的支持，跟进对接2025年开展

的竞争性评审项目，提前做好准备工作，力争中央资金支持。

（二）锚定经济增长目标，全力推进一揽子增量政策落地

全面落实国家关于加大宏观政策逆周期调节等一系列增量政策。

一是着力以全链条闭环化管理狠抓债券支出进度，提速新增政府债券支出进度，加快推动宝中铁路中卫至平凉复线改造、闽宁产业园基础设施建设、贺兰山东麓防洪治理以及城市基础设施提升等自治区重点项目建设，尽早发挥债券资金投资拉动作用。

二是强化超长期特别国债资金监管，紧盯已分配下达的"三北"工程、城市地下管网建设、设备更新改造、消费品以旧换新等超长期特别国债资金，加快项目执行进度，尽快形成实物量，巩固全区经济发展良好势头。

（三）加快推进新一轮财税改革，提升财政统筹保障水平

紧紧围绕发挥集中力量办大事的体制优势，坚决破除影响资金、资源统筹使用的制约因素，强化对重大战略任务和基本民生的财力保障。

一是积极推进零基预算改革试点工作，着力打破支出固化格局，构建有保有压、讲求绩效的资金安排机制，加力压减一般性支出和项目支出，实现有限公共资源与政策目标有效匹配，增强中央和自治区重大决策部署的财政保障能力。

二是扎实推进水资源税改革试点工作，会同相关部门研究提出全区落实意见，助力经济社会绿色转型。

（四）全面加强财政管理，全力以赴做好财政预算平衡工作

高效统筹财政经济运行，压紧压实责任，采取有效措施，积极应对财政减收增支压力，加大预算统筹力度，强化国有资本收益上缴，加大向一般公共预算调入力度，确保财政收支平衡。着力盘活财政存量资金，全面清理收回结余结转资金，切实增强资金使用效益。牢固树立过紧日子思想，严把财政支出关口，坚决防止年底突击花钱。适度加大均衡性转移支付力度，支持做好"三保"等重点支出保障，缓解基层财政收支压力，确保基层财政运行平稳。

（五）集中力量攻坚化债，确保地方财政安全高效运行

一是完成既定化债任务。坚决执行国务院批复的一揽子化债方案，用足用好政策资源，加大资产盘活力度，足额兑付法定债务，加快融资平台退出，完成年度隐债化解任务，稳妥处置金融风险，推动全区政府债务率、债务总额持续下降，债务风险等级保持在中低水平。

二是攻坚清零企业欠款。加强同监管方沟通对接，"一债一策"，针对性出台指导意见，对未完工的项目，确认在建项目工程量予以拨付，后续建设计划纳入投资计划和预算保障；对无法工程结算的项目，约定提存公证化解；对系统录入错误的项目，债权人和债务人核实确认予以核减；对涉法涉诉的项目，配合法院加快审判执行，力争年内清零。

2024—2025年宁夏物价形势分析与预测

刘　嵩　孟令颜

2024年是深入实施"十四五"规划的关键之年，自治区党委和政府坚持稳中求进工作总基调，着力扩内需、促消费，加强全区消费市场监管和引导行业自律，维护公平诚信的消费市场价格秩序，营造良好消费环境，多措并举做好"稳物价"工作。1—10月，受国际大宗商品价格下行、国内市场需求偏弱等因素综合影响，宁夏居民消费价格走势较弱，一直在负区间运行；宁夏工业生产者出厂价格（PPI）和购进价格（IPI）双降。

一、2024年宁夏物价运行情况

（一）居民消费价格（CPI）运行特点

1. 物价负增长运行

1—10月，宁夏居民消费价格总水平累计下降0.3%，是2000年以来同期最低水平。分城乡看，城市下降0.3%，农村下降0.2%；分用途看，食品价格下降2.9%，非食品价格上涨0.3%；分类别看，服务项目价格上涨0.4%，工业品价格上涨0.1%，消费品价格下降0.6%，能源价格持平。

作者简介：刘嵩，国家统计局宁夏调查总队二级主任科员；孟令颜，国家统计局宁夏调查总队四级主任科员。

2. 环比震荡运行，月度同比负区间运行

从环比看，1—2月，受"双节"效应影响，居民消费需求季节性增加，食品价格领涨CPI，环比分别上涨0.4%、0.8%；3—6月在节日效应消退和气温回升等有利因素共同影响下，主要食品供应充足，CPI持续下降，连续4个月呈负增长态势，降幅在0.2%—1.0%；7—8月，暑期出游需求大幅增加，出行服务价格上涨明显，CPI止跌回涨，环比分别上涨0.3%和0.4%；9月开学季，教育服务价格有所上涨，叠加飞机票、旅行社收费、在外住宿等出行服务类价格季节性回落，CPI环比持平；10月，由于能源价格继续走弱，多家航空公司下调国内航线燃油附加费，飞机票价格出现较大降幅，CPI再次呈现负增长运行，环比下降0.2%。

从月度同比看，1—10月，除2月正向增长外，其余9个月均呈负增长态势，降幅在0.1%—0.6%。

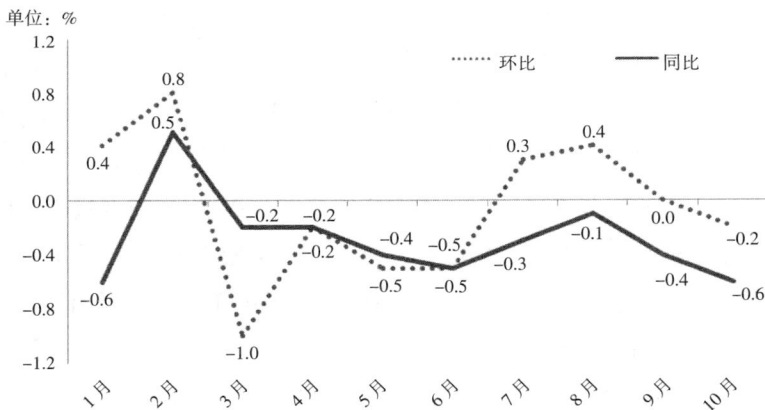

图1 2024年1—10月宁夏CPI环比、同比走势

3. 涨幅居末位

1—10月，全国居民消费价格总水平累计上涨0.3%，宁夏低于全国平均水平0.6个百分点，在全国31个省（区、市）中居末位；在西北五省区中，分别比青海、甘肃、新疆、陕西低0.9、0.7、0.6和0.4个百分点。

单位：%

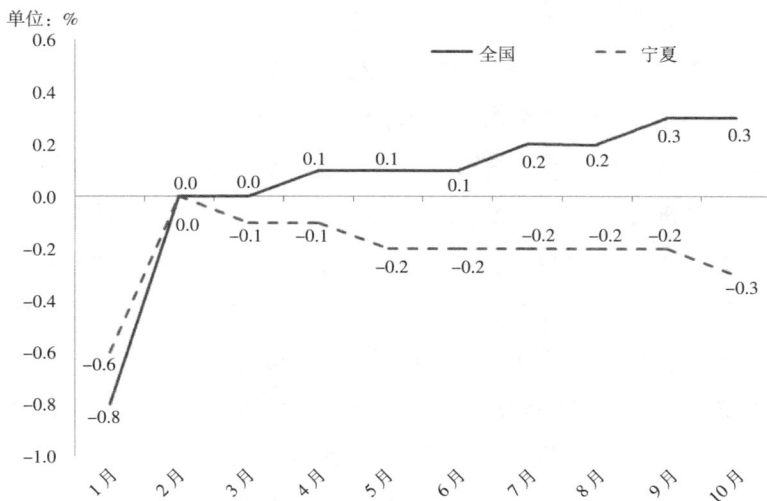

图 2　2024 年 1—10 月全国及宁夏 CPI 累计走势

4. 八大类商品及服务价格"四涨三降一平"

1—10 月，宁夏居民消费价格涨跌特征明显。其他用品及服务价格涨幅最大，上涨 4.3%，拉动 CPI 上涨约 0.14 个百分点；教育文化娱乐价格上涨 1.9%，拉动 CPI 上涨约 0.22 个百分点，拉动作用最大；衣着、生活用品及服务价格分别上涨 1.5% 和 0.6%，共同拉动 CPI 上涨约 0.15 个百分点；交通通信价格降幅最大，下降 1.8%，影响 CPI 下降约 0.28 个百分点；食品烟酒价格下降 1.6%，影响 CPI 下降约 0.46 个百分点，下拉作用最强；居住价格下降 0.2%；医疗保健价格持平。

与全国平均水平相比呈"二高五低一平"，其中：其他用品及服务、教育文化娱乐价格分别高于全国平均水平 0.7 和 0.3 个百分点；食品烟酒、居住、生活用品及服务、交通通信、医疗保健价格分别低于全国平均水平 1.3、0.3、0.1、0.1 和 1.4 个百分点；衣着价格与全国平均水平持平。

5. 核心 CPI 保持稳定上涨

食品和能源价格受季节、天气、地缘政治等影响波动较大。1—10 月，宁夏扣除食品和能源价格的核心 CPI 保持稳定上行，上涨 0.4%。从月度同比看，1 月上涨 0.6%，2 月上涨 0.8%，3—4 月上涨 0.7%，5—7 月上涨 0.6%，8 月上涨 0.5%，9—10 月上涨 0.4%，均保持稳定上涨态势，表明市场供求总体基本稳定。

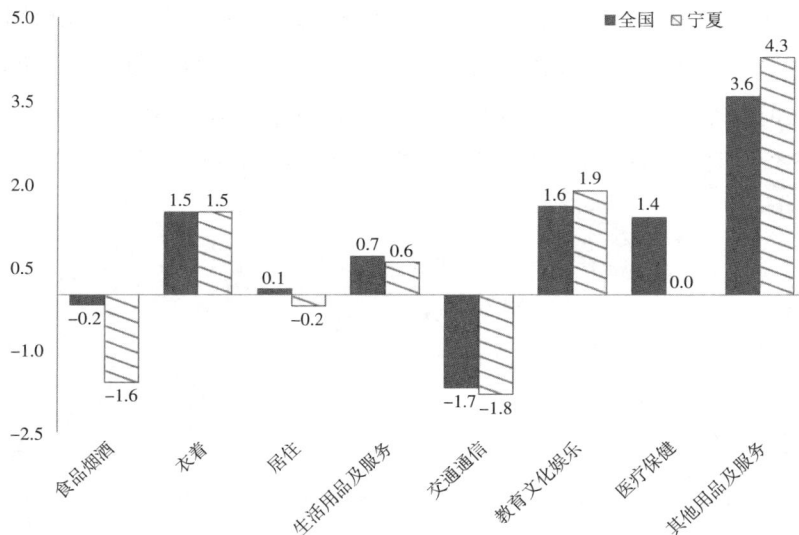

图3　2024年1—10月全国及宁夏CPI分类别累计涨跌幅

（二）工业生产者价格运行特点

1. 同比低位运行

1—10月，宁夏PPI月度同比价格持续负区间运行，降幅总体呈现先扩大后收窄而后又扩大的走势。IPI月度同比价格与PPI基本趋同。其中，7月IPI同比上涨1.7%，是自2023年3月以来的首次转正，但受需求不足等影响，8月再次回落至负增长区间。

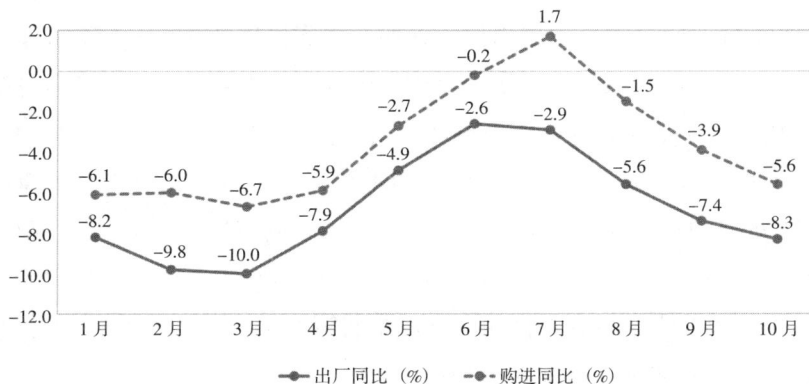

图4　2024年1—10月宁夏工业生产者价格同比走势

2. 环比波动起伏

1—10月，宁夏工业生产者出厂价格和购进价格均呈波动运行状态。其中，1—3月出厂价格环比在负增长区间，4—6月止跌回涨，7月重返负增长区间，下降1.4%；9—10月，降幅分别收窄为0.9%和0.5%。购进价格环比除2月、5月、6月略微上涨，其余月份均为下降。

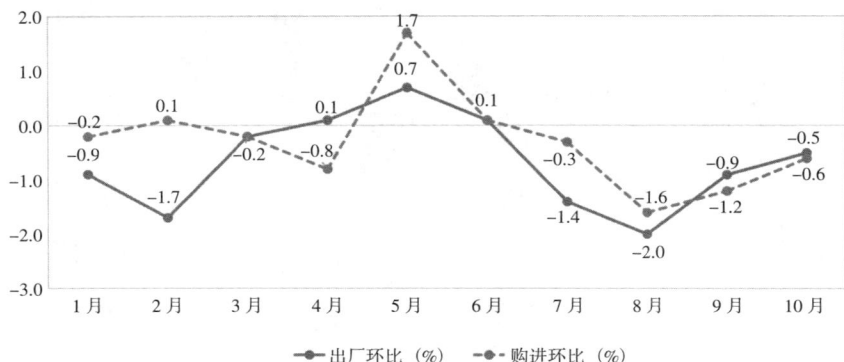

图5　2024年1—10月宁夏工业生产者价格环比走势

3. 全国排名靠后

从累计比来看，1—10月，宁夏PPI较全国水平（-2.1%）低4.7个百分点，在全国31个省（区、市）中居第30位，在西北五省区中居末位；宁夏IPI低于全国水平（-2.1%）1.6个百分点，在全国30个省（区、市）（不包括西藏）中居第二十五位，在西北五省区中居末位。

从同比来看，10月宁夏PPI较全国水平（-2.9%）低5.4个百分点，在全国31个省（区、市）中居末位，在西北五省区中居末位；宁夏IPI低于全国水平（-2.7%）2.9个百分点，在全国30个省（区、市）（不包括西藏）中居第二十七位，在西北五省区中居末位。

从环比来看，10月宁夏PPI较全国水平（-0.1%）低0.4个百分点，在全国31个省（区、市）中居第26位，在西北五省区中居末位；宁夏IPI低于全国水平（-0.3%）0.3个百分点，在全国30个省（区、市）（不包括西藏）中居第二十二位，在西北五省区中居第四位。

4. 出厂大类行业下降面超六成

1—10月，宁夏PPI的29个大类行业中，累计同比指数"十九降十涨"，下降面为 65.5%。其中，化学原料和化学制品制造业影响 PPI 下降 1.78 个百分点，煤炭开采和洗选业影响 PPI 下降 0.97 个百分点，电力、热力生产和供应业影响 PPI 下降 0.84 个百分点，黑色金属冶炼和压延加工业影响 PPI 下降 0.83 个百分点。这四类行业对宁夏 PPI 的下拉影响较大。

5. 购进九大类价格"六降三涨"

1—10 月，宁夏 IPI 九大类原材料购进价格"六降三涨"。其中，其他工业原材料及半成品类价格下降 8.9%，建筑材料及非金属类价格下降 8.7%，农副产品类价格下降 8.1%，化工原料类价格下降 6.5%，燃料、动力类价格下降 4.2%，木材及纸浆类价格下降 0.5%；有色金属材料及电线类价格上涨 11.2%，纺织原料类价格上涨 5.3%，黑色金属材料类价格上涨 0.3%。

6. 购销剪刀差持续"高进低出"

自 2023 年 10 月起，宁夏工业生产者价格已经连续 13 个月呈现"高进低出"态势（购进价格同比指数高于出厂价格同比指数）。工业生产者价格出现"购销倒挂"现象，表明工业企业盈利能力减弱，利润空间缩窄。

二、影响 CPI 变动的主要因素

2024 年 1—10 月，随着宏观调控政策加码，消费市场得到提振，不过由于市场供应充足，"以价换量"现象普遍存在，再叠加翘尾因素，宁夏 CPI 走势偏弱，处于近 20 年来的较低水平。

（一）食品类价格普遍下降

1—10 月，宁夏食品类价格下降 2.9%，影响 CPI 下降约 0.53 个百分点。所调查的 14 类食品价格"三涨十一降"：粮食、菜及食用菌、糖果糕点类价格分别上涨 0.5%、4.9% 和 1.2%，薯类、畜肉类价格分别下降 16.0% 和 8.3%，食用油、蛋类、奶类、干鲜瓜果类价格分别下降 4.7%、5.6%、4.1% 和 5.6%，豆类、禽肉类、水产品、调味品、其他食品类价格降幅在 0.1%—1.7%。

1. 鲜菜价格上涨 5.7%，拉动 CPI 上涨约 0.13 个百分点

从各月同比情况看，受上年春节错月影响，1 月，鲜菜价格下降 10.1%；2 月，鲜菜价格上涨 4.6%；节后伴随复工复产、学校开学，鲜菜需求有所增加，3—4月鲜菜价格均上涨3.0%；5—7月，由于天气转暖市场供应充足，鲜菜价格由涨转降，分别下降3.2%、14.1%和0.8%；8月开始，全国多地出现大范围高温及强降水天气，导致干旱及洪涝灾害大范围频发，特别是夏秋季蔬菜主产区山东、河南、安徽等地出现受灾情况，鲜菜市场供应受阻造成产能下滑，8—9月鲜菜价格分别上涨23.2%和31.2%；10月，区内露地蔬菜步入尾期，设施鲜菜还未大量上市，叠加前期全国蔬菜供应趋紧影响，造成短期内市场供应减少，鲜菜价格继续走高，上涨31.8%。

2. 畜肉类价格下降8.3%，影响CPI下降约0.29个百分点

1—10月，猪肉价格上涨7.6%，拉动CPI上涨约0.04个百分点。从同比情况看，5月以后生猪产能调减，猪肉价格明显回升，5—10月猪肉价格分别上涨3.9%、20.2%、23.4%、17.5%、18.2%和15.3%。主要原因是2023年生猪价格持续低迷，部分养殖户调整养殖结构，能繁母猪存量持续缩减，根据猪周期变化规律，2024年猪价迎来拐点。

1—10月，牛肉、羊肉价格分别下降18.1%和7.5%，共同影响CPI下降约0.33个百分点。从各月同比情况看，2024年以来，牛肉、羊肉价格受市场供应量持续充足影响，均呈下降态势，且5月降幅最大，牛肉、羊肉价格同比分别下降23.3%和9.9%。主要原因：一是牛肉进口量增长明显，对国内市场冲击较大。二是奶业行情低迷，养殖户加快淘汰低产奶牛，增加了市场牛肉供给。三是近几年肉羊养殖规模不断扩大，羊肉市场供应充足，导致羊价持续走低。四是部分养殖户为快速回笼资金，缩短养殖周期，提前出栏，造成市场供大于求。

3. 鲜果价格下降6.6%，影响CPI下降约0.17个百分点

从各月同比情况看，2024年以来，鲜果价格除2月和9月上涨，其余月份均呈下降态势，且6月降幅最大，下降14.7%。主要原因是受2023年鲜果价格水平高基数的影响，叠加2024年鲜果产业出现了高速增长、快速发展、加速扩容的红利期，果农种植积极性高涨，鲜果种植规模和产量均有所增加，使得鲜果市场供应大幅增加。

4. 鸡蛋价格下降5.8%，影响CPI下降约0.03个百分点

从各月同比情况看，2024年以来，鸡蛋价格均呈下降态势，且4月降

幅最大，下降 11.1%。主要原因是 2023 年鸡蛋价格行情较好，部分养殖户相继扩大养殖规模，市场供给总体充裕，对价格形成利空影响。但随着天气转暖，蛋鸡产蛋率下降，叠加开学季和中秋、国庆等节假日影响，鸡蛋需求增加，5—9 月鸡蛋价格环比均呈上涨态势。

（二）服务价格涨势放缓

1—10 月，宁夏服务价格上涨 0.4%，涨幅较上年同期收窄 1.2 个百分点。从主要类别看，居民旅游消费持续恢复，旅行社收费、其他旅游价格分别上涨 2.3% 和 3.3%，但涨幅较上年同期分别减少 9.5 和 6.0 个百分点；房租价格受房地产市场不景气、出租房源区域性供大于求、租房者承租能力下降等影响略微下降，私房房租、自有住房价格分别比上年同期下降 0.1% 和 0.2%；受翘尾因素影响，教育、生活、医疗、交通等服务所属各类价格涨跌互现，如小学初中教育、高中中职教育、家庭维修服务、出租汽车、其他保险等服务价格分别上涨 15.3%、2.8%、9.3%、4.5% 和 5.9%；受新一轮政策性价格调整影响，高等教育价格上涨 1.9%，停车费价格下降 1.4%；受上年价格基数较高影响，飞机票价格大幅下降 18.4%。

（三）工业品价格涨跌互现，整体微涨

1—10 月，工业品价格上涨 0.1%。从主要类别看，部分服装品牌提档升级，上调换季新款服装上市价格，带动服装价格上涨 1.9%，拉动 CPI 上涨约 0.12 个百分点；全球市场避险情绪急剧升温，国际黄金及贵金属价格持续走高，影响金饰品、银饰品价格分别上涨 18.4% 和 6.7%，共同拉动 CPI 上涨约 0.12 个百分点；药材质量标准提升带动种植成本增加，部分药材主产地产量下降，影响中药材价格上涨 11.9%；传统车企与新势力车企为抢占市场多次掀起"价格战"，"以价换量"促使新能源小汽车、燃油小汽车价格分别下降 6.4% 和 8.5%，共同影响 CPI 下降约 0.13 个百分点；房地产市场承压下行，住房装潢材料、家具、大型家用器具销路不畅，价格分别下降 2.2%、1.1% 和 1.9%，共同影响 CPI 下降约 0.06 个百分点。

三、影响工业生产者价格变动的主要因素

（一）国际大宗商品输入性因素影响明显

一是原油及其下游行业产品价格先涨后降。全球经济疲软、需求收缩等对原油价格形成下行压力。受此影响，宁夏石油、煤炭及其他燃料加工业价格先涨后降，2024年1—10月同比下降6.2%。

二是有色金属价格走高。金属铝矿端供应偏紧，成本面支撑作用较强，铝锭社会库存处于持续去库状态，加之一揽子利好政策逐步释放，市场信心得到提升，提振有色板块，推动铝价走高。1—10月，宁夏有色金属冶炼和压延加工业价格同比上涨2.4%。

（二）化学原料产品价格震荡下行

无机碱制造方面，纯碱类价格下降23.6%。1—10月，纯碱受到供应过剩、下游需求疲软、高库存压力、市场预期和情绪欠佳等多重因素影响，成交重心下移，预计短期内纯碱市场价格仍将呈下行趋势。无机盐制造方面，碳化物及碳酸盐价格下降36.5%。1—10月，电石市场供应充足，而下游行业开工交投率气氛冷淡，导致电石价格下降。碳酸锂维持在供大于求的局面，新能源汽车持续降价，动力电池增速放缓以及储能电池增速不及预期，综合因素导致碳酸锂价格持续下降。有机化学原料制造方面，双氰胺、聚四氢呋喃等化学产品周边库存压力较大，下游需求冷淡，客户拿货积极性不高，导致价格下降。

（三）房地产需求偏弱，建材价格下降

1—9月，全国房地产开发投资同比下降10.1%，房地产施工面积同比下降12.2%。房地产行业和基建行业上下游产业链价格同步走弱，水泥、钢材、玻璃等建材价格下降。1—10月，宁夏非金属矿物制品业价格同比下降10.9%，黑色金属冶炼和压延加工业价格同比下降7.2%。

四、2024年居民消费价格走势预判

（一）食品价格降幅或有所收窄

1—10月，牛肉、羊肉价格低位运行，是食品类价格下降的最主要原

因。10月开始，全区气温明显转凉，肉类、鸡蛋等食品消费需求季节性增长，牛肉、羊肉价格或将有所回调，但当前供大于求的局面一时间不能根本改变，预计价格回调幅度有限。秋冬季鲜活食品生长放缓，本地露地鲜果、鲜菜逐步退出市场，大棚种植成本相对较高，加之物流运输难度有所增加，损耗成本增多，鲜菜、鲜果价格或将迎来季节性上涨。

（二）工业品价格或窄幅震荡

目前全球地缘政治形势错综复杂，冲突局面带来不确定性，国际大宗商品市场行情震荡，原油价格稳定性不足，工业品面临价格上涨的因素仍然较多。与此同时，国内消费市场竞争愈发激烈，临近年关，燃油小汽车、新能源小汽车、手机、家电等商品降价促销力度只增不减，综合影响下，预计工业品价格仍将低位震荡。

（三）服务价格或将继续上涨

随着经济运行有序恢复，促进服务消费相关政策相继实施，内生动力持续增强，叠加经营成本上涨对服务价格的拉升作用，继续带动出行、旅游、住宿、餐饮、文娱等服务消费需求潜力释放，预计服务价格或将保持上涨态势。

（四）翘尾因素影响

据测算，2023年CPI变动对2024年11月的翘尾影响为0.2个百分点，将在一定程度上推动CPI上行。

（五）一揽子增量政策为CPI回升创造条件

针对当前经济运行中的新情况、新问题，党中央、国务院科学决策、果断出手，在有效落实存量政策的同时，围绕加大宏观政策逆周期调节、扩大国内有效需求、加大助企帮扶力度、推动房地产市场止跌回稳、提振资本市场等5个方面，相继推出一揽子增量政策，推动经济持续回升向好。从后期看，宏观政策效果将逐步显现，既能有效增强经济增长的动力，又为CPI回升提供良好的环境。

综上所述，消费市场的趋势性改变不会一蹴而就，尤其是居民预防性储蓄转化为消费需要一个过程，所以CPI回暖将是渐进式的，预计2024年宁夏CPI仍将运行在负区间并呈平稳态势。

五、2024 年工业生产者价格走势预判

从国际看，虽然当前世界经济正在逐步复苏，全球贸易显现回暖迹象，但是外部环境仍然复杂严峻，不稳定性、不确定性因素依然存在。中东、俄乌地缘政治危机尚未解除，美联储降息等因素对国际大宗商品价格产生直接影响，原油、有色金属等国际大宗商品价格高企，将对宁夏工业品价格形成支撑。

从国内看，2024 年以来宏观政策效应持续发挥，新质生产力加快发展，经济运行总体平稳，但新旧动能转换"阵痛"、需求不足等问题仍在显现。随着中央一揽子增量政策的出台，财政政策和货币政策的逆周期调节力度不断增强，将对资本市场的预期、居民消费意愿产生积极影响，实体经济的信心将进一步得到提振，有望对工业经济发展形成有力推动。

综上所述，国民经济延续恢复态势，但影响经济增长的因素较以往更为复杂，国内经济结构调整还需要一定的时间，预计 2024 年宁夏工业生产者价格总体仍处于下行区间，降幅有望收窄。

特色优势产业篇

TESE YOUSHI CHANYE PIAN

宁夏冷凉蔬菜产业发展面临的
困难与对策建议

李　军　李　霞　宋春玲

　　冷凉蔬菜产业是建设黄河流域现代农业高质量发展示范区的重要支撑，是推进农业结构调整、增加农民收入的重要举措。近年来，自治区党委、政府高度重视冷凉蔬菜产业发展，制定产业发展规划，大力发展"设施蔬菜、露地蔬菜、硒甜瓜"三大产业，产品70%以上销往全国各地。"宁夏菜心""西吉西芹""盐池黄花菜""六盘山冷凉蔬菜"等区域公用品牌在全国市场影响力不断提升，引进山东水发、广东东升等一批规模效益显著的龙头企业，建立"订单生产、基地共建、互利共赢"合作机制，宁夏蔬菜产业呈现量价同增、规模效益逐步提升的良好态势。

　　2024年前三季度，宁夏冷凉蔬菜播种面积为295万亩，总产量为652.6万吨，同比增加1.3万吨，增幅0.2%；出口额为3.4亿元，同比增长14.1%，其中出口至东盟各国的占比达98%。主要出口产品包括宁夏菜心、鲜食番茄、西兰花、芥蓝等。宁夏冷凉蔬菜已成功出口中东、东南亚等多个国家和地区，并通过"蔬菜专机"等方式出口到阿联酋等阿拉伯国家。发挥冷凉蔬菜产业竞争新优势，推动产业高质量发展，宁夏还面临诸多亟待解决的困难和挑战。

　　作者简介：李军，宁夏社会科学院党组成员、副院长；李霞，宁夏社会科学院农村经济研究所研究员；宋春玲，宁夏社会科学院农村经济研究所助理研究员。

一、宁夏冷凉蔬菜产业发展面临的困难和挑战

（一）集群化程度相对较低

宁夏冷凉蔬菜生产集群化程度相对较低，"一乡一品、一县一业、多县一业"发展不足，同一品种种植规模小。"彭阳辣椒"种植面积仅有5万亩，总产量17万吨；"西吉西芹"种植面积4.3万亩，总产量28万吨；"盐池黄花菜"种植面积仅有8.1万亩，鲜花产量3万吨。缺乏特色鲜明的规模化、集约化生产优势。链条短、带动力弱、抵御风险能力差，市场竞争力不足，难以实现规模效益和优质优价。在西部12个省（区、市）中，宁夏冷凉蔬菜产量居于第十位。（见下表）

2021—2023年西部十二省（区、市）蔬菜产量一览表

单位：万吨，%

总排名	省（区、市）	2021年	2022年	2023年	2023年比2021年增长
1	四川	5039.1	5198.7	5417.9	7.52
2	广西	4047.5	4236.5	4425.0	9.33
3	贵州	3280.1	3355.7	3470.0	5.79
4	云南	2748.9	2857.9	2960.8	7.71
5	重庆	2184.3	2272.4	2362.0	8.14
6	陕西	2012.8	2082.2	2151.2	6.88
7	甘肃	1655.3	1736.6	1822.7	10.11
8	新疆	1620.4	1731.9	2074.2	28.01
9	内蒙古	993.8	1012.9	1097.1	10.39
10	宁夏	533.0	527.9	544.5	2.16
11	青海	150.1	151.8	158.5	5.60
12	西藏	89.5	81.6	88.4	−1.23

数据来源：根据国家统计局网站及有关省市统计公报公布数据整理。

（二）地级市缺乏冷凉蔬菜产业发展规划

规划具有向导和指导作用，自治区对冷凉蔬菜产业作出了前瞻性、科学性、整体性的布局和长远规划，制定了《宁夏回族自治区冷凉蔬菜产业高质量发展规划（2022—2027年)》，但5个地级市至今没有制定各市冷凉

蔬菜产业高质量发展规划，导致冷凉蔬菜产业在招商引资过程中，没有清晰的进入门槛和选择标准，进驻企业之间上中下游产业链缺失，企业生产经营压力非常大，产业之间缺乏集聚效应，产业处在小、散、乱发展阶段，直接影响后续产业布局调整。

（三）加工企业带动力不强，精深加工不足

2023 年 12 月，宁夏成立冷凉蔬菜产业联合会，涉及产业链上中下游育种育苗、生产种植、销售服务、冷链物流、品牌策划、检测认证、社会化服务等多个环节，冷凉蔬菜加工企业较少。加工企业基本为初级加工，主要产品有脱水蔬菜、蔬菜汁、番茄酱、辣椒酱、腌制菜、预制菜等。加工档次低，产业链短，加工产值仅占农产品加工总产值的 2.1%，转化增值能力弱。宁夏虹桥有机食品有限公司是自治区首家现代化速冻蔬菜初加工企业，公司生产毛豆、豇豆、南瓜、菠菜、彩椒等 20 多种速冻蔬菜产品，年产量仅有 1 万吨，产值 5000 万元，年用工人数 700 多人次。宁夏利荣生物科技有限公司是石嘴山市蔬菜龙头加工企业，生产韭葱、番茄、芹菜、菠菜等脱水蔬菜，年产量 3000 吨，产值 7500 万元，年用工 850 人次。宁夏尚未有产值突破亿元的蔬菜加工企业，带动力还较弱。

（四）蔬菜知名品牌少，增值效益低

截至 2024 年 10 月，全国蔬菜农产品地理标志品牌共有 589 个，宁夏仅有 60 个。全区地方瓜菜品牌较多且杂乱，有吴忠市的"利通瓜菜""孙家滩蔬菜"、沙坡头区的"沙坡头蔬菜""韩闸韭菜"、隆德县的"六盘馨"等蔬菜品牌，但认证的品牌少，叫得响、影响大、知名度高的品牌更少。除"宁夏菜心""盐池黄花菜"等特色品牌市场认知度较高，其他瓜菜品牌在全国影响力微弱。

（五）冷链物流体系不健全

目前，宁夏冷库等冷链物流基础设施建设力度不够，缺乏具有一定规模的专业化蔬菜冷链物流服务企业，缺乏预冷、保鲜、储藏及冷藏运输等冷链物流体系。调研中了解到，全区冷凉蔬菜田头批发市场少，田间预冷、储藏保鲜、冷链运输车等冷链设施不足。缺少储藏能力为 100 万吨的大型集配中心，由于各自为政，分拣、加工保鲜贮藏量小，在蔬菜上市旺季，

西吉县部分菜农会把蔬菜运送到兰州的冷库卖掉，远距离运输损耗率高达20%—30%。

二、加快宁夏冷凉蔬菜产业发展的路径选择

（一）建设高标准基地，提升冷凉蔬菜产能

围绕提高蔬菜产能，聚焦高标准蔬菜基地建设，重点扶持发展一批优势突出的特色标准化生产基地，为冷凉蔬菜产业高质量发展奠定坚实基础。

1. 打造自治区瓜菜绿色基地示范区

在5个地级市的蔬菜主产区，择优扶持建设一批露地1000亩、设施500亩以上集中连片、基础条件好、建设标准高、示范带动作用强的绿色瓜菜样板基地，打造自治区瓜菜绿色基地示范区，推动全产业链标准体系建设。

2. 创建国家级、自治区级冷凉蔬菜现代农业产业园

以绿色食品、有机食品为发展方向，按照"一县一业、多县一业"思路，做强做大原州区姚磨万亩冷凉蔬菜基地、西吉县马莲川万亩蔬菜标准化种植基地和黄家川蔬菜种植基地、贺兰县立岗镇蔬菜新品种新技术展示园、吴忠市山水沟凤鸣果蔬基地，打造一批生产规模大、技术含量高、产销衔接紧密的绿色生产基地，创建国家级、自治区级冷凉蔬菜现代农业产业园，逐步提升蔬菜产业集聚效应。

3. 培育产业大县和专业村

聚焦主导产业，培育一批单品规模2万亩以上的产业大县，重点打造永宁、贺兰供港蔬菜和番茄大县，灵武韭菜大县，西吉西芹大县，彭阳辣椒大县等产业大县，实施冷凉蔬菜专业村建设项目，按照集中连片、品种统一、绿色高标准生产、品牌效益明显、竞争力强、单品规模3000亩以上的标准，实施冷凉蔬菜专业村建设项目，培育蔬菜专业村，增强自身发展和带动农户能力。

（二）依据自治区冷凉蔬菜产业规划制定市县蔬菜产业规划

按照《宁夏回族自治区冷凉蔬菜产业高质量发展规划（2022—2027年）》要求，5个地级市应科学制定各市冷凉蔬菜产业发展规划，重点推进

引黄灌区设施蔬菜和供港蔬菜优势区、中部干旱带硒甜瓜和黄花菜优势区、南部山区和引黄灌区露地蔬菜优势区建设。银川市、石嘴山市重点建设引黄灌区供港蔬菜、宁夏番茄产业集群，固原市重点建设南部山区露地蔬菜产业集群，吴忠市重点建设中部干旱带黄花菜产业集群，中卫市重点建设中部干旱带硒甜瓜产业集群，形成科技集成化、种植规模化、加工聚集化、物流现代化、营销品牌化、服务网络化，全面打造冷凉蔬菜产业集群，引导产业发展，实现产业提质增效。

（三）壮大龙头企业，推动蔬菜产业提质增效

1. 引进和壮大产业化龙头企业

龙头企业具有市场开拓能力，对于带动蔬菜产业发展具有重要的作用。要把引进龙头企业作为推动冷凉蔬菜产业高质量发展的突破口，加大招商引资力度，引进资金和技术，培育和发展一批规模以上冷凉蔬菜龙头企业和生产型、经营型、服务型主体。发展壮大宁夏虹桥有机食品有限公司、宁夏利荣生物科技有限公司、宁夏发途发蔬菜产业集团有限公司、中卫市六合蔬菜种植有限公司、宁夏康润丰生物科技有限公司、宁夏安品绿源农业科技有限公司等现代蔬菜生产企业，引领蔬菜产业高质量发展。

2. 培育壮大一批冷凉蔬菜加工园区，提高精深加工能力

冷凉蔬菜加工业连接工农、沟通城乡，行业覆盖面宽、产业关联度高、带动农民就业增收作用强，是产业融合的必然选择。

一是抢跑预制菜产业新赛道。预制菜一头连着种植业、养殖业，另一头连着餐饮业和居民消费，被视为典型的一、二、三产融合发展的产业。《中共中央 国务院关于做好 2023 年全面推进乡村振兴重点工作的意见》明确提出培育发展预制菜产业，自治区人民政府办公厅印发了《加快推进预制菜产业高质量发展实施方案的通知》（宁政办规发〔2023〕5 号），为宁夏冷凉蔬菜产业发展注入了强心剂。在政策红利下，贺兰县抓住机遇，抢"鲜"入局上市。目前，贺兰县已有安创蓓康、厚生记、百瑞源等预制菜生产企业 27 家，年加工量 13 万吨，年销售额 14.1 亿元，年利润 7500 万元。各市县要抢抓机遇，通过建设中央厨房，把蔬菜产品做成净菜、半成品或成品，以冷链物流的方式，直接送至粤港澳大湾区餐桌，或配送到城市各

大商超、酒店,不断提高蔬菜产业的附加值。

二是建设一批蔬菜加工园区。按照"要素集聚、企业集中、功能集合"的思路,鼓励惠农区、大武口区、盐池县、沙坡头区、西吉县、彭阳县等县区,建设集生产、加工、流通于一体的冷凉蔬菜加工示范园区,引导企业向园区集聚,形成主导产品突出、规模效应明显、组织化程度较高的蔬菜加工集聚区,培育加工型企业,延长产业链,提升增值效益,全面提升宁夏冷凉蔬菜加工水平和辐射带动能力。

三是提高精深加工能力。着力培育龙头企业生产多种类型的精深加工产品,积极探索西瓜皮、西瓜籽等副产物加工,推进产地精深加工和资源循环利用;开发黄花菜面膜、酵素、功能性保健品;提高红辣椒深加工能力,1公斤干辣椒的批发价为24元,进行深加工后,可提取辣椒红色素40克、辣椒精10克、辣椒籽油60克,还可以提取辣椒碱,剩余的辣椒粕等下脚料做饲料,售价250元,是干辣椒价格的10倍。

(四)持续做大做强冷凉蔬菜产业区域公用品牌

1. 充分整合区域资源,全力提高品牌凝聚力

要重点打造"宁夏菜心""宁夏番茄""西吉西芹""盐池黄花菜""六盘山冷凉蔬菜"等具有内涵的"宁字号"名优品牌,设计"宁字号"区域公用品牌标识和蔬菜包装箱。对于按照统一标准生产、实现全程产品质量追溯的企业、合作社,授权使用区域公用品牌标识和专用包装箱,扩大"宁字号"蔬菜品牌效应,扛起产业大旗。

2. 加强宁夏区域品牌建设,全面提升品牌影响力

加强"中卫硒甜瓜""沙坡头蔬菜""平罗沙漠西瓜""彭阳辣椒"等知名品牌建设,大力开展品牌策划、设计、宣传、推介,建立防伪追溯体系,保持和增强品牌生命力。通过宣传推广,提升品牌知名度、影响力。

3. 打响"全国区域性蔬菜良种繁育基地"品牌,提升品牌溢价效应

平罗县被农业农村部认定为全国首批区域性蔬菜良种繁育基地,种子以籽粒饱满、产量高、耐储藏等特点享誉全国,产品95%以上销往全国各地。近年来,平罗县成功举办了九届种业博览会,建设了以头闸镇、黄渠桥镇、高庄乡、灵沙乡、红崖子乡、高仁乡为主要区域的蔬菜制种基地17

个，其中已建设高标准制种展示示范基地 3 个，居自治区首位。聚焦冷凉蔬菜良种繁育，要积极支持平罗县创建全国蔬菜制种大县，争取全国蔬菜制种基地项目，提升种子研发繁育生产加工能力和服务水平，加大"全国区域性蔬菜良种繁育基地"建设和对外宣传，通过特色农产品推介会、展示洽谈会、互联网等多渠道，宣传平罗县蔬菜种子，开拓种子营销市场，打响"全国区域性蔬菜良种繁育基地"品牌，提升品牌溢价效应。

（五）打造宁夏冷凉蔬菜产业全产业链

1. 挂牌成立宁夏冷凉蔬菜交易中心

建议自治区在银川市新建一座大型可保鲜储存蔬菜 500 万吨，集预冷、分拣、贮藏、加工、包装、集散、检测、溯源、配送、物流等于一体的综合性、多功能冷凉蔬菜现代集配中心，挂牌成立"宁夏冷凉蔬菜交易中心"，旨在推动冷凉蔬菜等农产品流通布局和生产布局有效衔接，全力打通蔬菜产业链生产、加工、物流、销售等环节卡点堵点，健全并引领区域农产品流通市场体系，进一步畅通"宁夏蔬菜"走出区外、服务全国、走向世界的通道，为全区、全国乃至全球市场提供更多更优的蔬菜产品，更好地促进农业增效、农民增收。

宁夏冷凉蔬菜交易中心围绕建立行业标准、开发管理系统、推进统一结算、开拓目标市场、认证生产基地、引培检测机构、完善物流体系、做强蔬菜品牌、建设展销中心、强化运营管理等工作重点精准发力，设立交易中心平台系统、产业示范基地、承检及质监机构、展示中心、培训中心、服务中心等流通服务体系，具备信息发布、商品交易、加工包装、检测检疫、仓储物流、冷链配送等功能，着力打通蔬菜产品的供应链、流通链。

2. 建设地产瓜菜直销中心

在固原市、银川市、吴忠市、中卫市等蔬菜重点生产区域，建设地产瓜菜直销中心，拓宽地产菜销售渠道。逐步补齐蔬菜冷链短板，降低瓜菜损耗和物流成本。

3. 推进冷凉蔬菜产业深度融合发展

围绕多功能拓展、多业态聚集、多场景应用，加快发展休闲采摘、生态观光和乡村旅游，推进冷凉蔬菜产业深度融合发展。在 5 个地级市周边，建设一批冷凉蔬菜休闲农业园区，大力发展数字农业、观光农业、创意农业，拓展冷凉蔬菜业态和功能，推进种养加、产供销、游购娱的多元融合，延伸产业链条，提高综合效益，带动产业融合发展。

宁夏新型材料产业高质量发展研究

马成文　蒲　钰

近年来，国家高度重视新材料产业发展，相关部委先后出台了《新材料产业发展指南》《国家新材料生产应用示范平台建设方案》《原材料工业数字化转型工作方案（2024—2026年)》等一系列政策举措，营造了良好的产业发展环境。新型材料是新型工业化的重要支撑，是国家大力发展的战略性新兴产业之一，也是加快发展新质生产力、扎实推进高质量发展的重要产业方向。

为深入贯彻习近平总书记考察宁夏重要讲话精神，自治区对标对表、谋深抓实，在第十三次党代会上作出"打造现代产业基地"的安排部署，提出要着力打造"六新六特六优"产业，其中位居"六新"产业之首的就是新型材料产业。自治区党委十三届九次全会聚焦健全推动经济高质量发展体制机制，提出在统筹推进"六新六特六优+N"产业发展基础上，完善促进新型材料发展体制机制，在顶层设计方面为新型材料产业发展奠定了坚实基础。

作者简介：马成文，银川市人民政府研究室四级调研员，经济师，主要研究方向为城市经济、农业农村经济等；蒲钰，银川市人民政府研究室城市经济科副科长，主要研究方向为产业经济、区域经济及理论经济学。

一、产业发展优势

宁夏发展新材料产业气候环境、自然资源优势明显，经过多年积累，已具备一定的产业基础，未来发展潜力巨大。

（一）资源禀赋偏好

宁夏光照强、温差大、湿度低、风能足、灾害少，特别适合储能、半导体、电子化学品等新型材料生产，具有生产成本低、效率高和产品性能强、质量好的优势，是新材料产业发展的"天然大工厂"。宁夏及周边省份用于新材料生产所需的煤炭、硅石等矿产资源丰富，区内大工业用电价格低于全国绝大多数省区且电力供应充足，有利于新材料企业降本增效、提升市场竞争力。

（二）产业基础较好

经过近几年发展，宁夏新材料产业已经形成了一定的产业基础、规模效应，部分行业和产品在全国占有一定份额，发展壮大的优势较为明显。高性能纤维及复合材料、光伏材料、锂离子电池材料规模优势明显，中色东方钽铌铍稀有金属材料产量位居世界三强，铍材主导产品国内市场占有率达 70%，氰胺产品产量占国际市场的 85%，单晶硅棒产能约占全国23%，还有全国最大的煤制烯烃生产基地。基于雄厚的前端基础，吸引了一大批下游新材料企业集聚宁夏，围绕这些产业产品发展上下游产业的空间很大。

（三）中央政策利好

国家发改委等 11 个部委围绕黄河流域生态保护和高质量发展先行区建设先后出台 7 个支持性政策文件，专门印发《关于支持宁夏能源转型发展的实施方案》，出台 17 条含金量高、覆盖面广的支持政策，给新型材料产业高质量发展带来巨大政策红利效应、集成效应、叠加效应。

二、产业发展现状

按照自治区党委和政府安排部署，新材料产业高质量发展包抓机制积极发挥牵头抓总作用，坚持优化布局、招大引强、重点突破、全面推进，推动产业规模不断扩大、产业链条不断延伸、产品优势不断凸显，形成了上中下游产业协同发展模式，正在成为宁夏产业转型升级、经济高质量发展的"顶梁柱"，连续3年保持20%以上增速。截至2024年9月，宁夏有规模以上新材料企业148家，完成总产值1100亿元。到2027年，力争新型材料产值超10亿元企业50家、超50亿元企业50家、超百亿元企业8家，总产值突破2200亿元，年均增长9%以上。

（一）坚持协调联动，合力推进的工作氛围日益浓厚

各县（市、区）结合实际研究制订本地区新材料产业发展规划方案，银川、石嘴山、吴忠市出台具体实施方案，宁东管委会编制完成新材料产业发展规划。自治区发改、财政、人社、科技、商务等部门发挥行业优势，在项目、资金、人才、技术和招商引资等方面出台政策措施，初步建立起较为完善的政策支持体系和企业服务体系。自治区工业和信息化厅遴选认定40家新材料重点企业，在要素保障方面予以倾斜扶持，协调投放自治区产业引导基金10.8亿元。自治区科技厅制订科技支撑行动方案，争取各类研发扶持资金约2.4亿元，撬动企业研发投入达28.4亿元。自治区教育厅、石嘴山市会同相关部门组建新材料现代产业学院，探索产教融合、校企合作人才培养新模式。

（二）坚持招大引强，头部企业的带动作用逐渐显现

坚持把招商引资作为产业发展的"助推器""硬支撑"，依托中阿博览会、闽宁联席会议、广东经贸合作交流恳谈会等平台，精准对接、主动出击。天津中环、隆基绿能、东方希望、江苏润阳、蓝思科技、晶盛机电等一批国内头部企业纷纷落户宁夏，晓星年产36万吨氨纶、中环50GW单晶硅、鑫晶盛工业蓝宝石、泰和高性能对位芳纶等一批大项目建成投产。百川锂电材料一体化、东方希望光伏一体化、江苏润阳多晶硅及高效电池、宝丰电池及储能集装系统等一批大项目正在加快建设。

（三）坚持延链补链，集聚发展的良好态势更加明显

坚持把拉长补强产业链作为新型材料产业转型升级的关键抓手，持续建链延链补链壮链。聚焦光伏材料产业链，以银川、石嘴山、中卫等地为重点，围绕打造"工业硅—高纯多晶硅—单晶硅棒/片—电池片—组件"全产业链条，提升金刚线、背板玻璃、逆变器、封装胶膜等配套能力，引导企业光储制造一体化发展。到2027年，力争产值达到650亿元。聚焦储能电池材料产业链，以银川、石嘴山、吴忠、宁东等地为重点，围绕"磷酸铁/针状焦/三元前驱体等原材料—正极材料、负极材料、隔膜、电解液—电芯、电池包制造与封装—废旧电池回收"建链补链，扩大高性能富锂锰基、高镍低钴三元材料、锰酸锂、镍酸锂、磷酸铁锂等正极材料和前驱体产业规模，发展石墨类、硬碳、硅碳负极材料，加快推动高容量储氢材料、固体氧化物燃料电池材料、质子交换膜燃料电池及防护材料研究和产业化生产，实现新能源电池全产业链建设。到2027年，力争产值达到100亿元。聚焦高性能金属材料产业链，以石嘴山、吴忠等地为重点，发挥钽铌铍等稀有金属，铝基、铜基合金等金属材料研发及精深加工优势，打造"氧化铝—电解铝（再生铝）—铝合金—铝型材、铝板带箔、电池壳料、轮毂及铝镁合金线—精密铝镁合金压铸件—轨道交通铝镁合金型材""氟钽酸钾–钽丝钽粉—电子元器件"产业链，积极拓展下游应用领域，推动军民技术成果双向转移及产业化，力争2027年产值达到180亿元。聚焦先进半导体材料产业链，以银川、石嘴山、宁东为重点，围绕"电子级单晶硅—大尺寸硅片、晶圆、靶材、封装材料—蓝宝石、LED外延芯片、衬底材料—碳化硅陶瓷及元器件、氮化镓第三代宽禁带半导体材料"建链补链，依托集成电路用大尺寸硅材料、高纯金属及合金溅射靶材、工业蓝宝石等产业基础，对接引进功率半导体上游材料和装备配套、中游器件设计和制造、下游封装测试和应用等产业项目，推动碳化硅、氮化镓等宽禁带半导体功率器件的技术研发及产业化，力争2027年产值突破70亿元。聚焦高性能化工新材料产业链，以宁东基地、石嘴山、中卫等地为重点，围绕"电石–乙炔–1，4丁二醇—聚四氢呋喃—氨纶""电石—乙炔—醋酸乙烯—聚乙烯醇—PVA纤维""电石—石灰氮—单氰胺/双氰胺—盐酸胍、硝酸胍—医药/农药中间体"产业链建链延链，力争形成百万吨氨纶及其上下游配套材料产能，着力打造中国"氨纶谷""氰胺之都"，力争2027年产值突破1200亿元。

（四）坚持科技赋能，提质增效的后劲潜力不断激发

瞄准高端化发展方向，以创新力引领高质量发展，推动产业智能化升级、数字化赋能。建成国家及自治区级新材料重点实验室 5 家、工程技术研究中心 15 家、企业技术中心 20 家、高新技术企业 88 家、科技"小巨人"企业 23 家。积极构建以企业为主体的"政产学研金服用"产业创新体系，组织开展关键技术"揭榜挂帅"，形成阶段性成果 58 项、实用新型专利 17 项，中色东方"平板显示用高性能 ITO 靶材关键技术及工程化"项目荣获国家技术发明二等奖。深入实施以智能改造为引领的"四大改造"，推广新材料领域"5G+工业互联网"应用场景试点示范项目 11 个，建成自治区智能工厂、绿色工厂、数字化车间 10 家，煤制聚丙烯、重型燃气轮机铸钢件等多项产品入选国家制造业单项冠军产品，新材料产业高质量发展的基础牢、颜值高、竞争力强。

三、产业发展存在的问题

（一）集群效应不优

一是集群规模较小。产业向上下游延伸不足，产业链条短，产品收益低。企业间未形成紧密利益联结机制，产业集群中各企业的金融、科技、物流等要素不能充分有效互动。

二是产业结构不优。多数产品处在产业链前端和价值链低端，基础产品价格竞争激烈，产业具备话语权的同时也存在产能过剩现象，进一步挤压集群发展空间。如全球双氰胺市场每年总需求为 14 万吨（境外需求约 8 万吨），宁夏仅石嘴山市产能就达到 27.4 万吨（占全国的 87%，占全球的 82%），行业普遍开工负荷不足 50%。主导产业与周边省份同质化现象严重，如近年来在宁夏投资规模较大的隆基、江苏润阳、东方希望等企业，在青海、内蒙古、新疆也均有同类产品布局，容易造成企业在项目落地过程中对惠企政策不断加码，一定程度上影响了地方财政收入。

三是协同配套偏弱。目前，产业仅在开发区内形成地理空间上的简单集聚，但产业链上下游和供应链未形成有效协同，产业链之间关联耦合度较低。如银川晶钰金刚线 2024 年 5 月 23 日已投产 14 条生产线，中卫市协鑫等有需求的企业仍在区外购买，未能在区内形成配套合作关系。又如银川天通银厦反映本地没有所需的电子级酸，但石嘴山盈氟金和生产线升级后可以生产"9个9"的高纯度电子级氢氟酸，完全能够满足电子级晶硅及蓝宝石生产需求。

（二）制度机制合力不够

一是政策尚未形成合力。目前，支持集群发展的政策散落在各个部门，很难统筹使用、协调推动，在政策落实中不同程度存在"亲女婿远儿子"情况。

二是部分政策难以落地。个别政策执行偏弱，如宁夏先后出台了长协机制等降低生产运行成本的办法，但企业反映长协机制并未发挥预期效益，电、天然气买多了不行，买少了也不行，买多用不了、买少不够用都要罚钱，市场经济变成了计划经济。此外，政策集成的多、创新的少，如近期出台的晶硅产业支持政策，有企业反映条条戳中行业痛点，但未从根本上解决问题，企业对政策的感知与政府的热情有温差。

三是链主作用发挥不足。隆基光伏由于市场原因产值大幅下降，集团旗下在宁4家公司陆续停产减产，虽然确定了BC电池技术改造路线，但迟迟未能开工。围绕产业链发布的"四个清单"指导作用不强，如泰和、宁创等链主企业自身发展较快，但对区内企业带动能力有限，配套企业较认定之初无显著增加。

（三）创新能力不强

一是创新资源匮乏。支撑产业集群的核心研发机构基本在区外，科技与产业"两张皮"的问题依然存在，科研成果走不出实验室，落不到生产线，形不成新动能。企业普遍反映区内中试基地、重点实验室等共性科研平台少，针对性的应用技术成果供给不足。滨河新材希望政府引导企业、高校、科研院所加大产学研合作力度，建设如高温耐火材料等创新实验室。

二是创新人才较少。全区仅有高校院所20所，科研机构只有10家，创新能力不足、水平不高，外地人才的招引和本地人才的培养难度大，专业技术人才尤为缺乏。部分企业反映国内新材料产业集中在长三角和珠三角地区，企业技术人员基本从南方招聘，用工成本十分高，而且本地学校尚无对口专业，希望适时增加相关专业，为后续企业人才梯队建设提供发展助力。

三是数智水平不高。宁夏多数工业企业信息化仅应用于财务和办公系统，生产、购销环节信息化应用程度较低，多数处在数字化应用的初级阶段，智能化发展更无从谈起。企业普遍反映数字化转型面临着技术创新、业务能力再造、专业人才培养等多重挑战，依靠企业自身难以承担大量的人力、物力、财力的投入，"不敢、不想、不会"的情形突出。

(四) 要素保障不足

一是要素保障空间趋紧。工业用水持续紧张，对新项目落地形成较大制约。如中欣晶圆核定用水指标后再扩建的项目需要自行购买水指标且难度较大。一些园区也反映用水、用能和用地等资源要素已无开发空间，无法匹配全区重点产业集群的发展需求。

二是要素成本相对偏高。一些企业反映电、蒸汽等生产要素成本较高，如晶体新能源生产 1 吨多晶硅，电费成本宁夏高出内蒙古 5000 多元，仅此一项就多出 13.8% 的成本。还有企业反映铁路运力不足，区外原料配套和产品销售都只能采用汽车运输，物流成本大幅增高，失去成本竞争优势。周边地区为招商引资过分"内卷"，给出生产要素价格优惠于宁夏，已造成部分传统产业"外迁"现象，多家新材料企业也坦诚表示计划外迁或拟在周边省份建设后期项目。

三是集群载体支撑乏力。集群产业基本集中在各开发区，但开发区管理体制依赖行政手段，市场化理念、办法还不多，运行机制不灵活。如吴忠太阳山开发区、平罗工业园区、中卫工业园区审批管理赋权不足，部分审批事项需要多部门批复。因县区财政困难，中南部开发区基础设施长期欠账，污水处理、固废处理、集中供热、生活服务等设施达不到稳定运行要求。宁夏永宁工业园区在闽宁产业园（二期）建设中，道路、管网、"三废"治理等基础设施投入都不能有效保障。青铜峡工业园区至今还未建成"雨污分离"设施，园区供水质量不能满足企业生产需求。区内工业园区没有建设危化品集中处置设施，一定程度制约了企业发展。

四、对策与建议

深入学习贯彻党的二十大，二十届二中、三中全会和习近平总书记考察宁夏重要讲话精神，全面贯彻落实自治区党委、政府安排部署，顺应全球新一轮科技革命和产业变革新趋势，进一步树立"材料先行"理念，以高质量发展为目标，以市场需求为导向，以特色园区为依托，以重大项目为牵引，以科技创新为动力，以延链强链为重点，转方式、调结构，提质量、增效益，构建产业体系，打造产业集群，推动产业高端化、绿色化、智能化、融合化发展，着力将新材料产业打造成为宁夏工业转型升级、新旧动能转换的支柱产业，为加快建设黄河流域生态保护和高质量发展先行区提供重要支撑。

（一）抓规划引领，在优化产业布局上再发力

一是明确发展目标。面向全国全球市场需求，立足新材料产业发展基础和态势，对"十四五"规划中确立的目标任务进行调整完善，将"十四五"末新材料产业产值目标调整为 2000 亿元以上、年均增长 20%，完成固定资产投资 1500 亿元以上、年均增速达到 10%。

二是优化区域布局。结合产业基础和优势，完善"一核五群"总体布局，实施差异化、特色化发展，指导各市县依托现有工业园区和产业集聚区，突出特色、找准定位，重点突破、完善配套，打造一批主业突出、特色鲜明、带动性强的新材料"园中园""特色区"，推动形成优势互补、分工合作、协同发展的产业格局。

三是细分领域规划。围绕光伏材料、高性能纤维材料、锂离子电池材料、电子信息材料、烯烃下游材料、铝镁合金材料等优势特色领域，分领域编制全产业链链条规划，制定推动产业链横向拓展、纵向拉伸的方案措施，构建连接上下游、协同左右链的产业生态。

四是加强企业规划。按照总体规划和重点领域规划，把握产业发展规律，顺应行业发展趋势，指导隆基绿能、东方希望、天津中环、晶盛机电、百川锂电等龙头企业开展战略规划研究，编制全产业链发展及配套协作战略规划，调动引导上下游企业间、大中小企业间围绕核心项目发展配套产业。

（二）抓政策支撑，在激发主体活力上再发力

一是增补惠企引导政策。围绕提升产业基础能力和产业链现代化水平，在认真落实自治区《能耗双控产业结构调整目录》《产业数字化转型实施方案》基础上，研究出台支持新材料企业"专精特新"发展的若干措施、增强新材料产业链供应链稳定性和竞争力的奖励办法，完善落实重点新材料产品首批次应用保险补偿机制，研究制定单位产品能源消耗限额标准、产业链供应商目录清单、产业增补延链项目目录清单，通过政策引导推动产业加快发展。

二是强化要素保障供应。能耗指标上，认真落实新增可再生能源和原料用能不纳入能源消费总量控制要求，进一步优化完善能耗双控政策，增强能源总量管理弹性。用电保障上，出台单晶硅、多晶硅新材料企业用电支持政策，扩大新能源交易占比，优先支持光伏材料企业通过竞争配置获得光伏资源，支持园区新增产业配套建设新能源项目等政策。土地供应上，实行多方式供应、弹性供应，项目用地审批实行新增建设用地计划指标向新材料产业倾斜，建立绿色通道，点供保障、快报快批、即来即办。

三是推动政策落地见效。全面梳理评估现有政策，保持涉企政策连续性稳定性，加强政策宣传解读，抓好政策落实督促检查，打通政策落实到企业"最后一公里"，真正把各项利好政策转化为促进产业发展、增强内生动力的实际成效，让企业有实实在在的获得感。

（三）抓招群引链，在增强发展后劲上再发力

一是着力招大。瞄准新材料产业国内外 500 强、国有大型企业、行业领军企业，招引投资、规模、产出效益高的大项目、好项目，努力形成"引进一个、跟进一批、带动一片"的良好效果。

二是注重延长。重点围绕新能源材料、高分子材料、精细化工材料等优势特色领域，建立产业链协同推进机制，大力引进和培育一批上下游衔接的链条企业、生产配套的专精特新企业、具有服务功能的平台企业，努力打造主导产业突出、链条完整、协作密切、融合发展的产业体系。

三是突出选精。树立低能耗、低排放、高附加值、高端化的导向，突出"新、绿、优"，有选择地引进和培育一批科技含量高、自主品牌响、产

业关联紧、市场竞争强、污染排放少、综合效益高的企业和项目，做到每个链条都有优势企业、每个企业都有拳头产品。

（四）抓创新驱动，在厚植内生动力上再发力

一是强化技术创新。坚持以企业为主体、以市场为导向，引导企业在技术创新上舍得花大钱、办大事。聚焦新材料重点领域，围绕重大关键性、基础性和共性技术问题，既通过原始创新、集成创新的途径掌握一批关键核心技术，也通过借用外脑、协同创新的办法克服自身先天不足，努力走出一条以科技创新带动企业蝶变的发展路子。

二是强化平台创新。用好东西部科技合作机制，支持区内企业与东部地区的高校、科研院所联合建设一批产学研基地，邀请院士专家到区内企业精准指导、落地转化科技成果。鼓励引导新材料企业把研发机构、创新平台设立在宁夏，深化与区内各类创业创新载体合作，带动相关领域科技创新水平整体提升。

三是强化模式创新。推动新材料产业和现代服务业深度融合，全面促进 5G 技术和场景的规模化应用，推进产业智能化升级、数字化赋能。引导新材料企业以专业化分工、服务外包、订单生产等方式，带动相关生产性服务业发展，培育一批服务型制造示范企业。

宁夏葡萄酒产业高质量发展研究

张晓芳

近年来，全球葡萄酒产业发展受气候、经济和市场因素影响显著，正发生着全局性、深层次的变化。身在局中的中国葡萄酒产业也进入了激烈竞争和深度调整的关键时期。"宁夏葡萄酒产业是中国葡萄酒产业发展的一个缩影"。从1984年酿出"第一瓶"葡萄酒开始，经过40年的发展，宁夏葡萄酒产业以其独特的魅力和卓越的品质惊艳了业界，已成为扩大对外开放、深化融合发展、激活就业增收、推动全域旅游的重要载体，葡萄酒也成为宁夏向世界递出的一张亮丽"紫色名片"。面对日益激烈的国内外市场竞争和酒类行业的变革调整，如何在变局中及早布局，做大做强产业，做优做响品牌，让中国葡萄酒"当惊世界殊"，是宁夏葡萄酒产业高质量发展亟须研究和解决的问题。

一、宁夏做大做强葡萄酒产业的重要意义

习近平总书记对宁夏葡萄酒产业发展高度重视、寄予厚望，2016年考察宁夏时指出："中国葡萄酒市场潜力巨大。贺兰山东麓酿酒葡萄品质优良，宁夏葡萄酒很有市场潜力，综合开发酿酒葡萄产业，路子是对的，要坚持走下去"。2020年考察宁夏时指出，"随着人们生活水平不断提高，

作者简介：张晓芳，宁夏社会科学院科研组织处处长。

103

葡萄酒产业大有前景"，"宁夏要把发展葡萄酒产业同加强黄河滩区治理、加强生态恢复结合起来，提高技术水平，增加文化内涵，加强宣传推介，打造自己的知名品牌，提高附加值和综合效益"。"宁夏葡萄酒产业是中国葡萄酒产业发展的一个缩影，假以时日，可能10年、20年后，中国葡萄酒'当惊世界殊'"。2024年考察宁夏时指出，"宁夏地理环境和资源禀赋独特，要走特色化、差异化的产业发展路子，构建体现宁夏优势、具有较强竞争力的现代化产业体系。宁夏的现代煤化工和新型材料产业，风电、光伏、氢能等清洁能源产业，葡萄酒、枸杞等特色产业，要精耕细作、持续发展。加强文化与旅游深度融合，积极发展特色旅游、全域旅游"。"要深入思考如何才能在竞争中持续发展。品牌塑造需要久久为功。一定不要有浮躁心理，脚踏实地去积累，酒好不怕巷子深。"为宁夏推进葡萄酒产业高质量发展指明了方向、鼓舞了信心。

自治区党委、政府牢记习近平总书记的殷殷嘱托，建立省级领导包抓重点特色产业工作机制，成立葡萄酒产业高质量发展领导小组，全力推动葡萄酒产业高质量发展。

二、宁夏葡萄酒产业发展现状

宁夏葡萄酒产业起步于1984年，2003年贺兰山东麓葡萄酒产区被确定为国家地理标志产品保护区，保护区总面积20万公顷，涉及银川、石嘴山、吴忠、中卫4个地级市的14个县（市、区）和农垦5个农场。2013年被编入《世界葡萄酒地图》，成为世界葡萄酒产区新板块。多年来，历届自治区党委和政府立足贺兰山东麓区位优势和资源禀赋，大力推进葡萄酒产业发展，引进了先进的种植和酿造技术，吸引了大量的国内外投资，布局建设了一批各具特色的现代化酒庄，形成了比较完善的政策体系，开展了日益广泛的国际合作，走出了一条具有宁夏特色的葡萄酒产业、旅游、文化融合发展之路，得到了业界和消费者的广泛认可。截至2023年底，宁夏酿酒葡萄种植和开发面积60.2万亩，占全国酿酒葡萄种植面积的近40%，成为我国最大的酿酒葡萄集中连片种植区和酒庄酒产区。"先天优势+后天努力"使得贺兰山东麓成为中国最具潜力和发展前景的葡萄酒产区之一。

（一）风土条件优越

贺兰山东麓是业界公认的世界上最适宜种植酿酒葡萄和生产高端葡萄酒的黄金地带之一。这里地处北纬38度的黄金纬度，拥有1100米左右的黄金海拔，具有土壤透气性好、气候干燥少雨、光照热量充足、昼夜温差大的独特风土，为种植优质酿酒葡萄提供了理想的地理气候条件。产出的葡萄具有香气发育完全、色素形成良好、糖酸度协调等特征，酿造的葡萄酒具有酒体饱满、香气馥郁、糖酸适度、甘润平衡的特质，被誉为"中国酿酒葡萄种植最佳生态区""世界上能酿造出最好葡萄酒的地方"，中国气象服务协会授予贺兰山东麓"酿酒葡萄黄金气候带"称号，国际葡萄与葡萄酒组织（OIV）将贺兰山东麓评为"世界葡萄酒明星产区"。

（二）承载国家使命

贺兰山东麓承担着引领"中国葡萄酒，当惊世界殊"的重要使命。2021年，"贺兰山东麓葡萄酒"被列入《中欧地理标志协定》首批互认互保名录。同年，宁夏国家葡萄及葡萄酒产业开放发展综合试验区、中国（宁夏）国际葡萄酒文化旅游博览会两个"国字号"平台落户宁夏。2024年，"国字号"质检中心——国家葡萄酒产品质量检验检测中心（宁夏）经市场监管总局批准成立。

（三）屡获国际大奖

多年来，贺兰山东麓坚持"小酒庄、大产业"的酒庄酒产区发展模式，现有酒庄和葡萄种植企业261家，其中已建成酒庄130家，年生产葡萄酒1.4亿瓶，占国产酒庄酒酿造总量的近50%，居全国酒庄酒产量第一位，综合产值401.6亿元。自2011年宁夏贺兰晴雪酒庄酿造的"加贝兰2009"获得品醇客世界葡萄酒大赛最高奖项以来，贺兰山东麓产区先后有60多家酒庄的葡萄酒在各类国际葡萄酒大赛获得1700多项大奖，占全国获奖总数的60%以上。目前，产区葡萄酒已远销40多个国家和地区，先后3次入选国礼，并列入中国驻外使领馆采购目录。

（四）产业融合显著

酿酒葡萄种植长廊，推进40余万亩荒滩地、采砂坑变成"新绿洲"，

2022年获批国家"绿水青山就是金山银山"实践创新基地。葡萄酒产业成为联农带农致富增收的富民产业，为周边移民群众提供就业岗位13万个，稳定性工资收入约12.2亿元。产区入选国家文化产业和旅游产业融合发展示范区建设名单，先后荣获"世界十大最具潜力葡萄酒旅游产区""全球葡萄酒旅游目的地"称号。贺兰山东麓葡萄酒文化旅游业关联宁夏境内A级旅游景区138个、A级旅游景区酒庄14家、星级饭店73家、旅行社267家、五星级乡村旅游示范点34家、国家级旅游度假区1家、国家级旅游休闲街区3家、国家级夜间文化旅游消费集聚地4个。2024年，酒庄接待游客数有望突破300万人次，酒庄观光游已成为宁夏全域旅游的重要组成部分。

（五）体系相对完善

多年来，坚持以制度标准政策保障产业可持续发展，先后出台产区保护条例、发展总体规划、综试区政策措施等一系列法规、政策文件，建设宁夏贺兰山东麓葡萄酒产业技术协同创新中心，培育国家级高新技术企业5家，自治区农业高新技术企业10家、科技型中小企业33家。坚持标准引领产区发展，建立贺兰山东麓葡萄酒标准体系、绿色防控体系、检验检测体系、质量保证体系和产品溯源体系，先后制定48项技术标准，是国内地方标准最多的产区。

二、宁夏葡萄酒产业发展存在的问题

经过多年培育，宁夏葡萄酒产业虽然有了一定规模、效益、知名度和带动力，但在发展中仍然存在一些瓶颈问题。

（一）龙头企业实力弱，产品品牌不响

产区规模以上企业仅有8家，除张裕龙谕、长城天赋等母公司已经上市的葡萄酒企业，产区尚未有本土葡萄酒企业上市，且在农工商、文旅康融合发展方面，产业链、供应链、价值链、利益链不健全，缺乏全产业链竞争力，龙头企业在引领和带动产业发展方面的作用尚未得到充分发挥。产区大部分酒庄体量小、实力弱，缺乏专业化营销队伍、营销平台、现代化营销手段和营销投入，还有125家有葡萄园无酒庄的企业缺少自主生产

加工能力，产区每年有 20%以上的酿酒葡萄外流至山东、河北等产区，资源和附加值外流严重。另外，虽然贺兰山东麓产区位列国际葡萄酒产区品牌榜第四位，产区品牌业内名气很大，但产品品牌在普通消费者中影响力仍然有限。目前，产区注册葡萄酒品牌 164 个、品类 742 款，但还没有形成与"法国拉菲""澳洲奔富"等知名葡萄酒品牌相媲美的酒庄品牌和爆款产品。

（二）税负重成本高，市场竞争力不强

世界各主要葡萄酒生产国均把葡萄酒作为农产品，给予多种农业补贴及税收优惠政策，税负一般低于 10%。而我国将葡萄酒列入工业产品范畴，征收 13%的增值税、10%的消费税和 5%至 25%不等的企业所得税，综合税负 30%左右，国产葡萄酒与进口葡萄酒处于不公平竞争状态。加之我国对新西兰、智利、格鲁吉亚、澳大利亚等葡萄酒主要生产国实行"零关税"政策，进口葡萄酒价格优势明显，不断挤压国产葡萄酒市场份额。另外，与世界葡萄酒知名产区相比，贺兰山东麓产区由于埋土防寒区农耕作业量的增加，亩产量偏低，目前仅为 350 公斤，远低于法国等国的 600 公斤至 800 公斤，加上葡萄酒生产流程中的近 20 个关键环节的成本积累，葡萄酒总的生产成本较高，在市场竞争方面处于劣势。

（三）产业投入不足，金融支持乏力

从招商引资情况来看，投资者普遍看好贺兰山东麓葡萄酒产业，但真正落地的实际投资并不多，主要原因是基地建设投资大、回报周期长，基础设施亟须完善等。另外，酒庄在融资方面面临诸多挑战，信贷规模偏小、结构不合理、支持不均衡，酒庄（企业）2023 年底贷款余额 13.34 亿元，且以中短期流动资金为主，其中 5 年期以上固定资产贷款占比 33.05%，10 年期以上占比 15.24%，很难满足中小酒庄建设需要。贷款集中于国有企业和规模较大的企业，其他酒庄（企业）难以获得支持，并且信贷资金多集中于种植环节，葡萄酒酿造、加工、销售等环节支持乏力。主要原因是贷款路径以抵押和担保为主，葡萄园和葡萄酒评估机制及风险补偿机制尚未建立，葡萄园土地到期后续租及租费确定缺乏依据，造成融资质押物少、银企之间信息不对称、酒庄财务数据可信度不足等。

（四）消费习惯尚未形成，行业抗风险能力差

在过去的几十年，包括贺兰山东麓葡萄酒在内的国产葡萄酒迈入快速发展阶段，但与国外葡萄酒产业相比，贺兰山东麓葡萄酒产业发展时间积淀短，历史文化挖掘不深，产业软实力不强，抗风险能力不足。产区在苗木培育、机械化种植、规范管理、人才储备、技术革新等方面基础薄弱；葡萄酒市场仍处于初级阶段，消费习惯和消费场景仍处于培养期，葡萄酒文化推广普及程度低，消费者认可度不高；葡萄酒营销还没有形成具有本土特色的品质、文化表达方式和话语体系，没有形成叫得响的品牌。虽然近年来宁夏葡萄酒品质不断提升，在国际赛事中屡获大奖，但整体销售情况并不乐观，部分葡萄酒企业（酒庄）库存积压严重，导致经营压力增大、资金链紧张和盈利能力下降，发展举步维艰。以红寺堡产区为例，葡萄酒销售难已成为产业发展最大的问题。截至 2024 年 10 月，该产区葡萄酒销售量为 1500 吨，销售额为 7000 万元，葡萄酒瓶装酒和原酒销量仅占库存量的 9.6%。建成投产的 22 家酒庄中，有 4 家因销售乏力、入不敷出，大多时间停产；有 3 家酒庄因经营不善、负债较多，被申请破产审查。

三、宁夏葡萄酒产业高质量发展的建议

随着经济的逐步复苏和向好发展，人们的健康意识不断提升，我国葡萄酒消费市场前景十分广阔。目前，包括宁夏在内的国内葡萄酒产业处于爬坡过坎、提质升级的关键时期，发展机遇和挑战并存。宁夏葡萄酒产业应坚持问题导向，突出精耕细作，强化特色发展，在增强产业竞争力、提升品牌影响力、推进融合发展等方面精准发力，稳基础、强品牌、谋突破，实现高质量发展。

（一）破解"成长的烦恼"，增强市场竞争力

葡萄酒产业处于全球竞争状态，国内葡萄酒企业普遍面临税负重、成本高、融资难等"成长的烦恼"，在竞争中处于不利地位，建议国家和各级地方政府对葡萄酒产业提供税收优惠和财政支持，借鉴世界主要葡萄酒生产国的做法，将国产葡萄酒由工业产品列入农产品范畴，减轻税收负担，降低生产成本，优化产业发展环境，提升葡萄酒产业市场竞争力，促进葡

萄酒产业高质量发展。

通过建机制、搭平台、优政策、强服务、增信用、活市场，开展产区土地、葡萄藤、原酒、成品酒、碳汇等要素权属核验、登记认证、价值评估、融资备案、流转交易、风险管控等全流程、数字化闭环管理与标准化服务，激活要素价值，开拓要素流转融资渠道，打通资源变资产、资产变资金的转化机制，从根本上解决葡萄园长期经营和酒庄（企业）融资难题，为全区特色产业金融改革提供典范，为全国优势特色产业金融改革树立标杆。

（二）以办好葡萄酒展会为载体，提升品牌影响力

按照"政府办会办展造势、酒庄（企业）推介营销破圈"的思路，高水平策划举办中国（宁夏）国际葡萄酒文化旅游博览会等系列活动，组织企业参加国内外知名葡萄酒展会和葡萄酒大奖赛，加强产区品牌推介，扩大产区影响力，不断提高产区葡萄酒市场占有率。加强品牌建设，政府主打产区品牌，扩大"贺兰山东麓"产区知名度、影响力和竞争力，引领中国葡萄酒走向世界舞台；酒庄主打产品品牌，提高产品市场占有率和客户忠诚度，形成一批在国内外叫得响、立得住、传得开的酒庄品牌，持续把宁夏葡萄酒产业资源优势、产区优势、品质优势转化为品牌优势、市场优势。支持龙头酒庄（企业）做优产品做响品牌，支持中小酒庄以精品酒、个性酒圈占高端客户，提升品牌知名度。坚持去库存、增效益，积极开发适合大众消费者需要的蒸馏葡萄酒、起泡葡萄酒、低度葡萄酒、无醇葡萄酒、茶酒等，拓宽销售渠道，提升酒庄经营效益。

（三）以酒文旅融合发展为支撑，提升产业综合效益

聚焦打造"全球葡萄酒旅游目的地"目标，全面推进葡萄酒一、二、三产深度融合发展，拓展葡萄酒+教育、文旅、体育、康养、休闲、生态等新业态、新模式，完善葡萄酒精品旅游线路和基础配套设施，扩大"贺兰山东麓"品牌影响力、知名度。支持银川市打造首府地标性葡萄酒特色文化街区和品鉴中心，在重要交通枢纽、主干道路、旅游景点进行"硬广"投入，让"世界葡萄酒之都"成为来宁游客的第一视觉冲击。支持有关市、县（区）结合自身特色打造葡萄酒特色文化街区，拓展酒庄旅游体验功能，让游客品美酒、尝美食、赏美景，助推宁夏观光体验游转型升级为休闲度假游，实现让中外游客走进来、宁夏葡萄酒走出去的目的，提高产业跨界融合发展的经济效益。

（四）坚持长期战略，用耐心赢得未来

葡萄酒产业投资大、周期长、见效慢。从国内外葡萄酒产业发展经验来看，无论是葡萄种植、葡萄酒酿造、人才培养、品牌塑造、市场培育等都需要时间的积累和沉淀，这是产业规律，急不得。国外知名葡萄酒产区和品牌，大多经历了数百年甚至上千年的发展。因此，贺兰山东麓葡萄酒产区的发展不能急于求成、急功近利，要有信心、有耐心、有定力，在品质提升、品牌打造和市场开拓上下功夫，走特色化和差异化路子，精耕细作、持续发展。

要讲好贺兰山东麓葡萄酒故事。文化引领是产业可持续发展的动力源泉。宁夏葡萄和葡萄酒有着悠久的历史和深厚的文化底蕴，要追本溯源，挖掘整理宁夏葡萄和葡萄酒历史文化、地域文化，顺应当前多元化、个性化、风格化的消费趋势，构建具有宁夏风土、中国文化、世界气质的贺兰山东麓葡萄酒文化体系，运用具有本土特色的葡萄酒表达方式和话语体系，讲好贺兰山东麓葡萄酒的风土风味风格故事，打造独具魅力的"贺兰山东麓葡萄酒"产区品牌，充分展现贺兰山东麓葡萄酒的产区自信、产品自信和文化自信，提升宁夏葡萄酒的国际影响力，引领中国葡萄酒走向世界。

要持续创新葡萄酒消费场景。相关数据显示，2023 年中国酒类市场中，白酒市场份额为 72%，啤酒市场份额为 20%，而葡萄酒和洋酒市场份额均只有 3%，这意味着葡萄酒还没有得到中国消费者的广泛信任和热爱。究其原因，主要是在营销中对葡萄酒舶来文化的过度解读，给中国葡萄酒消费人为设置障碍，难以推广普及。作为一种大众消费品，葡萄酒只有抓住广泛意义上的消费者认同、喜爱和接受，才会有长久的生命力。要学习借鉴白酒和啤酒"扎根"消费者的做法，在产品亲民化、接地气推广模式以及多社交平台等方面去丰富消费场景，明确葡萄酒在不同消费场景中扮演的不同角色，使葡萄酒在高端市场"上得去"，在大众市场"下得来"，

在中端市场"立得稳",满足不同消费群体需求,增强国产葡萄酒消费信心,做到让本土消费者愿喝爱喝常喝葡萄美酒,中国葡萄酒消费的"黄金时代"才会真正到来。

当然,提振消费信心、培育消费人群、激发消费潜力,并不是一蹴而就的事情。要脚踏实地、久久为功、持之以恒做优品质、做响品牌、做大市场,让宁夏的"紫色梦想"绚丽绽放,力争早日实现"中国葡萄酒,当惊世界殊"!

宁夏打造"算力之都"研究[*]

陈　蕾

在数字化浪潮席卷全球的今天，数字经济已成为推动全球经济增长的新引擎。算力是数字经济的驱动力，算力成为与水和电一样带动经济发展的重要因素，是数字经济时代的战略资源。随着"东数西算"工程的实施，国家枢纽节点建设取得阶段性成果，全国一体化算力体系不断健全，算力资源东西分布不均现象显著改善。宁夏拥有优越的自然条件与良好的产业基础，通过打造"算力之都"，乘数字发展浪潮之势，抓机遇谋发展，为数字中国建设贡献更多宁夏力量。

一、宁夏"算力之都"建设情况

算力中心作为算力网络的物理承载，是数字技术与实体经济深度融合的必要条件，是现代化产业体系建设的动力引擎。算力作为驱动经济数字化转型的"新引擎"，现已形成了包含算力中心设计、建设、运营，算力资源搭建、算力服务，各行业算力应用在内的完整产业链条。未来，随着 AI 业务需求增长、全国算力网络建设，算力中心将在产业发展中起到更加重要的作用，以算力中心业务发展赋能各行业数字化转型。

作者简介：陈蕾，宁夏社会科学院综合经济研究所助理研究员，研究方向为经济统计。

＊本文系宁夏哲学社会科学规划项目"宁夏'六特'产业品牌建设效果评估与提升研究"（23NXCYJ04）的前期研究成果。

（一）全国算力中心业务发展情况

1. 算力产业全面建设，"东数西算"成效显著

近年来，我国高度重视算力产业发展，相继出台了一系列相关政策文件。在此背景下，东西部算力资源空间分布不均衡状况得到了较大改善，算力中心总体布局持续优化，初步形成以实时性算力需求为主的东部区域"枢纽+集群"和以非实时算力需求为主的西部区域"枢纽+集群"。我国东部地区存在着较大的算力需求，其中，实时性算力需求多被临近数据中心集群覆盖，而非实时性算力需求通过国家统一布局，被引导至西部，充分发挥西部的地区气候、能源等优势，有利于缓解东部地区算力紧张问题，减少能源消耗，同时也为西部借力发展数字经济提供了重要契机。虽然借由"东数西算"工程，非实时性算力需求通过国家统一布局被引导至西部，但仍存在数据中心的供需不对等、需求不匹配、信息不通畅的矛盾。中国信息通信研究院数据显示，截至 2023 年底，京津冀枢纽和长三角枢纽在用机架数的全国占比分别为 21.5% 和 24.5%，其余六大枢纽节点在用机架数的全国占比总和为 25.5%。（见图 1）

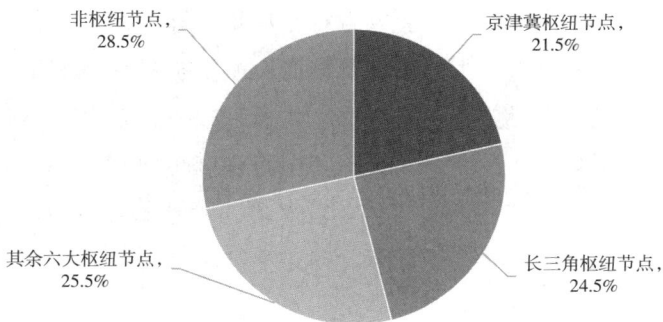

图 1 2023 年全国算力中心在用机架分布

2. 算力形态多元发展，智能算力需求旺盛

当前，我国算力领域呈现多种技术形态并存的发展态势，从通用计算到专用加速器，从硬件加速到软件优化，多样化的算力技术形态正被开发以满足不同行业和应用场景的需求。

现有的算力形态种类的多元包括通用算力、智能算力、超算算力与边缘算力四大类。通用算力广泛应用于个人计算机、企业服务器和云计算平

台等领域，智能算力面向人工智能应用领域，超算算力主要用于科学计算与工程计算等领域的极端复杂或数据密集型问题，边缘算力采用分布式计算架构适用多种应用领域。伴随 ChatGPT 引发国内外人工智能大模型高速发展浪潮，智能算力需求呈现爆炸式增长，且将在未来保持高速增长态势，是我国算力产业未来发展的重要方向。国内建成、在建、拟建的智算中心共计百余家，遍布我国 30 座城市。其中京津冀、长三角、粤港澳大湾区、成渝双城经济圈为四大核心区域，呈现领先发展格局；内蒙古、贵州、甘肃、宁夏等地为重点建设区域，具有较大发展潜力。

3. 算力应用深化赋能，数字经济繁荣发展

算力产业通过升级底层技术激活传统产业竞争力，推动传统产业数字化转型、新兴产业数字化发展和智慧城市建设，丰富数智生活方式和应用场景，助推经济发展质量变革、效率变革、动力变革，形成数字经济高质量发展的整体框架和良好根基，为我国经济发展提供了新的增长极。

随着数字技术与各行业领域深度融合，算力应用向金融服务、医疗健康、文化教育、交通运输、工业制造、传媒娱乐等产业加速渗透，其应用场景由通用场景逐步扩展到专业领域特定场景，算力产业为各行业应用赋能并带来全新发展机遇。中国信息通信研究院数据显示，截至 2023 年底，我国算力行业应用主要分布在互联网、企业、政务、金融等行业，占比分别为 46.3%、21.3%、11.3%、7.8%，其中互联网主要可细分为公有云、网站、视频、AI、电商、游戏、支付等领域，占比分别为 16.2%、3.5%、7.4%、3.3%、4.8%、1.3%、0.9%。（见图 2）

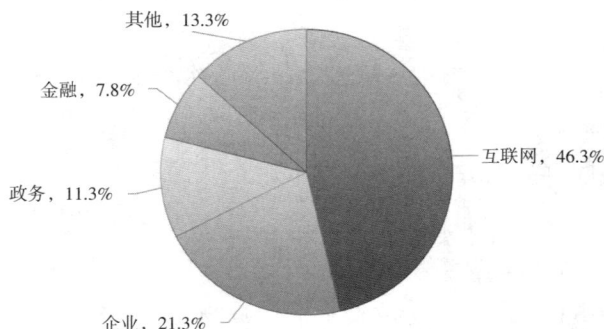

图 2　2023 年全国算力行业应用分布

4. 数据要素市场活跃，算力产业规模增长

伴随着数据要素价值的不断释放，我国算力规模高速增长。当前，我国数据流通交易仍以场外交易为主，但场内交易在加速推进，头部数据交易所交易规模已达到十亿元级别，且各有所长。如表1所示，湖南大数据交易所的数据产品最多，为4167个，数据产品类型包括API、数据集、数据报告、AI模型等，涵盖数字金融、数字政府、气象服务、智慧城市、智慧交通、智慧农业、智慧医疗、智慧水务、卫星遥感等领域；而数据交易额最大的是深圳数据交易所83.85亿元，76%的数据商、数据源以及数据需求方来自深圳以外的地区；而数据交易量最少的是山东数据交易有限公司，该公司成立于2019年12月，数据产品类型包括数据报告、数据集、数据接口、数据应用和隐私计算等。

表1　2024年1—8月各数据交易场所交易情况汇总

名　称	数据产品数量	数据交易额
北京国际大数据交易所	超过2000个	45亿
贵阳大数据交易所	2126个	49.47亿
北方大数据交易中心	超1000个	超2亿元
长春数据交易中心	328个	1.7亿
上海数据交易所	3000个	24.6亿
浙江大数据交易中心	2482	24.6亿
杭州数据交易所		
福建大数据交易所	超500个	24.6亿
山东数据交易有限公司	未公示	439.19万元
郑州数据交易中心	1000余个	超10亿元
湖南大数据交易所	4167个	15.1亿
广东省数据交易中心	超1400个	25亿
深圳数据交易所	2263个	83.85亿元
苏州大数据交易所	700个	3亿元
北部湾大数据交易中心	1085个	3.25亿元
海南省数据产品超市	超1800个	7.3亿元
西部数据交易中心	超2200个	3亿元
德阳数据交易有限公司	超2600个	1.06亿元
广州数据交品所(客化)服务基地	14个	3322.84万元

数据来源：各交易所官网。

（二）宁夏算力中心业务发展情况

宁夏气候凉爽干燥，拥有丰富的电力资源，是全国一体化算力网络国家枢纽节点、国家新型互联网交换中心，也是全国首个新能源综合示范区，发展以算力为核心的大数据产业有优越的基础条件。

1. 算力枢纽供给能力不断提升，数据中心集群高质量发展

依托"东数西算"战略，宁夏持续提升数据中心机架能力与核心算力，目前已建成运营亚马逊、美利云等大型、超大型数据中心运营商 9 个，标准机架数 9.62 万架。国家（中卫）新型互联网交换中心挂牌运营，全国一体化算力网络宁夏枢纽节点加紧建设，北斗导航位置服务、北龙超算、OpenDao 开源社区等平台建成运行，8 个大型数据中心建成投用，总装机能力达到 70 万台。中国信通院发布的《中国综合算力指数（2024 年）》显示，宁夏算力质效指数位居全国第四、西部第一，算力资源环境指数居全国第一。超前布局建设智算算力，建成全国首个万卡级智算基地，开展"智算中心万卡+"资源池建设，智算卡达 8 万张以上，算力供给加快增长。2024 年，自治区印发《关于促进数据要素市场发展的实施意见》，结合宁夏发展实际提出了数据要素市场化发展的目标任务和政策措施。

2. 数实融合发展向深向广，应用场景不断扩展

结合优势特色产业，推动数实深度融合。宁夏围绕"六新"优势产业、传统产业以及战略性新兴产业，在数字产业化、产业数字化方面纵深推进。目前，建成西北首个工业互联网标识解析二级节点和公共服务平台，并培育了 10 个行业级、50 个企业级工业互联网平台，建成智能工厂、数字化车间 162 家，工业规上企业数字化转型比例达到 50%。建成国家数字农业创新基地 7 个，建设智慧养殖、智慧种植数字化示范园区 400 多个。

聚焦数字化与人工智能，推动应用场景不断扩展。宁夏在"互联网+医疗健康""互联网+教育"示范区建设方面成效显著，"教育云"平台实现全区中小学校全覆盖，"互联网+城乡供水"示范区建设初显成效。进一步实施"人工智能+"行动，医疗健康、教育、文化旅游、现代金融、交通物流等领域加快由"互联网+"向"人工智能+"转型。

3. 协同发展高质量算力，助力全国一体化算力建设

宁夏以算力服务为核心，通过算力跨域协同及云边协同等方式，为京津冀、长三角、粤港澳大湾区等重点区域的云计算、大数据、智能制造等产业提供有力的算力支撑和服务，组团参加上海进博会、深圳高交会等重点展会，开展专题招商推介和精准招商活动。目前，共有九天、文心等16个大模型在宁夏落地训练，打造安全生产 AI 巡检等 30 个大模型应用场景，智谱华章、百度、科大讯飞、百川等国内顶尖大模型企业与宁夏企业组建22 个联合体。

积极引进和培育一批算力应用领域的创新型企业，建成"互联网+医疗健康"一体化应用平台和全国首个互联网医院产业基地，吸引好大夫、丁香医生、京东等头部企业来宁投资，北京复昱医疗科技 AI 肿瘤医生助理、左医科技 AI 家庭医生助手已在宁夏卫生机构开展试点，推动算力产业在区域内深度融合和协同发展。

二、宁夏打造"算力之都"的机遇与挑战

虽然宁夏在算力及相关领域取得了不错的成绩，但随着产业发展及外部竞争的加剧，仍面临产业链发展不够完善、融合应用有待深化、数据共享利用程度不高、竞争压力持续凸显、专业人才集聚度不足等问题。

（一）相关产业链发展不够完善

虽然依托"东数西算"战略，宁夏数字产业发展迅速，但产业链发展不够完善。产业链上游支撑硬件设备需从区外采购，使用的资源管理平台及大数据平台大多由区外企业建设。产业链中游涉及的数据采集、数据存储与管理、数据分析、大数据交易与大数据安全等行业，仍以初级数据存储与管理为主。产业下游大数据应用市场需求不足，现有数据中心的数据多为东部地区储存、备份的"冷数据"，囤"数"的规模远大于用"数"。

（二）数实融合应用有待进一步深化

数据汇聚闲置多，融合应用场景少。虽然近年来宁夏数据基础设施硬件不断完善，但在数据统筹管理、数据库设计、数据人才等软件方面与东部地区仍有差距，重建设、轻运维，重数量、轻质量，数字化建设"有形

无神"。体现为企业和各级政府可用数据规模偏小且开放不足，从而影响数据处理的速度和效率，难以进行复杂的数据分析，使得数据难以有效应用于实际场景。

本地消纳能力有限，产业"上云用数"较少。无论是算力中心建设还是数据产业发展，本地消纳数据能力是大数据驱动地区经济发展的重要体现。伴随着数字浪潮而生，宁夏在布局算力产业的同时，也在推进农业、制造业、服务业方面的数字化转型。但仍存在政府热、企业冷，主导实体产业的数字化转型迫切性相对较弱，中小企业数字化转型借助"外力"扶持难、转型"内力"弱，一定程度上削弱了大数据产业发展壮大的产业基础。

（三）数据共享利用程度不高

目前，宁夏在政务数据运营、宏观经济社会数据库、"互联网+医疗健康"、"互联网+教育"等方面开展了积极有益的探索并取得了一定的成绩，但在公共服务数据、企业数据、社会数据的开放流通方面仍然存在壁垒。一是尚未形成标准化、常态化、规范化的数据存储与管理体系。在数据采集阶段，缺少统一标准、格式等；在数据汇总阶段，存在接口不统一、跨部门整理难等问题，给数据共享流通造成障碍。二是企事业单位数据思维与平台尚未完全建立。在实际业务中不习惯用数据说话、用数据管理、用数据决策，不同组织机构之间多为"数据孤岛"，数据链路尚未完全打通。数据确权与评估处于起步阶段，数据交易相关商业模式较为单一，现有的宁夏算力交易平台处于起步阶段，数据流通中介作用发挥不充分。

（四）比较优势不明显

近年来，全国各地依托产业优势、借助政策机遇、优化管理服务、给予财税支持等途径，吸引优质大数据企业、平台、项目落地，宁夏大数据产业发展面临的竞争形势日益严峻。

市场竞争优势不明显。与东部发达地区相比，宁夏大数据产业起步较晚，产业链条不完整，产业基础较弱，市场需求不足，在资本、技术、人才、管理等先进生产要素方面吸引力有限。与西部地区相比，尤其是在"东数西算"战略背景下，各地均自然禀赋好、政策优势强、电价成本低，而同为算力枢纽的内蒙古毗邻京津冀有天然的区位优势，贵州作为全国首个大数据综合试验区有先发优势。

产业发展路径雷同。由于数据中心投资额大，全国各主要节点的建设都严重依赖于三大运营商和互联网巨头，功能相似性高，而宁夏已建成数据中心的机架数依旧有较大提升空间。部分数据中心创造的价值往往被使用方的母公司享有，无法直接为宁夏本地带来相应的就业和收益，与其他收益较高的产业相比，在省内要素资源竞争中将逐步处于弱势地位，一定程度上削弱了大数据产业发展壮大的基础。

三、宁夏打造"算力之都"对策建议

伴随着5G、人工智能等技术创新持续取得突破，数据要素市场加快建设，全国大数据产业进入新发展阶段。宁夏要立足产业发展现状，进一步因地制宜培育具有竞争力的数字产业集群、持续发挥应用潜力赋能行业转型升级、充分释放数据要素价值、推进区域数字化协同发展、加强数字人才引培，以打造"算力之都"。

（一）建设绿色算力体系，探索算能协同新模式

算力需求不断增长的同时，也带来了巨大电力消耗，在算力中心能耗指标趋严的情况下，促进算能协同发展是必然趋势。现阶段，算力需求与能源资源分布呈现空间不均衡态势，算力需求集中的东部地区自建趋势减弱，西部地区能源电力优势，尤其是清洁能源优势将进一步凸显。

宁夏作为全国首个新能源综合示范区，拥有良好的绿色算电协同资源，"绿电聚合供应模式"算力中心也正在建设中。在此基础上，探索基于多能互补的能源供应和算能协同的空间布局，推动算力电力双向协同，提升电网的智能化水平，增加新能源占比，鼓励算力基础设施侧部署储能设施、错峰用电，通过市场协调机制，提升数据中心的能源利用效率和清洁能源使用比例，既能提高新能源就地消纳水平，也能增加"绿色算力"供给，实现绿色电力、绿色算力协同发展。

（二）发挥算力要素优势，拓宽应用场景

算力成为与水和电一样带动经济发展的重要因素，受经济社会发展格

局影响，我国算力供需衔接存在困难，进而出现西部"资源闲置"和东部"算力难求"现象。

发挥资源要素优势，壮大数算产业生态。东部地区受电力、土地等成本因素制约，智算需求规模大的头部行业企业已逐步向西部地区迁移。在提供绿色算力服务的同时，促进算力与数据、算法融合发展，将"瓦特"产业向"比特"产业转化，壮大数算产业生态体系，打造数字中心集群。

延长产业链价值链，拓宽应用场景。以"东数西算"工程和全国一体化算力网建设为契机，依托现有产业、资源、人力基础，衍生发展数据汇聚新业态，鼓励各类经营主体参与算力网全产业链生态建设，大力发展算力网软硬件配套产业，强化数据中心产业的补链、强链、延链，创新数算电融合发展新模式。持续落实提升特色农业领域、重点工业领域、生产性服务业和生活性服务业相关产业链数字化转型的政策措施，深入挖掘大数据应用场景，让数据"存起来、跑起来、用起来"，培育扶持一批大数据服务型企业，促进数字经济高端高效发展。

（三）充分释放数据要素价值，拓展经济发展新空间

数据是数字经济时代的核心生产要素，海量数据价值的挖掘和释放将对其他要素效率产生价值倍增作用。谁率先在数据要素价值的发挥上领先一步，谁就掌握了发展数字经济的关键因素和主导权。

一是强化高质量数据要素供给。在数据要素汇聚环节，推进数据标准化体系建设，针对政务数据等公共部门数据，制定数据格式、接口、存储等软硬件通用标准，以及数据登记、数据交易、数据共享等环节通用规范；搭建专业大数据采集平台，提升企事业单位数据管理能力和数据供给质量。推动数据要素服务优质化，围绕数据清洗、数据标注、数据分析等需求，培育服务本地区企事业单位的数据服务公司。

提升公共数据开放水平，鼓励公共数据主体与专业数商共建共享数据资源，释放数据红利。

二是加快数据要素市场化流通。建立健全数据要素市场规则，以场景化需求为导向，创新和丰富流通交易服务方式，探索构建高效的标准化交易服务流程和专业的运营管理体系。建立分类分级授权体系，培育壮大区内数据要素场内交易，有序发展跨区、跨境交易，鼓励宁夏企事业单位进入北京、上海、深圳等已成立的数据交易场所交易，搭建宁夏数据要素市场化交易平台。

三是创新数据要素开发利用机制。适应不同类型数据特点，以实际应用需求为导向，探索建立多样化的数据开发利用机制。鼓励重点行业创新数据开发利用方式，在确保数据安全、保障用户隐私的前提下，调动行业协会、科研院所、企业等多方参与数据价值开发。鼓励开发利用具有经济和社会价值且允许加工利用的政务数据和公共数据。探索开展央地数据融合应用创新，与数字经济基础好、应用场景丰富、信息基础设施完备的地方联合开展公共数据授权运营试点。

（四）推进区域数字化协同发展，形成优势互补发展"新格局"

宁夏、甘肃、内蒙古等中西部省区，资源禀赋相近，发展模式雷同，在大数据产业方面同质化竞争激烈。反"同质化内卷"既要结合自身特色差异化发展，也还需打破区域限制协同发展。

一是科学布局基础设施，赋能区域产业发展。以地区特色带动区域数字化转型、促进产业智能升级、赋能区域社会经济发展为出发点，围绕"六新六特六优"产业适当超前布局。科学有序、绿色集约地推进数据中心、智能计算中心等算力设施建设，加强评估评测提升算力设施选型的先进性、科学性、精准性，打造一批示范性、引领性强的新型算力设施。统筹布局绿色算力基础设施建设，有序推动传统算力基础设施绿色化升级。提升新型算力网络支撑能力，优化区域算力互联能力，促进跨网、跨地区、跨企业数据交互。

二是加强行业联动，探索形成产业协同生态。随着我国算力产业步入快速发展阶段，产业链结构日益完善，为全面推动产业链上、中、下游协同发展，亟须加强行业联动，构建更加紧密的产业协同生态。强化优势企业的引领作用，鼓励行业领先企业通过标准制定、技术输出、市场开拓等多种方式，促进算力资源的优化配置与跨领域应用，从而带动产业链上、中、下游企业共同发展，形成良性互动的发展格局。积极搭建产业交流合作平台，通过成立算力产业发展方阵定期举办技术研讨会等方式提供算力产业交流合作平台，实现产业链上中下游企业之间的信息互通、资源共享与合作共建，为算力产业的协同发展创造良好环境。促进产学研各方深度融合。构建跨界合作创新体系。汇聚科研机构、高等院校、企业厂商多方资源，实现优势互补与资源共享，加速算力产业的技术革新、成果转化与应用落地，进而催生出新产业、新模式、新动能，助力构建开放包容、高效协同的算力产业生态体系。

三是推动跨省大数据协同发展。发挥好"西部算力产业联盟"平台作用。一方面，深化与京津冀、长三角、粤港澳大湾区等数据输出枢纽地区合作。另一方面，积极筹划与内蒙古、甘肃、陕西等周边地区联动发展，建立协同推进机制，共同制定差异化发展规划，明确各地的产业重点，全面提升区域竞争力。可以参考西南五省合作模式，以《政务服务"跨省通办"合作协议》破除区域壁垒，推动合作形成优势互补的大数据产业体系，比如内蒙古、甘肃有大量的水电清洁能源，陕西的科技创新优势，宁夏作为黄河流域生态保护和高质量发展先行区有先行先试的优势，各省区之间相互汲取先进的大数据技术和经验优势。

新质生产力篇

XINZHI SHENGCHANLI PIAN

宁夏以新型工业化发展新质生产力研究

田光锋 马 骁

习近平总书记站位强国建设、民族复兴大局，创造性提出"新质生产力的概念和发展新质生产力的重大任务"，并要求"因地制宜发展新质生产力，有选择地推动新产业、新模式、新动能发展"。2024 年 6 月，习近平总书记在宁夏考察时强调："强化科技创新和产业创新融合，加大科技成果转化应用力度，促进传统产业转型升级，培育战略性新兴产业，因地制宜发展新质生产力。"本文立足宁夏资源禀赋、产业基础、科研条件，对宁夏打造未来产业、发展新质生产力相关问题进行初步分析研究。

一、紧盯趋势，把握未来产业发展方向

习近平总书记指出："进入 21 世纪以来，全球科技创新进入空前密集活跃的时期，新一轮科技革命和产业变革正在重构全球创新版图、重塑全球经济结构"。当前，关于新一轮科技革命和产业变革的说法很多，但比较公认的观点是：以人工智能、量子信息、移动通信、物联网、区块链为代表的新一轮信息技术加速突破应用，以合成生物、基因编辑、脑科学、再

作者简介：田光锋，宁夏社会科学院党组成员、副院长；马骁，宁夏社会科学院马克思主义研究所副所长，主要研究方向为马克思主义基本原理、习近平新时代中国特色社会主义思想。

生医学为代表的生命科学领域孕育新的变革，融合机器人、数字化、新材料的先进制造业技术正在加速推进制造业向智能化、服务化、绿色化转型，以清洁高效可持续为目标的能源技术加速发展将引发全球能源革命，空间和海洋技术正在拓展人类生存发展新疆域。这些新科技新技术，表现在产业上，就是战略性新兴产业和未来产业，发展新质生产力，包括推进传统产业升级、新兴产业壮大、未来产业培育3个维度，但重点是战略性新兴产业和未来产业，两者都是重大科技创新产业化后形成的、代表未来科技和产业发展新方向、对经济社会具有支撑带动和引领作用的产业；两者的不同点在于未来产业是发展成熟度相对较低，但发展潜能极大，对基础研究、原始创新和颠覆性创新的依赖度高，代表未来科技和产业发展新方向的前瞻性产业和先导性产业，一旦产业规模扩大，将对重塑产业格局产生极大带动作用。

（一）大力支持发展的战略性新兴产业

战略性新兴产业是以重大技术突破和重大发展需求为基础，对经济社会全局和长远发展具有重大引领带动作用，知识技术密集、物质资源消耗少、成长潜力大、综合效益好的产业。发展战略性新兴产业是世界主要国家抢占新一轮经济和科技发展制高点的重大战略，2023年8月，工信部等四部门联合印发《新产业标准化领航工程实施方案（2023—2035年)》，明确了新一代信息技术、新能源、新材料、高端装备、新能源汽车、绿色环保、民用航空、船舶与海洋工程装备8个战略性新兴产业，这是中央最新明确的战略性新兴产业的发展重点。

（二）前瞻布局的未来产业

随着新一轮科技革命和产业变革的蓬勃兴起，第四次工业革命的加速到来，世界主要国家和地区都通过积极筹建未来产业专业研究机构，加大前沿领域的布局投入，抢占发展新赛道。

对于未来产业发展，各国都确定了不同重点，美国白宫科技政策办公室将重点发展的未来产业明确为5个方面，即人工智能（AI）、量子信息科学（QIS）、先进通信（5G）、先进制造和生物技术等。2021年3月，《中华人民共和国国民经济和社会发展第十四个五年规划和2035年远景规划纲要》明确提出，要提前布局并发展未来产业，重点在类脑智能、量子信息、基因技术、未来网络、深海空天开发、氢能与储能等前沿科技和产业变革领域。2024年，工信部等七部委下发的《关于推动未来产业创新发展的实施意见》，明确了推进未来制造、未来信息、未来材料、未来能源、未来空间和未来健康六大方向产业发展。

二、摸清家底，把握宁夏工业发展现状

习近平总书记强调，要坚持从实际出发，先立后破、因地制宜、分类指导，根据本地的资源禀赋、产业基础、科研条件等，有选择地推动新产业、新模式、新动能发展。宁夏经过多年的不懈努力，现代化工、新材料、新能源、高端装备制造、数字信息、轻工纺织6个千亿级特色产业集群积厚成势，全区综合科技创新水平整体迈入全国二类创新地区，一些科研实现了在全国由跟跑到并跑、领跑的转变，已成为宁夏工业的"顶梁柱"，推动宁夏走出了一条小体量释放大能量、小身材产出高效益的"新路子"，为宁夏发展新质生产力奠定了坚实基础。根据当前战略性新兴产业和未来产业发展的趋势，立足自身资源禀赋、产业基础、科研条件，经研究认为，"六新"产业之外，宁夏有基础、有潜力打造新质生产力的工业产业有5个。

（一）人工智能产业

人工智能产业是通过计算机程序或机器来模拟实现人类智能的技术和方法。人工智能的三大基石分别是算力、算法、数据，算力是指计算机运算的能力；算法是实现某种功能的计算步骤，其决定了机器如何处理数据；数据是指人工智能系统所需要的各种信息，包括文字、图像、声音等。这三要素是发展人工智能不可或缺的，是人工智能领域最基础、最重要的因素。从宁夏自身来看，发展人工智能有着相对较好的条件。一是有巨大算力支撑。宁夏是唯一的全国一体化算力网络枢纽节点、国家（中卫）新型互联网交换中心"双中心"省区，全区有算力规上企业85家，建成和在建大型数据中心15座，标准机架达到7.4万架。2023年，宁夏算力产业实现综合营收130亿元，算力质效指数排名全国第四。二是有较强产业基础。已开通全国22个重点城市直达链路，出口总带宽达18T，国家（中卫）数

据交换中心带宽已超过 1T。移动、联通、电信、广电四大运营商均在宁夏布局建设数据中心，沐曦（宁夏）、同泰怡等一批产业链上下游企业加快集聚。培育智能工厂、数字化车间 123 家，30 家企业跻身国家试点示范和优秀场景。三是有充沛能源保障。人工智能发展的最大制约是能源问题，如 chatGPT 每天的耗电量是 50 万千瓦时，未来人工智能的大规模发展和应用，根本上还需要充足的、低成本的电力来支撑。宁夏新能源装机超 3600 万千瓦，占统调装机比重超 54%，位居全国第三，数据中心采用全自然风冷，PUE 值最低达到 1.1，年平均气温 8.8℃，非常适宜建设全自然风冷数据中心，是国家认定的最适宜建设大型、超大型数据中心的一类地区。

（二）智能制造产业

智能制造是人工智能与制造业深度融合而形成的新型生产方式，涵盖智能装备、工业互联网、工业软件、3D 打印等，是新质生产力的时代标志。宁夏在发展智能制造方面布局较早，具备发展壮大的良好条件。一是能源供应质优价廉。稳定、安全、可靠的电力保障是智能制造的基础支撑，电价是影响智能制造产业发展质效的关键因素。宁夏输配电价在全国仅高于新疆，新能源总装机容量超过 3600 万千瓦，占全区电力装机 54%，新能源发电占总发电量的 26.1%，为智能制造产业实现"绿色制造商"转型发展提供了充裕的绿电保障。二是"宁夏智造"生态雏形初显。宁夏高端装备占行业比重达到 50%以上，高新技术产品占行业比重达到 40%，规上企业数字化研发设计工具普及率达到 79%，核心装备数控化率达到 85%，处于西北领先水平。三是科技研发基础扎实。全区规模以上装备企业研发机构实现全覆盖，现有智能装备 CAE 重点实验室等自治区重点实验室 3 家、柔性制造信息化工程技术研究中心等自治区工程技术研究中心 16 家，培养工业机器人自动化应用研发团队等自治区科技创新团队 11 个，柔性引进智能供配电系统创新团队等科技创新团队 5 个，认定相关领域自治区科技领军人才 10 名。

（三）集成电路与半导体产业

集成电路与半导体作为培育发展战略性新兴产业的基础性和先导性产业，是打造新质生产力的必争之地，产业链主要分为上游支撑产业链（光刻机、光刻胶、检测设备等）、中游制造产业链（集成电路与半导体设计、制造、封测）、下游应用产业链（在计算机、汽车、军工等领域应用）。宁夏发展集成电路和半导体制造关键战略材料产业基础良好。2023 年，全区集成电路与半导体制造关键战略材料产业完成产值 36.4 亿元，同比增长 12.5%，半导体成品企业萌芽初显。一是资源禀赋独特。宁夏大工业用电价格每度仅 0.38—0.47 元，工业用水价格每立方米仅 2—4.2 元，是全国人均电力装机容量最高的地区之一，发展集成电路与半导体材料产业具有成本上的明显优势。宁夏地处内陆，远离海洋，日照时间长，昼夜温差大，空气湿度低，有利于保持半导体元器件的稳定性，减少制冷、除湿方面的成本，是集成电路与半导体材料产业发展的"天然大工厂"。二是产业基础扎实。宁夏拥有集成电路与半导体关键战略材料上下游企业 28 家，蓝宝石晶体和晶棒总产能达 1 万吨/年，4 英寸 LED 蓝宝石衬底产能 960 万片/年，电子级多晶硅锭、单晶硅棒产能 2000 吨/年，大尺寸半导体硅片 780 万片/年，已形成年产 480 万枚 6 英寸、540 万枚 8 英寸、360 万枚 12 英寸半导体硅片，8 万只半导体级石英坩埚，3300 万颗芯片的产能。三是科研条件具备。全区建有省部共建粉体材料与特种陶瓷自治区重点实验室 1 家、半导体级硅晶圆材料工程技术研究中心等自治区工程技术研究中心 2 家，培养了宁夏新型固体电子材料及器件研发等自治区科技创新团队 3 个，认定相关领域自治区科技领军人才 2 名。

（四）氢能与新型储能产业

氢能是一种无污染、零排放、供应充足的绿色能源，已成为全球最具发展潜力的清洁能源。以电化学储能、氢储能、热储能等为代表的新型储能技术，是构建新型电力系统的重要技术和基础装备。2023 年，我国以煤制氢、天然气制氢、工业副产氢为主的氢能产业贡献超过 4500 万吨产能，累计建成加氢站超 400 座，居全球首位。全国新增新型储能累计装机规模达 3139 万千瓦/6687 万千瓦时，装机规模较 2022 年增长超过 260%。宁夏近些年大力发展清洁能源，氢能与新型储能产业发展均呈现良好态势。一是具备能源资源禀赋。宁夏电力资源丰富，"风光无限好"，为绿氢制备奠定了坚实基础，是发展新能源产业的"天堂"。全区新能源利用率达

97.21%，电网调峰稳定性高，输电断面受限情况较少，发展新型储能产业具有天然优势，能源企业、社会资本等各种投资主体对宁夏储能产业的投资热情高涨，储能装机规模 2021 年不到 1 万千瓦，2023 年已经增加到 286.5 万千瓦，居全国第五。二是具备产业发展基础。氢能方面，全区现有氢气产能 286 万吨，占全国总产氢量的 8%，居全国第二，其中绿氢产能 2.66 万吨，居全国前三，具备煤制氢、甲醇制氢、化工副产氢等多种制氢技术，在耦合煤化工、天然气掺氢、民用热电联供、氢储能等领域走在全国前列。三是具备科技研发条件。自治区氢能重点实验室暨氢能装备检测实证平台正在加紧建设，现有太阳能化学转化技术实验室等自治区重点实验室 2 家、氢能清洁生产与高附加值化学转化等自治区科技创新团队 3 个，认定了有关领域自治区科技领军人才 2 名，创新探索的"氢+配套""氢+制造""氢+应用"应用场景获国家发改委、能源局肯定。

（五）绿色环保产业

绿色环保产业是国家加快培育和发展的战略性新兴产业之一，包括节能技术和装备、高效节能产品、节能服务产业、先进环保技术和装备、环保产品与环保服务等领域。宁夏在发展绿色环保产业方面具备较好基础。一是资源供应充足。宁夏资源"类多量大"，已探明矿产 50 多种，发展绿色环保装备有能源资源保障。宁夏产业结构单一化、重型化、资源化特征明显，特别是重工业占规上工业总数的 76%，区内市场对绿色环保产业的需求持续走高。全区年产一般工业固废 8000 万吨，发展资源循环利用项目有充足空间。二是产业基础有力。绿色环保装备方面，宁夏现有三瑞机械、铁狮环保等骨干企业 11 家，主要生产布袋除尘器、油气过滤、废气回收等相关环保设备；绿色环保方面，有活性炭（活性焦）生产企业 30 余家，产能约 50 万吨，约占全国煤质活性炭的 40%；环境服务方面，有节能服务公司 80 家，电力、热力、燃气、水生产、环境优化等企业 316 家；固废资源综合利用方面，有水泥熟料生产企业 16 家，混凝土企业 90 家，砖瓦、墙板类企业 30 家；再生资源利用方面，有各类回收企业 2300 家。三是科研条件较好。现有省部共建煤炭高效利用与绿色化工国家重点实验室及宁夏能源化工重点实验室，布局有含锌固废资源化利用等自治区工程技术研究中心 5 家、宁煤气化及固体废弃物资源化利用等自治区科技创新团队 5 个，柔性引进锰系合金废弃物资源化利用等科技创新团队 3 个，认定有关领域自治区科技领军人才 1 名。

三、精准施策，把握新质生产力发展要求

（一）坚持高站位规划推进

编制和实施规划是我们党治国理政的重要方式，对于统一各方行动、引领目标任务实现具有至关重要的作用。一是统一规划布局。坚持全区"一盘棋"，自治区层面根据各市、县（区）及开发区产业基础、资源禀赋、科研条件，明确各地在发展新质生产力中的定位，避免地区之间产业雷同、无序竞争。比如人工智能产业主要布局在银川市、中卫市，装备制造业主要布局在银川市经开区、大武口高新技术开发区、吴忠金积工业园区。二是统一工作推进。建立健全各级政府实施规划的工作推进机制，将确定的目标任务、重大工程、重点项目，分解到年度工作计划，明确实施主体、责任单位和推进措施。建立重点项目动态调整机制，分年度更新项目库，形成"谋划一批、开工一批、投产一批"滚动发展态势。三是统一考核评估。建立发展新质生产力评估考核机制，将其纳入全区效能目标管理考核，客观公正开展年度评估、中期评估、总结评估，及时发现并解决工作推进中的突出问题，强化考核评价和结果应用。

（二）坚持高起点创新引领

新质生产力的发展成效归根结底取决于创新的成败，必须把科技创新作为"一号工程"，畅通教育、科技、人才的良性循环。主要打好"三大攻坚战"：一是打好关键核心技术攻坚战。全面梳理全区产业和企业重大科技攻关需求和关键技术，实施科技创新"五大标志性工程"和"十大技术攻关项目"，攻克一批原创性、颠覆性技术。发挥好六盘山实验室、贺兰山实验室作用，在新材料、智能制造等行业找到与产业紧密结合的方向和任务，按照 2 年成型、5 年成势、10 年成群的发展规划，攻破一批"卡脖子"技术，实现从 0 到 1 的原创性成果。二是打好人才工作机制创新攻坚战。高水平办好宁夏高等研究院，根据企业实际科研需求，招引专家教授、硕博

学生及科研项目，实现科研人员在宁夏落脚、科研项目在宁夏落地、科研成果在宁夏转化。高水平办好宁夏大学、宁夏医科大学、宁夏师范大学、宁夏理工学院，共建北方民族大学，协调区内高校根据宁夏产业特色和科研需求优化学科设置，提高人才培养精准度。推行职业教育"二元制""学徒制"培养模式。实施短期兼职、项目合作、飞地引才等用人机制，实行重大科技项目"赛马""定向委托"等制度，激发人才创新活力。三是打好科技成果转化攻坚战。聚焦自治区发展新质生产力重点产业特别是人工智能、新型材料、现代化工等产业集群，围绕产业链布局创新链，国企民企一起统筹、同等对待，优化科技"后补助"政策，运用"企业出题、研究院遴选、高校揭榜"等产学研融合模式，形成"清单+平台+转化"互联互通、就地转化科技成果对接机制，实现从 1 到 10 再到 100 的价值跃升。

（三）坚持高效率要素保障

企业的生产要素主要包括劳动力、土地、资本和企业家才能，新质生产力发展需要充裕有力的生产要素保障。一是强化土地保障。对全区产业用地进行系统摸排，推行工业"标准地""弹性供地"模式，引导开发区强化建设用地开发强度、投资强度、产出强度、亩均税收等指标整体控制，完善低效用地再开发激励机制，及时盘活闲置低效用地，为新质生产力发展提供充足用地保障。二是强化融资保障。科技创新是高风险、高收益活动，离不开金融活水的支持。建立"重点科研融资项目库""科创企业首贷库"，引导再贷款、再贴现额度金融资源向科技创新项目倾斜。推动开发性、政策性金融机构向重大科技攻关项目发放长期低息贷款。大力发展直接融资，实施企业上市明珠计划，护航条件成熟科创企业上市融资。支持引进风投、创投机构，为初创科创企业提供融资赋能。三是强化财税政策支持。设立自治区发展新质生产力专项资金，优化"科技后补助"政策，加大对重大科技攻关项目的财政支持，实施留抵退税助力科创企业发展，对企业科技研发项目"精准滴灌"。全面推行政策取向一致性评价，强化政策统筹协调，确保各类政策同向发力，形成合力。

（四）坚持高标准绿色安全

新质生产力既是绿色生产力，也是安全生产力，这是新质生产力发展的底色底线。一方面，加快发展方式绿色转型。统筹抓好污染防治、生态建设、绿色转型、"双碳双控"等工作，加快绿色科技创新和先进绿色技术推广应用，做强绿色制造业，发展绿色服务业，壮大绿色能源产业，发展绿色低碳产业和供应链，构建绿色低碳循环经济体系。另一方面，守牢安全防护底线。统筹好高质量发展和高水平安全，系统排查和改造燃气管道等4类管线，加大安全生产技术攻关，推动先进技术在安全生产领域深度集成应用和全面升级，不断提升本质安全能力，以高水平安全服务保障新质生产力发展。

（五）坚持高水平改革开放

习近平总书记指出，发展新质生产力，必须进一步全面深化改革，形成与之相适应的新型生产关系。一方面，进一步深化改革。对束缚新质生产力发展的堵点卡点进行全面梳理，每年确定若干重点改革任务，专人专班盯着抓、盯着改，将宁夏打造为优质生产要素流入的"洼地"。深化"六权"改革倒逼各类市场主体节约集约使用资源，为新质生产力发展提供更大空间。另一方面，进一步扩大开放。围绕建设市场化、法治化、国际化一流营商环境，全面落实取消制造业领域外资准入限制措施，支持国内外科技企业与区内科研机构联合开展科技攻关，实现"借梯上楼""借鸡下蛋"。

宁夏因地制宜发展新质生产力研究

马宇平　孙文娟

2023 年 9 月 7 日，习近平总书记主持召开新时代推动东北全面振兴座谈会时首次提出"加快形成新质生产力，增强发展新动能"的重要论述。此后一年来，习近平总书记在不同场合围绕新质生产力作了一系列论述，深刻回答了什么是新质生产力，为什么要发展新质生产力，怎样发展新质生产力的重大问题，把发展新质生产力作为抢占未来发展制高点的"先手棋"谋划。

2024 年 6 月，习近平总书记考察宁夏时强调："强化科技创新和产业创新融合，加大科技成果转化应用力度，促进传统产业转型升级，培育战略性新兴产业，因地制宜发展新质生产力。"为宁夏因地制宜发展新质生产力指明了前进方向。新征程上，宁夏要坚持从实际出发，先立后破、因地制宜、分类指导，加强前瞻性思考、全局性谋划、整体性推进，不断推动高质量发展行稳致远，不断书写加快建设现代化美丽新宁夏崭新篇章。

作者简介：马宇平，自治区人民政府研究室（发展研究中心）城市处处长，主要研究方向为综合经济；孙文娟，自治区人民政府研究室（发展研究中心）城市处四级主任科员，主要研究方向为综合经济。

一、新质生产力的丰富内涵及宁夏因地制宜发展新质生产力的重要意义

习近平总书记概括指出，新质生产力是创新起主导作用，摆脱传统经济增长方式、生产力发展路径，具有高科技、高效能、高质量特征，符合新发展理念的先进生产力质态。

核心要义主要包括五点：以创新尤其是科技创新为动力来源；以劳动者、劳动资料和劳动对象的优化组合跃升为构成要素；以高科技、高效能、高质量为主要特征；以全要素生产率大幅提升为核心标志；通过技术革命性变革，渗透赋能各类生产要素，促进其优化组合和高效配置，进而推动产业深度转型升级，提升全要素生产率。新质生产力是习近平经济思想的最新理论成果，是对马克思主义生产力理论的继承与创新，为社会生产方式变革与生产关系改革提供新方向、提出新要求。

当前，宁夏正处于工业化中期提升、信息化起飞提速、农业现代化增效提档阶段，因地制宜发展新质生产力，对加快建设现代化美丽新宁夏具有重大意义。

（一）因地制宜发展新质生产力是宁夏推动高质量发展的必然要求

习近平总书记3次考察宁夏首先强调的都是高质量发展问题，2016年提出了"三个着力"的重点任务，第一个讲的是"着力推进经济持续健康发展"。2020年提出了"六个方面"的重点任务，第一条就强调了"坚持不懈推动高质量发展"。2024年提出了4个方面的重点任务，第一条"大力发展特色优势产业"，实质上就是讲了高质量发展，而且是更加具体的要求。当前，发展不足仍然是宁夏最大的实际，发展质效不高是宁夏发展的首要问题。据测算，宁夏高质量发展综合绩效评价指数比全国低近1个百分点，特别是营商便利度、技术合同成交额与GDP之比、单位GDP能耗等指标短板明显。因此，必须牢牢把握高质量发展首要任务，把发展新质生产力作为重要着力点，以"新"提"质"，塑造高质量发展新动能新优势，推动经济实现质的有效提升和量的合理增长。

(二)因地制宜发展新质生产力是建设现代化美丽新宁夏的必然要求

生产力的革命性发展是推动现代化最根本、最深层的决定因素。当前,宁夏现代化建设仍然明显滞后于全国发展水平,据《中国式现代化发展报告(2024)》对全国除港澳台地区、西藏自治区外的30个省(区、市)现代化发展水平测评,宁夏综合得分0.3773分,排名最低,比排名最高的北京市低0.2617分。建设现代化美丽新宁夏,必须牢牢把握新时代新征程党的中心任务,把发展新质生产力作为推动生产力迭代升级、实现现代化的必然选择,推动新动能形成优势、占据主体、成为支撑,以重点突破带动全盘,加快追赶跨越,确保与全国同质同步实现现代化。

(三)因地制宜发展新质生产力是应对当前社会主要矛盾的必然要求

当前我国社会主要矛盾已经转化为人民日益增长的美好生活需要和不平衡不充分的发展之间的矛盾,大力发展新质生产力是有效解决这个矛盾的突破口。具体到宁夏,地区、城乡、收入3个差距仍然较大。2023年,宁夏全体居民人均可支配收入31604元,城镇居民收入42395元,农村居民收入17772元,分别低于全国7614元、9426元、3919元。全区城乡人均收入差距从2017年的18000元扩大到2023年的25000元,收入比(2.71)大于全国(2.39)。中南部九县区城镇居民人均收入、农村居民人均收入约为全区平均水平的70%。解决这些问题的关键还是在于发展,必须把发展新质生产力作为关键举措,为增进民生福祉、推动共同富裕奠定坚实的物质基础。

二、宁夏因地制宜发展新质生产力的基础优势

近年来,宁夏坚决贯彻落实习近平总书记考察宁夏重要讲话精神,大力实施创新驱动发展战略,加快构建现代化产业体系,为因地制宜发展新质生产力奠定了坚实基础。

(一)产业基础更加扎实

产业结构调整和转型升级步伐加快。2023年三次产业结构比优化调整为8.1:46.8:45.1。工业体系较为完整,对照我国41个工业大类,宁夏拥有39个大类;工业发展势头稳健,规上工业增加值增幅连续两年位居全国第

一方阵。特色优势产业扩规升级，"六新"产业产值约占全区规上工业总产值的 75% 左右，高技术制造业、装备制造业增加值分别增长 44.5%、38.6%，初步形成了现代化工、新型材料两个 2 千亿级产业集群以及装备制造、数字信息、轻工纺织 3 个 1 千亿级产业集群。现代化工产业方面，形成煤制油、煤制烯烃、高性能纤维三大产业链，煤化工产业年产能超过 3000 万吨，其中煤制油产量连续 3 年超过 400 万吨，居全国首位，煤制烯烃产能占全国 1/5，氨纶、芳纶等产能进入全国前列，特种服装面料、高档香水原料等打入国际市场。新型材料方面，建成全国最大的工业蓝宝石、富锂锰基电池材料研发生产基地，钽铌铍稀有金属材料产量世界前三，大尺寸半导体硅片产能全国第四。特别是数字经济蓬勃发展，建成了西部唯一的算力和互联网交换"双中心"、全国首个人工智能芯片适配基地、西部最大的 GPU 智算基地，算力质效指数居全国第四，算力资源环境指数全国第一，数字经济增加值增速连续两年高于 GDP 增速。

（二）创新能力稳步提升

宁夏着力打造科技创新高地，加快建设全国东西部科技合作引领区，为新质生产力发展注入了新动能。研发投入逐年增加。2023 年，全区 R&D 经费投入 85.5 亿元，增长 7.7%，增速居西北第四、西部第八；全区研发经费投入强度为 1.61%，增速居西北第二、西部第四。科技型企业加快培育，国家高新技术企业达到 695 家，连续两年实现三位数增长，国家科技型中小企业达到 2302 家，国家和自治区企业技术中心达到 110 家。创新平台载体加快建设。新建六盘山实验室、宁夏人工智能重点实验室、宁夏高性能钛研究中心等新型科研机构，国家级重点实验室、工程实验室等各类创新平台累计达到 760 多家。创新成果不断涌现。2023 年，全区登记自治区级科技成果 1249 项，同比增长 55.7%；技术合同成交金额 40.5 亿元，增长 17.8%；每万人口发明专利拥有量 8.97 件，增长 25.1%。关键核心技术攻关取得积极成效，投入财政资金 700 万元，撬动企业科技创新投入 8 亿元，共实施产业技术"揭榜攻关"项目 76 个，突破"卡脖子"技术 41 项，取得阶段性成果 400 余项，不断实现从"0"到"1"的突破。

（三）发展环境不断优化

大力实施优化营商环境提质升级行动，迭代出台565项工作举措，一体推进"四个环境"全面提升，厚植生产力发展的沃土。政策环境更加精准，统筹推动"工业强区""质量强区"建设和新型工业化"九化"转型升级，出台轻工纺织产业高质量发展、内外贸一体化发展、数字经济高质量发展等一系列政策，构建起建设现代化产业体系的"四梁八柱"。政务环境更加高效，一体化政务服务、行政许可清单管理等走在全国前列，政务服务全程网办率达50%，省级政府一体化政务服务能力总体指数为"非常高"，连续两年进入全国第一方阵，连续6年位居西北第一。法治环境更加公正，连续两年实施优化法治化营商环境提升行动，出台持续优化法治化营商环境"50条"政策措施，推进法治政府建设"八大提升行动"，全面实施"法治政府建设提升工程"，开展提升行政执法质量三年行动，重拳打击破坏市场经济秩序、侵犯知识产权等犯罪。市场环境更加公平，围绕构建全国统一大市场，全面落实市场准入"一张清单"管理，常态化开展各类显性和隐性壁垒排查清理，启动市场准入效能评估，全面修改废止妨碍统一市场和公平竞争的政策措施。重点是加快民营经济发展，启动"民营经济高质量发展三年行动计划"，在全国率先系统集中推出支持民营经济高质量发展"十项机制"，支持引导企业因地制宜发展新质生产力，市场主体总量突破85万户大关，民间投资占比和增速都进入了全国第一方阵。

（四）资源能源保障持续增强

宁夏是全国首个新能源综合示范区，是国家重要大型煤炭生产基地及西电东送基地。近年来，宁夏大力推动能源资源高效开发综合利用，紧抓"一链一基地三通道"（新能源全产业链、清洁能源生产基地、3条"西电东送"外送通道）建设，让能源资源优势更好转化为竞争优势、产业优势、经济优势，为加快发展新质生产力提供了强有力的资源能源保障。煤炭保有量326.78亿吨，居全国第九；远景储量2041亿吨，居全国第五。2023年，宁夏原煤产量9889.1万吨。煤炭总产能突破1.4亿吨，2024年产量有望突破1亿吨。天然气资源储量丰富，地质储量2607.47亿立方米，矿业权内总储量4800亿立方米左右，估计3000亿立方米可开发。新能源装机占比达 54%，利用率连续 5 年超过 97%，位居西北首位，单位国土面积新能源开发强度居全国首位，人均新能源装机保持全国前列。剩余可利用光伏用地 559 万亩，理论上可新建 1.86 亿千瓦，剩余可利用风电用地 900 万亩，理论上可新建 1800 万千瓦。

三、主要短板弱项

对标发展新质生产力的新要求，主要存在以下短板弱项。

（一）经济总量总体偏小

2023 年，宁夏 GDP 为 5315 亿元，在全国排第二十九，仅高于西藏（2393 亿元）、青海（3799 亿元），仅占全国 126 万亿元的 0.4%；在沿黄九省区中排第八，在西北五省区中排第四。地方财力薄弱，财政自给率仅为 28%，对新质生产力的发展支撑较弱。

（二）产业结构总体不优

三次产业结构方面，自 2013 年以来宁夏三产占 GDP 的比重始终低于全国平均水平，而且近 3 年三产增速也低于 GDP 增速，2022 年后占比呈现下降态势。工业产业结构方面，宁夏总体还处于工业化中期的初级阶段，煤炭、电力、有色、冶金等传统产业占工业增加值的 60% 以上，传统产业中六大高耗能行业占比超过 70%，高于全国平均水平。从事初级产品加工的企业占 80%，大多处于产业链前端、价值链低端、创新链末端，产业结构倚能倚重倚资源特征尚未根本改变。新兴产业还处于起步阶段，新材料、清洁能源、数字信息等战略性新兴产业仅占规上工业的 17%，与全国相比还有较大差距。

（三）发展质效总体不高

宁夏人均 GDP 为 7.3 万元，为全国平均水平的 81.6%。全员劳动生产率约为全国平均水平的 94%。全区万元 GDP 用水量、万元工业增加值用水量、万元工业增加值能耗、万元工业增加值二氧化碳排放量分别为全国平均水平的 2.6、0.94、4、7 倍。工业园区（开发区）亩均产出、亩均投资、亩均税收均低于全国平均水平。外贸外资和开放型经济规模小，对外贸易额占 GDP 的比重仅为全国水平的 1/3。

（四）创新能力总体不强

2023 年，宁夏研发经费投入强度比全国低 1.04 个百分点，增速比全国低 0.7 个百分点，基础研究竞争力排名全国第二十八位。规上企业中 60%以上没有研发活动。每万人口高价值发明专利拥有量 2.63 件，比全国平均水平低 9.17 件。全区技术合同成交额与 GDP 之比为 0.68%，仅为全国平均水平的 1/6。有高等院校 22 所，总体实力弱、规模小、特色不鲜明，高等教育资源在全国排名第二十九位。人才资源总量虽有 85 万人，但高层次人才、拔尖人才、领军人才少，仅有 2 名院士，其中 1 名已退休，国家"千人计划"专家 3 名、"万人计划"专家 18 名，全国杰出专业技术人才 4人。全区 24 个工业园区 2023 年产业工人缺口 3.8 万人左右，未来 3 年缺口达 9.6 万人。

四、宁夏因地制宜发展新质生产力的对策建议

习近平总书记围绕发展新质生产力强调："各地要坚持从实际出发、先立后破、因地制宜、分类指导。要根据本地的资源禀赋、产业基础、科研条件等，有选择地推动新产业、新模式、新动能发展，用新技术改造提升传统产业，积极促进产业高端化、智能化、绿色化。"我们必须深入贯彻习近平总书记关于发展新质生产力重要论述以及考察宁夏重要讲话精神，把因地制宜发展新质生产力作为战略之举、长远之策，重点要突出抓好"六新"。

（一）强化创新引领，培育新质生产力发展新动能

科技创新是发展新质生产力的核心要素。发挥科技创新的增量器作用，深入实施"四大工程"（创新力量厚植工程、创新主体培育工程、创新协同联动工程、创新生态涵养工程）、"三个 100"行动（组织科技合作对接活动 100 场次以上，实施科技合作项目 100 项以上，引进科技成果 100 项以上），加快构建以"五室一院"为骨干的科创平台体系（林木资源高效生产全国重点实验室、省部共建煤炭高效利用与绿色化工国家重点实验室、稀有金属特种材料国家重点实验室、贺兰山实验室、六盘山实验室；宁夏高等研究院）。完善"引育留用"人才工作机制，强化校企、院企联合育

人，建设一批科教融合协同育人联合体、产教融合实训基地、现代产业学院，重点引培科技领军人才、杰出科技人才、科技创新团队、青年科技人才、高技能人才"五支队伍"。

（二）突出产业升级，抢占新质生产力发展新赛道

现代化产业体系是新质生产力的核心载体。必须统筹传统产业与新兴产业发展，加快构建富有宁夏特色和优势的现代化产业体系。改造提升传统产业。围绕产业基础高级化和产业链现代化，对标国际国内先进标杆，聚焦技术更新、设备更新、系统更新、节能降碳等关键环节，推进煤炭、化工、冶金、有色、建材等行业绿色化、智能化、循环化改造，每年滚动实施 100 个以上技改项目。到 2027 年，完成新一轮高强度、全覆盖技术改造升级，全面提升全要素生产率和产业链整体技术水平。培育壮大新兴产业。在产业链方面，重点发展智能算力、现代化工、高端装备、先进光伏、新型储能、半导体材料、生物制药、生态乳业、葡萄和葡萄酒、道地枸杞、现代康养"11 条产业链"。在产业基地方面，着力打造数字信息、现代化工、新型材料、清洁能源、高端装备制造、绿色食品等产业基地和国际旅游目的地"6+1 产业基地"。在产业集群方面，加快培育数字经济、新型材料、清洁能源、现代化工、高端装备制造、葡萄酒、枸杞、文旅融合八大产业集群，力争到 2027 年，八大产业总产值达到"万亿级"规模。超前布局未来产业。结合宁夏资源禀赋、产业基础、科研条件，聚焦"六新"产业最有潜力和前景的领域及国家六大未来产业发展导向，重点探索推进算力服务、智能制造、绿色氢能、绿色环保、生物医药、新型储能、现代康养、低空经济、量子信息等产业，探索组建工业领域未来产业瞭望站，不断培育新产业、新业态、新动能。

（三）注重数智赋能，厚植新质生产力发展新优势

数字经济既是构成新质生产力的主要内容，也是驱动新质生产力发展的关键因素。坚持把数字经济作为"第一增长极"，加快产业数字化、数字产业化，全面启动新一轮数字经济高质量发展三年行动计划，打造西部数字经济发展新高地，真正把"双中心"优势变成项目、投资、经济增长和区域竞争优势。前瞻性布局谋划数字基础设施，适度超前建设数据中心、绿色智算等新型基础设施，加快绿电园区建设。促进实体经济与数字经济深度融合创新，建设"聚储通算用"一体化产业集群，构建具有核心竞争力的产业生态。开展数字宁夏建设地方标准研究，建立数字经济发展统计监测指标体系。

（四）加快绿色转型，塑造新质生产力发展新方式

绿色发展是新质生产力的基本要求。扎实开展全域"四水四定"主动战、黄河"几字弯"宁夏攻坚战、蓝天碧水净土保卫战、绿色低碳发展整体战"四大战役"，认真落实"'123456'计划""碳达峰'1+N+X'政策体系""节能减排'十大重点任务'"，加快构建绿色低碳循环经济体系。强化水资源刚性约束，合理调整全区用水结构，在确保农业用水安全的前提下，优先保障新型材料、清洁能源等符合新质生产力方向的产业项目建设。坚决遏制"两高一低"项目盲目发展，新建一批绿色园区、绿色工厂。推动煤炭、油气、清洁能源耦合发展，重点打造煤制油、煤制烯烃、氢能等高端产业集群，加快建设"沙戈荒"风光基地项目，加快构建综合能源系统。

（五）坚定深化改革，构建新质生产力发展新体制

全面深化改革是发展新质生产力的关键举措。认真贯彻落实党的二十届三中全会精神及自治区党委十三届九次全会精神，下好深化改革"先手棋"，着力打通束缚新质生产力发展的堵点卡点。打好资源配置"组合拳"，全面提高各类要素配置效益。深化简政放权，加大经济体制、科技体制改革攻坚力度，更好发挥市场机制和政府调控"两个作用"，推动各类优质生产要素顺畅流动和高效配置到新质生产力领域。做好"水、地、风、光、煤、油、气、电"八篇大文章，深化电价、水价、供热计量收费、污水处理改革等，推行工业"标准地和弹性供应"、"带项目"供应和"带方案"出让，释放资源性产品助推新质生产力发展的作用。同时，统筹推进科技、人才、数据等优质要素市场化改革。打造营商环境"升级版"，持续激发经营主体创新活力。建设高标准市场体系，加快完善产权保护、市场准入、公平竞争、社会信用等市场经济基础制度，高效融入全国统一大市场建设，为发展新质生产力营造良好的内部生态。强化政策支持，探索设立新质生

产力发展基金，统筹财税、金融、投资、环保、科技、土地等领域政策，建立"政研银园产企"六位一体推进机制，对符合新质生产力方向的产业集群实行"一产一策"培育扶持。打造内陆开放"新高地"，着力深化区域产业交流合作。高质量服务和融入共建"一带一路"，推动内陆开放型经济试验区、国家葡萄及葡萄酒产业开放发展综合试验区、中国（银川）跨境电子商务综合试验区建设，促进技术、人才、数据等创新要素安全高效流动，推动优质生产要素在宁夏集聚。实施"外资三年外贸五年倍增计划"，支持企业更好配置国内外先进优质生产要素。深化东西部科技合作引领区建设，加强与内蒙古等周边省区合作，稳妥开展资源能源、科技创新、环境治理等领域合作。

（六）提升安全水平，强化新质生产力发展新保障

产业链供应链安全是发展新质生产力的重要基础。宁夏特色优势产业大多属于"风口产业"，已经深度嵌入到国家产业链分工体系之中，处于全国产业链供应链上重要一环，特别是煤制油、特种材料等涉及国家能源安全和国家战略安全，在发展新质生产力过程中应高度重视产业链供应链安全的问题，持续优化产业链布局，深化供给侧结构性改革，强化质量标准建设，加强要素安全保障，着力锻造有竞争力、可持续、可安全发展的产业链条，最大程度防范化解产业发展过程中可能出现的存量风险、增量风险和变量风险，切实提高产业韧性和抗冲击、抗风险能力。

新质生产力助推宁夏文旅产业高质量发展对策研究

牛学智　　汪克会

"十四五"时期，我国已全面进入大众旅游时代，文化和旅游产业发展正处于重要战略机遇期，但也面临着高质量发展的新要求。2023年9月，习近平总书记在黑龙江考察时首次提出"新质生产力"。2024年6月20日，习近平总书记在听取自治区党委和政府工作汇报时的重要讲话中强调指出，要加强文化与旅游深度融合，积极发展特色旅游、全域旅游。强化科技创新和产业创新融合，加大科技成果转化应用力度，促进传统产业转型升级，培育战略性新兴产业，因地制宜发展新质生产力。

一、新质生产力助推宁夏文旅产业发展现状

文旅产业极具关联性和复杂性，就现状而言，新质生产力在智慧旅游、沉浸式体验、数字化营销等领域，率先推动了宁夏文旅产业的发展。尤其是在"数字宁夏"战略引领下，宁夏文旅产业以文化为核心，以数字化为抓手，积极培育智慧旅游新空间，打造沉浸式文旅新体验，开发数字化文旅新产品，大力推动文旅深度融合，文化和旅游资源正被全面激活，为文旅产业的发展注入了新的活力。

———————————

作者简介：牛学智，宁夏社会科学院文化研究所所长，研究员；汪克会，宁夏大学前沿交叉学院文化旅游研究中心副教授，硕士生导师。

（一）智慧旅游发展进入快车道

2023 年 11 月，自治区文化和旅游厅正式发布《智慧旅游景区建设指南》。该指南在提高景区接待服务质量和综合管理水平的同时，有利于引导和加快推进全区智慧景区建设，尤其是可以整合数据资源，扩大旅游新供给，提升游客体验，促进全区文化和旅游产业高质量发展。

2024 年 4 月 30 日，由自治区文化和旅游厅开发的"智游宁夏"小程序平台上线试运行。该程序依托微信、抖音平台搭建两个应用服务小程序，切实满足游客个性化、多元化、品质化的旅游需求，为游客提供信息查询、语音导览、线路推荐、活动预告、出行提示、线上预订、一键点播、攻略大全、虚拟体验等 9 项智慧旅游服务，不断推进宁夏文旅产业以新提质、以质促优。

（二）沉浸式体验激发文旅新活力

2023 年以来，宁夏抢抓文旅产业新风口，突出"颠覆性创意、沉浸式体验、年轻化消费"主题，运用声光电、水雾、全息投影、激光等技术，打造了"漫葡·看见贺兰"沉浸式演艺小镇，开启旅游体验新模式、新场景。2023 年 9 月正式开街的银川文化城凤凰幻城在原有建筑的基础上，对街区进行场景打造和亮化提升，创新开发了"古装夜游"等新模式，将文化与建筑、场景、业态、演艺、夜游、节庆等有机结合，打造新业态新产品，提升游客体验。特别是在传统风格中融入科技创意元素，利用 VR 虚拟现实等技术，实现手机 VR 寻车、寻店、寻服务等功能。2024 年国庆节期间，"光辉历程·古城新韵"银川兴庆历史文化名城点亮仪式在玉皇阁前世纪广场成功举行，大型 3D 建筑光影秀运用现代科技元素，赋予鼓楼、玉皇阁两座古建筑时尚气息。

为更好借助虚拟体验新技术、新手段展示宁夏文旅资源，推动宁夏文旅产业数字化发展，2023 年 10 月，由自治区自然资源厅主导开发的"宁夏二十一景"元宇宙数字文旅营销服务平台——"元游宁夏"正式发布。"元游宁夏"以虚拟现实、人工智能、区块链等技术为支撑，是宁夏对新沉浸引发的体验变革、新时空带来的场景变革和新技术推动的产业变革的积极响应。

该平台依托实景三维宁夏项目建设成果，积极探索实景三维数据和技术应用，使用无人机倾斜摄影和激光雷达扫描技术，从不同尺度、不同颗粒度生产实景三维数据，达到一比一实景三维复刻，实现"宁夏二十一景"真实展示、精细表达和细腻复原。同时采用多元技术，广泛融合文旅、保护、宣传、展示等价值属性，打造一体化的轻量化移动端展示系统，并运用 AR/VR 技术，实现虚拟与现实的无缝对接，让用户身临其境。通过融合元宇宙数字技术，用户能够参与虚拟活动，例如体验滑沙、沙漠冲浪、骑骆驼等宁夏区域特色旅游项目。还可以根据季节、天气持续丰富虚拟景区内容，提升用户沉浸式三维旅游体验。实景三维技术和文旅产业的有机结合，将宁夏众多旅游景观数字孪生到虚拟世界，构建了一个全新的沉浸式数字旅游生态系统，有效整合宁夏旅游资源，有力有效推进宁夏文旅产业数字化进程。

2024 年 8 月，"三维元游宁夏——沉浸式文旅元宇宙平台"入选自然资源部、国家数据局联合发布的 60 个实景三维数据赋能高质量发展创新应用典型案例。截至 2024 年 9 月，"元游宁夏"项目已累计完成"宁夏二十一景"中的 14 个数字景区建设，上线了 Web3.0 社交、AI 导游、文化数字化等功能，开发了 VR、AR、裸眼 3D、数字人等产品。

（三）数字化营销初见成效

2023 年以来，宁夏全面实施"数字宁夏"战略，不断优化顶层设计，数字化建设步伐也不断加快，各类创新应用场景和探索案例层出不穷。2024 年 9 月，宁夏文旅携手天娱数科旗下 AI 虚拟数字人天妤和安思鹤发布系列文旅短剧，比如 AI 虚拟数字人安思鹤创作的短剧《宁等一夏》中所有场景、音乐均由 AI 生成。短剧一经上线便在网络上引起广泛的关注与讨论，并被光明网、新华网等国内主流媒体报道。

天妤和安思鹤在对宁夏文旅资源深入挖掘与创意转化的基础上，突出短剧和数智技术优势，而且可视化的真实形象赋予了虚拟数字人独特的情感属性。观众在欣赏短剧的同时，能够深入了解宁夏的历史文化和风景名胜，领略到不一样的地方风情。借助这一形式，宁夏地方文化故事突破了传统媒介的限制，能够以更具互动性和沉浸感的方式触达观众，使这些故事以一种更加现代化、时尚化的方式讲述给大众，甚至能更深层次地触动受众的情感共鸣，更深刻地理解和认同宁夏的文化价值。例如安思鹤呈现的 AIGC 美食创意系列图文《宁夏！攒劲的很！》，将宁夏的滩羊、枸杞、葡萄酒等地方特色美食与匠心独运的创意设计相融合。这种现代科技结合地方文化的创意方式，提高了宁夏文旅品牌的知名度和吸引力，有利于更好地构建宁夏全新的旅游目的地品牌形象。

二、新质生产力助推宁夏文旅产业高质量发展面临的问题

如前所述，新质生产力在智慧旅游、沉浸式体验、数字化营销等领域，率先推动了宁夏文旅产业的发展，正在逐步实现产业深度转型升级，重塑竞争新优势。但放眼全国，新质生产力在助推宁夏文旅产业高质量发展方面尚存在以下问题。

（一）数字化技术较为滞后

相比国内文旅产业发达地区，宁夏各景区（点）、酒店、交通枢纽等区域虽然积极引入了人工智能、区块链等前沿技术，但在实际运行过程中，由于新技术的集成程度不够深入、更新迭代速度相对缓慢，以及用户体验尚待优化等原因，在文旅产业升级方面，尚未充分发挥其应有的作用。

贺兰山东麓一些地下酒窖、葡萄采摘区、贺兰山运动公园沿线、昊苑村等游客到访量持续增长的区域，由于无线网络信号覆盖弱和手机上网掉线等，在在线预订、导航服务以及实时分享等数字化体验方面，往往给游客带来诸多不便，智慧旅游设施尚未达到广泛应用和深度发展的程度。

宁夏非遗保护传承实践中的数字技术运用问题也比较突出，大部分非遗项目的数字化录制、数字化保存和数字化展示等只是满足了非遗保护工作的需要，无法直接在旅游开发中二次利用。一些非遗项目数字化录制、数字化保存的最终成果往往是视频等音像资料，无法匹配数字化时代游客的沉浸式体验需求。非遗场馆的数字化展示方式，大多仍以智能电子显示屏为主，与大众旅游审美习惯存在差距，难以提升游客的参与度和体验感。

（二）文旅工作跨部门协调机制不够完善

文化和旅游产业综合性极强，涉及诸多部门和行业。例如景区在开发、

管理、运营时需要对接多个政府部门，而一旦行政许可和监管力量分散，就无法实现有效协调。

主要表现在两个方面，一是宁夏在文旅产业发展过程中还不同程度存在多头管理、权责不清、推诿扯皮、互相掣肘的问题。各部门协调机制运行还不够顺畅，相关部门各自为政的现象较为普遍，没有形成政策合力。2024年3月，"宁夏辣糊糊"虽然登上了全国热搜榜，但草草收场的结局暴露的就是跨部门协调机制不完善这一问题，这导致释放生产力的堵点卡点无法打通，新技术、新业态、新模式等赋能机制难以形成，新质生产力必然成为"无源之水"。二是跨部门协调机制不完善，导致管理部门对文旅消费群体的需求研究不够，特别是对年轻群体的文旅消费动机研判不清晰，未能通过大数据平台精准掌握年轻群体的消费喜好，尤其对80后、90后、00后群体的消费需求缺少应对措施。如此等等，都说明宁夏文旅产业黏合度不高，产品特色不够鲜明，市场活跃度比较低，难以持久有效吸引年轻消费群体。

（三）高层次专业人才欠缺

文旅产业新质生产力的形成离不开创新型思维的人才，无论是产品创新、业态创新、服务创新还是营销创新，都对文旅产业从业者提出了更高的要求。

目前，宁夏文旅产业普遍缺乏具备引领型和驱动创新型能力的专业人才，尤其缺乏既深谙文旅产业内在发展机理，又熟练掌握数字技术的复合型人才。尽管文旅产业现有的从业者在各自的岗位上兢兢业业，但在数字技术理论素养、数据分析技能的深度掌握，以及驾驭数字化运营全流程的能力方面，普遍较为薄弱。这一状况不仅阻碍了宁夏文旅产业数字化战略的全面落地与高效运行，也在很大程度上掣肘了其转型升级的步伐，制约了产业潜力的充分释放与竞争优势的持续构筑。

一方面缺乏高层次管理运营人才和创意策划人才，另一方面则是低技能、低学历从业人员大量填充其中、人满为患，造成葡萄酒、露营、研学旅游等细分领域专业人才短缺等问题较为突出。深究近年来"村超""村BA""淄博烧烤""尔滨""天水麻辣烫"等各类文旅现象火爆出圈的原因，其策划、统筹、组织与运营，背后都离不开专业人才的全程参与。

相比之下，宁夏文旅虽然每次想"出圈"，但关键环节却总欠临门一脚的火候，有时甚至还显得文不对题，比如人们纳闷"辣糊糊"与"野人表演"之间到底是个什么关系，以及即使非得在舌尖上下功夫，"辣糊糊"是不是银川首选？之所以出现这类现象，是由于策划者对宁夏地域文化审美认知的欠缺和对系统性文旅融合规划设计理念的匮乏所致，模仿、偶然、随意性中暴露的正是宁夏文旅新质人才断档这个短板。

三、新质生产力助推宁夏文旅产业高质量发展的对策

（一）充分利用数字化技术赋能宁夏文旅产业高质量发展

作为全国一体化算力网络国家枢纽节点和国家新型互联网交换中心，宁夏积极融入国家"东数西算"整体布局，在加快形成新质生产力过程中，具有独特区位优势和资源禀赋。

未来，应进一步发挥"宁夏二十一景"元宇宙数字文旅营销服务平台——"元游宁夏"的引领作用，以培育元宇宙新技术、新产品、新模式为抓手，以实景三维跨界融合应用为契机，共同推动文旅项目实施与市场拓展。

具体而言，除继续完成"宁夏二十一景"中剩余景区的数字建设，应充分利用 AR、VR、人工智能、元宇宙等新技术，在宁夏知名度较高的葡萄酒庄、产业园区、休闲街区、主题公园、文博场馆等文旅场所，将科技元素、创意元素和时尚元素相融合，构建传统产业与新型场景混搭的业态模式，加强游客的沉浸式、互动式体验，尤其是要进一步提升怀远观光夜市等国家级夜间文旅消费集聚区的文化内涵。一方面，应充分利用人工智能、大数据、物联网等新技术为夜间旅游赋能，结合地域特色文化，培育新兴业态，让游客从视觉、听觉、触觉、嗅觉等感知层面获取沉浸感，满足多层次多样化消费需求。另一方面，密切关注夜间游客的主观感受，加强游客在情感方面的体验设计，帮助游客获得"情绪价值"。比如每一个店铺、每一种小吃都有故事可讲，再辅助一些特色活动、演艺及互动体验环节，满足游客在沉浸式体验中的情感需求。再比如，在 Open AI 智能生成技术趋势下，可以借助宁夏"西部数谷"算力优势，联合国内头部企业进

行旅游智能生成模型的开发、训练，对将台堡红军长征会师纪念园数字化展厅、六盘山红军长征旅游区等红色旅游景区，运用虚拟现实和数字孪生等技术进行"数字真身"重现，让宁夏红色旅游发展焕发新生机。

同时，在文旅营销方面，各部门应加强合作，充分利用游客画像等大数据分析技术和工具，深入分析用户，特别是分析年轻消费群体的相关数据和市场发展趋势，通过生成式人工智能自动生成多种不同类型的文旅营销内容，比如个性化的目的地介绍、营销口号、活动推荐等，增强营销信息的吸引力和影响力，以适应不同渠道和平台的传播需求，从而实现更精准、更有效的市场营销。

（二）通过政策创新引领宁夏文旅产业高质量发展

文旅产业的高质量，除了产品高质量、服务高质量，还包括产业机制高质量、产业素质高质量、产业环境高质量、政策环境高质量等，而政策环境的高质量是推动文旅产业高质量发展的重要驱动力之一。政府相关部门应出台更多支持文旅产业数字化的政策措施，包括但不限于财政补贴与税收优惠，着力营造更加优质的数字化发展环境。由政府相关部门牵头，拓宽宁夏文旅数字化平台分布，使数字化平台成为营销信息传播工具，从而创造文旅新需求，产生新市场，形成文旅产业新的产业链。在此基础上，推动建立地方政府、景区、文化机构、文旅单位等多方共建共享机制，以适应文化和旅游融合发展的新模式。

文旅产业高质量发展的关键是游客满意感。数字化时代，游客满意度并非取决于价格有多低，而是体验有多好。因此，政策创新必须以不断改善游客体验质量为前提。2023年"淄博烧烤"之所以火爆出圈，正是因为淄博市各类政策的出发点都是为了给游客良好的体验。而各类政策的有效落实，与淄博市政府人性化的服务理念、强大的执行能力和精细化的管理能力密不可分。这就需要形成政策合力，营造心往一处想、劲往一处使、拧成一股绳的良好机制氛围。

同时，应充分运用高清视频监控、无人设备自动驾驶巡逻、北斗定位等信息和技术手段，建立宁夏文旅产业运行监测一体化服务平台、宁夏文旅投诉与处理一体化系统和宁夏公共文化服务云平台，推进旅游安全信息化、市场监管动态化、公共文化数字化，提升文旅市场治理体系和治理能力现代化水平，稳妥处置可能出现的数据泄露、算法茧房、隐私侵犯等风险挑战，改善文旅企业营商环境，促进文旅市场繁荣发展。

（三）立足新质人才培养推动宁夏文旅产业高质量发展

新质人才是指具有数智能力及创新能力的交叉复合型人才。新质人才的培养既需要宁夏相关院校专业快速转型，也需要产业内部调整思路，以多种形式重点培养具备数字技术应用、创新设计、国际化视野的复合型战略人才，以满足虚拟现实、人工智能、区块链等新技术迭代所带来的人才需求。

在技术层面应重点培养政策研究型和数据分析人才，不仅能掌握行业规律，还能准确研判未来发展趋势；业务层面应重点培养具有数字化创新能力的产品研发和营销队伍，同时针对葡萄酒、乡村、非遗、研学、体育旅游等蓬勃发展的新业态，培养专业交叉型人才，以人才融合驱动业态融合发展；在执行层面应重点提升一线人员的职业素养和服务技能水平，提升精细化服务水平，以满足文旅产业的体系化劳动力需求。

此外，在宁夏高校文旅专业学生培养过程中，应进一步加强校企合作力度，促进人才培养体系与行业人才使用体系的深度融合，在教学中以多样化方式提高学生对文旅工作的职业认同感和获得感，解决宁夏高校文旅专业毕业生行业就业率不高的问题。

随着新一轮科技革命和产业变革的深入发展，人工智能、大数据、云计算、物联网等新一代信息技术迅猛发展，我国已经进入培育和发展旅游新质生产力的战略机遇期，旅游业从规模型向质量型发展的势头不可阻挡。在此时代背景下，宁夏应充分挖掘数据潜能，深度释放数据红利，加速提高文旅产业的数字化、网络化、智能化水平，加快发展旅游新质生产力，进一步推动经济高质量发展。

宁夏科技创新与产业创新融合发展
形成新质生产力对策研究

苗冠军　马万琪　马珮瑶

2024 年 6 月，习近平总书记在宁夏考察时指出："强化科技创新和产业创新融合，加大科技成果转化应用力度，促进传统产业转型升级，培育战略性新兴产业，因地制宜发展新质生产力。"自治区党委第十三届九次全会提出"健全因地制宜发展新质生产力体制机制""要以科技创新引领全面创新，一体推进教育、科技、人才改革发展，加强教育资源前瞻性战略性优化布局，打造科技成果转移转化洼地，汇聚更多国内外人才智力资源"。科技创新是发展新质生产力的核心要素，产业创新是发展新质生产力的重要载体，以科技创新和产业创新深度融合推动发展新质生产力，打通从科技强到企业强、产业强、经济强的通道，是加快构建体现宁夏特色、具有较强竞争力的现代化产业体系，支撑高质量发展的内在要求和重要着力点。

作者简介：苗冠军，宁夏科技发展战略和信息研究所副研究员；马万琪，宁夏科技发展战略和信息研究所助理研究员；马珮瑶，宁夏科技发展战略和信息研究所研究实习员。

一、宁夏以科技创新和产业创新融合推动新质生产力发展的基础现状

（一）关键技术攻关和成果转化持续加强，引领新质生产力发展动能逐步显现

紧扣"六新六特六优"产业发展需求，启动实施重大关键技术攻关行动和重大科技成果转化应用行动。近3年，共组织实施重大重点科技攻关项目485项、重大科技成果转化项目204项、县域科技成果引进示范项目318项，突破了一批关键技术瓶颈，引进转化了一批先进科技成果，形成了一批"单项冠军"，有力支撑了全区特色优势重点产业高质量发展。"年产400万吨煤间接液化成套技术创新开发及产业化"项目摘得国家科技进步奖一等奖，国能宁煤公司氢调法制备高流动性聚丙烯技术打破国外技术壁垒，银利电气公司研制的新能源汽车配套车规级功率电感与变压器实现了进口替代，天地奔牛公司研制出世界最大的10米超大采高智能刮板输送成套装备，北瓷新材料公司突破了氮化铝粉体、基板、结构件、功能器件全产业链量产关键技术，全国最大的300万吨CCUS技术成果应用示范项目落地宁东。近3年，全区共获得授权专利35698件，其中发明专利3829件；登记自治区科技成果2679项，其中有884项应用技术成果得到了转化应用，累计产生经济效益502.89亿元。2023年，全区技术合同成交额达到40.51亿元，比2020年增长79.88%，科技创新支撑经济发展活力不断增强。

（二）科技创新型企业快速增加，带动新质生产力发展主体力量不断壮大

出台《自治区建立企业梯次培育体系实施方案》，大力实施企业梯次培育行动，构建了科技型、创新型、示范型3个系列12个类别的企业梯次培育体系，科技创新型企业数量实现快速增加，成为支撑新质生产力发展的生力军。截至2023年底，全区各类科技创新型企业达到1786家，其中，国家高新技术企业595家，科技型中小企业1045家，与2020年相比，均实现翻倍增长。培育自治区创新型示范企业35家，认定自治区雏鹰企业

73 家、瞪羚企业 38 家。国家高新技术企业中，人工智能、智能制造、集成电路和半导体等领域企业数量占比达到 89.7%，成为引领带动新质生产力发展的中坚力量。大规模组织开展企业家创新精神培育行动，促进企业科技创新意识显著增强。积极推动以企业为主体的产学研合作，认定新型研发机构 5 家，组建自治区创新联合体 21 家，带动全区企业 R&D 经费投入 68.99 亿元，占全区 R&D 经费比重达到 80.7%，高于全国平均水平 3 个百分点，企业研发主体地位进一步增强。

（三）科技支撑能力建设持续强化，支撑新质生产力发展基础逐步夯实

聚焦自治区重点产业发展需求，深入实施创新力量厚植工程，不断优化完善科技创新体系，为支撑新质生产力培育、推动高质量发展奠定了坚实基础。在科技创新投入方面，积极构建多元化科技创新投入体系，带动全区研发经费投入持续增加。2023 年，全区 R&D 经费支出 85.5 亿元，近 3 年年均增长 12.76%，高于全国平均水平 6.69 个百分点；R&D 经费投入强度达到 1.61%，居全国第十九位、西部第四位、西北第二位。在科技人才队伍建设方面，实施创新型人才培养计划，建立了"青年拔尖人才—科技领军人才—杰出科技人才"梯次培养体系，进一步增强了新质生产力发展人才智力支撑。截至 2023 年底，全区累计培养科技领军人才 122 名，组建科技创新团队 158 个，全职和柔性引进科技创新团队 65 个，带动全区 R&D 人员达到 32762 人，比 2020 年增长 54.84%。在创新平台载体建设方面，布局建设了由院士领衔的六盘山实验室、贺兰山实验室，推动自治区战略科技力量建设取得重大突破。建立了林木资源高效生产全国重点实验室、省部共建煤炭高效利用与绿色化工国家重点实验室、稀有金属特种材料国家重点实验室、宁夏高等研究院、中国工程科技发展战略宁夏研究院、上海（宁夏）科创中心等一批高能级科创人才平台及高新技术产业开发区、农业科技园区等创新创业载体，成为集聚创新资源、引领带动新质生产力发展的主阵地。截至 2023 年底，全区建有各类科技创新平台 1142 家、各类科技园区 23 家、科技"双创"载体 127 家，组建自治区产业科技创新联盟 5 家，全区科技创新实力日益增强。

（四）科技创新协同联动日益增强，保障新质生产力发展创新要素汇聚机制初步形成

坚持开放创新，依托全国东西部科技合作引领区建设，积极建立科技创新协同联动机制，构建了"11 个省市+14 所院校"的科技合作体系。支持区内企业、高校院所与区外 20 多个省市 800 余家创新主体开展科技合作，累计组织实施东西部科技合作项目 1700 余项，引进转化了一批先进科技成果，解决了一批关键技术难题。国能宁煤、银利电气、宁夏大学等一批企业、高校院所依托项目合作、成果引进转化，在重大关键技术产品创新方面取得重要突破，有力支撑了更多产业、更多领域由跟跑向并跑、领跑转变。近年来，通过举办第五届中阿技术转移与创新合作大会，第一、二届宁夏科技成果转化与人才交流合作大会，宁夏与东部地区开展合作或共建的科技创新平台达到 160 多个、园区 9 个，联合建立国家临床医学中心宁夏分中心 20 个。争取中国工程院在宁夏设立了西北首家地方研究院，汇聚百余名院士，围绕自治区重点产业发展实施战略咨询研究项目 68 项。吸引参与宁夏科技创新活动的区外科技创新人才突破 9200 人，形成了汇聚区内外创新资源合力推进宁夏科技创新的良好局面，为宁夏发展新质生产力创造了有利条件。

（五）科技体制机制改革不断深化，涵养新质生产力的科技创新生态基本成型

实施科技体制改革三年攻坚行动，出台《关于深化科技评价改革的意见》等政策措施，开展职务科技成果赋权改革试点、科技成果评价改革试点工作，探索形成了符合科技成果转化规律的职务科技成果赋权机制和模式，有效激发了科技创新活力。优化科研项目组织实施方式，率先建立了以需求为导向的科研项目形成机制，实施重大科技项目"揭榜挂帅"、"赛马制"、定向委托等制度，集聚区内外优势科研力量开展关键核心技术攻关，率先对企业申报项目实行"前引导、后支持"改革，推动了全区科技创新效能提升。深化科技奖励改革，优化奖项设置，增设技术发明奖和自然科学奖，填补了基础研究奖项空白，进一步强化科技创新质量、绩效和贡献激励导向。深化科研人员减负行动，组织开展弘扬科学家精神专题活动，以及科技活动周、科普讲解大赛等系列科普活动，推动全区创新生态持续优化。2022年，宁夏科技创新环境指数居全国第十七位、西部省区第三位、西北省区第二位、沿黄省区第四位，为培育发展新质生产力营造了有利环境。

二、宁夏以科技创新和产业创新融合推动新质生产力发展存在的问题和短板

（一）支撑新质生产力发展的高质量科技成果不足

宁夏基础研究投入总量不足，加之创新主体数量偏少、实力偏弱，导致自主创新能力不强，高质量科技成果供给不足，特别是原创性、颠覆性技术成果偏少。此外，宁夏创新链与产业链匹配度不够，技术攻关与成果转化协同不足，科技活动产出效率还不高，科技成果向新质生产力转化的渠道不畅，支撑新质生产力发展动力不足。2023年，基础研究经费为4.3亿元，占全区R&D经费总投入的5.0%，比全国平均水平低1.77个百分点。全区高校和科研机构仅40余家，且创新能力不足、水平不高，原始创新和应用技术成果供给能力偏弱。2023年，全区每万人口高价值发明专利拥有量2.69件，仅为全国平均水平的22.8%；万人输出技术成交额530.73万元，仅为全国平均水平的1/5。

（二）带动新质生产力发展的企业创新主体作用不够

目前，宁夏大部分企业仍处于产业链前端、价值链低端、创新链末端，缺技术、缺人才较为普遍，研发能力薄弱，自主创新活力不足，核心技术对外依存度较高，具有自主知识产权的技术产品较少。特别是科技型企业数量少，缺乏具有龙头地位、创新能力强和能够整合全产业链资源的科技领军企业，创新型产业集群发展滞后，对发展新质生产力的引领带动能力较弱。2022年，全区规上工业企业R&D经费占营业收入比重为0.73%，仅为全国平均水平的一半。每万家法人企业中高新技术企业数只有35.77家，不足全国平均水平的1/3。全区仍有近60%的规上工业企业无研发活动，近80%的规上工业企业无研发机构，近85%的规上工业企业无新产品销售。

（三）创新资源配置与新质生产力发展需求存在差距

宁夏科技投入总量不足、结构不平衡，研发经费和投入强度偏低，技术、人才、资金等创新资源匮乏，特别是企业创新资源短缺问题较为突出，科技创新基础依然薄弱。且全区创新资源配置效率不高、协同效应不够，与新质生产力发展需求匹配度不高，对新质生产力发展的支撑保障不足。2023 年，全区 R&D 经费投入增速 7.7%，比全国低 0.7 个百分点；全区 R&D 经费投入强度 1.61%，比全国低 1.04 个百分点。全区 22 个县区中有 10 个县区 R&D 经费和投入强度较上年有所下降，有 13 个县区 R&D 经费投入强度不足 1%。自治区级实验室、国家级创新平台等高能级科创平台数量 36 家，仅占全区科技创新平台总数的 3.15%。全区每万名就业人员中 R&D 人员 48.46 人年，仅为全国平均水平的 56%。企业拥有的科技领军人才和创新团队数量仅占全区总量的三至四成。科技金融规模小，产品服务较为单一，科技金融服务企业创新发展的能力和质效有待提高。

（四）适配新质生产力发展的科技体制机制仍不完善

目前，宁夏开放协同创新长效机制仍不完善，创新资源集聚效应和协同创新效能还有待提升。全区科技产业全链条一体化部署不够，科技创新与产业创新融合仍存在堵点和卡点，面向新质生产力发展需求的科技项目、科创平台、人才团队等科技资源协同配置机制还不完善，科技创新资源统筹仍需强化。企业科技创新主体作用，高校院所科技创新骨干作用，市、县（区）科技创新推动作用发挥还不强，科技项目管理水平、科创平台支撑能力、科技成果转化效率还不高，全区科技创新活力依然不足。科技治理体系和治理能力建设还需持续强化，全区创新氛围还不够浓厚，尊重人才、鼓励创新的环境有待持续优化。

三、宁夏以科技创新和产业创新融合推动新质生产力发展的对策建议

（一）强化科技与产业融合协同，构建发展新质生产力新体制

发挥自治区党委科技委员会的统筹协调作用，加强创新资源统筹协同，强化科技创新和产业创新融合顶层设计，统筹推动创新链与产业链融合重

大工程、重点项目、重要资源和重点工作的配置及落实，形成全区科技创新与产业创新"一盘棋"格局。深化自治区领导包抓重点产业发展工作机制，加强不同主管部门之间的沟通和协作，推动科技与产业在规划、政策等方面的相互衔接和融合，形成政策合力。依托东西部科技合作引领区建设，深化东西部科技合作，建立跨部门、跨领域、跨区域的科技创新协调机制，推动科技资源优化配置和高效利用，促进科技创新和产业创新深度融合，形成科技创新支撑产业发展、产业发展拉动科技创新的良性循环，为发展新质生产力提供体制保障。

（二）增加高质量科技成果供给，塑造发展新质生产力新动能

围绕全区现代煤化工、新型材料、清洁能源、数字信息、文化旅游等特色产业科技需求，深入开展创新发展支撑行动，构建基础研究、应用基础研究和产业技术协同攻关机制。加大基础研究投入力度，建立基础研究、应用研究、试验发展阶段投入比例合理的财政科技经费支持机制，稳步扩大自治区自然科学基金和联合基金规模，落实企业基础研究税收优惠政策，构建基础研究多元投入体系。支持高校院所组建跨学科、跨领域、跨区域开放性基础科学研究团队，强化有组织的基础研究和应用基础研究。组织实施重大科技攻关专项，推动产学研用多主体联合开展关键核心技术、前沿引领技术、重大场景应用技术等攻关，持续提升原创性、颠覆性科技成果供给能力，发挥数字技术、绿色科技对发展新质生产力的支撑带动作用，形成支撑引领特色优势产业转型升级、新兴产业和未来产业孕育壮大的产业创新"策源地"。

（三）强化企业创新主体作用，打造发展新质生产力新引擎

深入实施企业家创新精神培育行动和科技企业扩量提质行动，推进科技型、创新型、示范型"三个100"企业梯度培育计划，持续增强企业科技创新意识，积极培育科技领军企业和独角兽企业，不断壮大引领带动新质生产力发展的优质企业群体。全面落实研发费用加计扣除、高新技术企业税收优惠、后补助、前引导后支持等优惠政策，探索建立企业研发准备金制度，促进项目、资金、平台、人才、团队等资源向企业集聚。强化企业主导的产学研用深度融合，引导科技领军企业建设高能级研发机构和平

台，支持行业龙头骨干企业或产业链的"链主"企业联合产业链上下游及高校、科研院所、科技类社会组织建设创新联合体、创新联盟等产学研用载体，开展产学研用协同创新和产业链上下游联合攻关，培育打造创新型产业集群，构建创新协同、产能共享、供应链互通的新型产业创新生态。制订实施支持国有企业科技创新行动方案，有效释放国有企业创新效能，切实发挥企业发展新质生产力的主体作用。

（四）加快科技成果转化应用，开拓发展新质生产力新途径

深入开展科技创新成果转化和产业化行动，聚焦全区传统产业、战略性新兴产业、未来产业的重点领域，协调推动重大科研成果转化和产业化试点示范，引进转化一批培育发展新质生产力急需的科技成果，及时将科技成果应用到具体产业和产业链上，加快科技成果扩散、流动、共享、应用，并向现实生产力转化。探索建设未来产业成果"线上发布大厅"，定期发布前沿技术推广目录，打造产品交易平台，举办成果对接展会，提供精准对接，助力先进科技成果落地转化。探索实施"双高"对接工程，推动高校与高新区建立合作机制，围绕优势产业和优势学科，共建大学科技园、未来产业科技园等，推动创新链与产业链深度融合。探索建设场景创新中心，打造专业孵化器，支持科技企业围绕场景拓展行业应用领域，推进颠覆性技术、前沿技术在具体应用场景和行业领域的应用与有效验证，探索"技术攻关—场景验证—产业化推广"成果转化新路径，积极培育战略性新兴产业和未来产业，打造新的经济增长点。建立完善首台（套）重大技术装备、新材料首批次应用等新产品推广应用政策，全面落实技术交易补助政策。探索开展"先使用后付费""权益让渡""先投后股"等试点，进一步强化科技成果转化政策激励。

（五）增强创新要素协同配置，强化发展新质生产力新支撑

立足战略性新兴产业发展和未来产业培育，推动创新链产业链资金链人才链一体部署推进，提升创新链科技供给、人才链智力支撑、资金链金融支持，强化科技创新和产业创新要素保障，夯实新质生产力发展根基。加强高能级产业创新平台建设，加快推动六盘山实验室、贺兰山实验室高质量建设运行，持续壮大自治区战略科技力量。积极开展制造业科创"飞地"、产业创新中心、新型研发机构等科技创新机构平台建设，切实提升科技支撑产业创新发展能力。优化产业科技人才培养体系，扎实推进新工科、新农科建设，探索"学校＋重大科技基础设施""学校＋大型科研院所""学校＋龙头企业"办学形式，推进学科交叉融合和科教融合、产教融合，促进人才培养与产业链、创新链精准对接。深入开展科技创新人才引培行动，大力引进培养杰出科技人才、科技领军人才和高水平科技创新团队，推动教育、科技、人才一体化发展。实施科创投入持续扩量增效行动，持续完善多元化科技创新投入体系，推动全社会研发经费投入实现持续较快增长。加快完善集投、担、贷等多种服务功能于一体的市场化投融资平台，设立自治区科技创新投资引导母基金，与社会资本合作设立种子、天使、风险等科技创新类基金，引导金融资本投早、投小、投长期、投硬科技。完善贷款贴息、股权投资及"宁科贷""宁科担""宁科保"等科技金融业务，探索设立"转化贷""研发贷"，撬动更多金融资本支持企业科技创新。探索实施"企业创新积分制"，构建新型科技金融政策工具，形成科技、产业、金融良性循环。

（六）深化科技体制机制改革，释放发展新质生产力新活力

坚持科技创新与制度创新"双轮驱动"，深入实施创新生态涵养工程，持续深化科技体制改革，建立与新质生产力发展相适应的科技创新生态。持续改革优化自治区科技计划体系，设立区域创新发展科技支撑专项及科技与产业联合研究专项，建立科技项目协同支持机制，提高科技创新组织化、协同化程度和创新效能。深入推行企业科技项目"前引导＋后支持"立项机制，实行应用开发类、成果转化类科技项目重点由企业牵头实施机制，试点由企业创新联合体承担科研攻关任务，形成需求引领、企业出题、科技解题攻关新模式，推动企业主导的产学研用融通创新。在基础研究类和人才类项目中推行经费包干制。建立科研经费监管负面清单，构建"结果导向、充分赋权、诚信为本、尽职免责"的科研项目管理新模式。深入推进项目管理、经费使用、成果评价、人才评价、机构评估等全方位改革，完善科技创新治理体系。建立科技项目实施标志性科技成果、"里程碑式"考核指标等制度，探索推行"下游考核上游、应用考核技术、整体考核部

件、市场考核产品"项目评价机制。探索开展科技人才分类评价改革，深入推进职务科技成果赋权、科技成果评价等改革试点工作，持续激发科研人员创新活力，不断增强发展新质生产力的内生动力。

改革开放篇

GAIGE KAIFANG PIAN

宁夏深化经济领域重点特色改革研究

孙　涛

经济体制改革在全面深化改革全局中具有基础性地位和全局性影响。推动新一轮全面深化改革，要答好"创新题"、走好特色路，支撑经济体制改革全面发力、落地落实，为加快建设美丽新宁夏、奋力谱写中国式现代化宁夏篇章提供强大动力。

一、宁夏经济领域重点特色改革取得的主要成效

（一）推进特色优势产业集群化，塑造发展新优势

一是坚持规划先行。制订《推动产业链现代化水平提升的实施方案》，配套制定现代化工、新型材料、清洁能源等重点产业发展的规划体系，形成了现代煤化工、新型材料和清洁能源三大产业集群，培育了煤制油、光伏、高性能化工新材料等 10 条重点产业链，集群产值贡献占全区工业总产值"半壁江山"。二是坚持专班推进。建立"一个领导、一个产业、一个专班、一抓到底"的"四个一"工作机制，抓好产业链、产业集群、产业基地建设，定期研究突出问题，培育认定 17 家链主企业，形成"3+17+10"（3 个集群、17 个链主、10 条重点产业链）产业发展体系，全力推进特色

作者简介：孙涛，自治区党委政研室改革协调处副处长，主要研究方向为全面深化改革等政策、制度。

优势产业加快发展。三是坚持政策保障。设立产业生态体系建设发展专项资金，每年安排 7000 万元用于链主企业培育及产业链配套奖励。绘制供应链、产业链、技术链、招商链全景图谱，发布产业链需求、产业增补延链项目、产业技术需求、产业链金融产品 4 个目录清单，组织召开产品供需对接会，引导企业参与区域分工合作。四是坚持统筹协调。围绕矿产、数据、新能源指标等关键要素，开展资源潜力"大摸底"，实现要素配置效率最优化和效益最大化。全区"一盘棋"发展集群产业，推动各地出台了一系列支持产业链式发展、集群发展的政策措施，如银川市制订了构建产业链式集群发展的实施方案，宁东基地制定九大细分产业链和高端产业集群发展实施方案。

（二）创新东西部科技合作，借力探索新模式

一是构建科技合作机制。出台《关于高水平建设全国东西部科技合作引领区的实施方案》，建立"政府引导、市场主导，互惠互利、合作共赢"东西部科技合作机制，先后与 11 个发达省市、14 所高校院所建立科技合作关系，中国工程院在宁夏建立西北首家工程科技发展战略地方研究院，一批高校在宁夏建立研究院、技术转移分中心、中试基地等。二是创新科技合作载体。依托东西部科技合作机制和全国东西部科技合作引领区平台，支持各地各部门主动带需求带项目与东部对接，先后与 800 多家创新主体开展联合攻关、共建创新平台、培养创新人才，实施合作项目 1700 余项，设立宁夏（上海）科创中心，签约入驻企业 23 家，支持企业在北京、上海、杭州等地设立飞地研发中心 4 家，形成"区外研发、区内转化"引才用才新模式。三是推动科技成果转化。与东部省区、高校、科研院所建立科技成果信息共享机制，共建宁夏技术市场、宁夏技术转移研究院等服务载体，每年举办科技成果转化暨人才交流合作大会，每年组织实施重点科技成果转化项目和县域科技成果引进示范推广项目 200 项以上。四是促进人才培养引进。深入实施"才聚宁夏 1134"行动，与教育部合作建设宁夏高等研究院，拟依托宁夏新材料、煤化工、葡萄酒等特色优势产业，每年招收上百名硕士生、博士生在宁夏培养；大力引进科技领军人才、青年科技人才和高水平科技创新团队，引进高层次人才 2488 名，助力宁夏创新发展。

（三）"六权"改革构建起资源要素优化配置新机制

一是聚焦"节水增效"深化用水权改革。建立总量控制、指标到县、分区管理、空间均衡的配水体系，优化生产、生活、生态三大空间配水格局，规上工业用水重复利用率达到97.6%，提高1.7%，再生水利用率达到38.8%，提高17.5%，高效节灌面积达54%，提高6.2%，2021—2023年万元GDP用水量累计下降22.2%，与四川省完成跨省区水权交易全国第一单。二是聚焦"盘活增值"深化土地权改革。坚持管好用好和放开放活并重，加强用地管控、构建统一市场、优化供地方式、提升用地效益，万元GDP建设用地面积下降8.7%，"标准地"出让61宗11830.64亩，弹性年期出让165宗8688.61亩，175宗9500亩闲置用地入市盘活，新增指标70%以上用于保障全区重点项目。三是聚焦"植绿增绿"深化山林权改革。加快集体林地"三权分置"改革，深化市场化改革、促进规模化经营，培育涉林经营主体3000多家，创建国家林下经济示范基地10家、自治区林下经济示范基地35家，带动山区农户户均增收1000多元，全区林地面积1473.58万亩、森林面积884.51万亩，森林覆盖率11.3%。四是聚焦"降污增益"深化排污权改革。建立环境成本合理负担和污染减排约束激励机制，探索市场化减排、制度化控污新路子，210个新改扩建项目通过市场购买了排污权，4项主要污染物减排超额完成国家下达目标任务，腾出了总量空间，扩大了环境容量，促进了经济发展。五是聚焦"控能增产"深化用能权改革。建立反映市场供求关系、体现能源稀缺程度的制度机制，完成地级市确权，新增能耗指标580万吨标准煤，出台有偿使用和交易改革《实施意见》、交易管理《暂行办法》等"1+5"政策制度体系，建成交易平台。目前，全区完成用能权交易8.51万吨标准煤587.6万元。六是聚焦"减碳增汇"深化碳排放权改革。建立健全交易法规制度体系和运行保障机制，全面融入全国碳排放权交易市场，已有33家重点排放单位参与全国碳排放配额交易，交易量2086.75万吨，成交额11.94亿元。银川市深入推进碳排放权改革的工作被评选为应对气候变化优秀案例。

（四）"四水四定"试点蹚出水资源利用新路子

一是坚持强化约束、明确目标。在省级层面率先出台《自治区"四水四定"实施方案》，建立"四水四定"指标体系，明确六大类40项评价指标、80项重点任务、100项重点工程，划定用水总量控制线、配水管网结构图、控水节水任务单，形成"1+1+9"目标政策体系。二是坚持示范引领、试点先行。选取7个市县作为首批试点地区，出台39项专题方案，开工建设项目116个，落实资金155亿，银川市、吴忠市、中卫市入选全国再生水利用重点城市，利通区现代化灌区建设入选全国农业合同节水典型案例。三是坚持总量管控、定额约束。制订用水权总量管控指标、地下水管控指标方案，实行黄河水、地下水、非常规水统一配置，开展产业和园区规划水资源论证，动态核查无证、超许可等违规取水行为，严控水资源超载地区新增用水。修订发布覆盖主要农作物、工业、服务业和城乡生活用水定额标准体系，实行农业灌溉超定额用水加价收费，工业、服务业超定额（计划）用水累进加价收费，倒逼企业节约用水。四是坚持节水优先、提高效率。深入实施农业节水增效，推进现代化灌区建设和"三个百万亩"工程，发展高效节水灌溉614万亩，占灌区总面积57%，2023年农田灌溉有效利用系数首次超过全国平均水平。全面推进工业节水减排，出台节水型企业、节水型工业园区地方标准，全区规模以上工业用水重复利用率达到97.6%。全力推进城市节水降损，加快节水型城市达标建设，城镇再生水利用率达到38.8%，地级市全部达到国家节水型城市标准。

（五）聚焦"第一增长极"，打造数字经济新高地

一是完善规划体系。出台数字宁夏"1244+N"行动计划、支持中卫大数据产业中心市高质量发展、深入推进数字化转型、数字经济发展"十四五"规划等发展规划、实施方案、行动计划，构建起大数据、人工智能、数据中心等产业发展"四梁八柱"。二是健全组织体系。成立数字政府建设和数字产业发展暨推进全国一体化算力网络国家枢纽节点宁夏枢纽建设工作领导小组，建立健全主要领导包抓推进、分管领导双周调度等工作推进机制，对重点任务、重大项目、重要事项实施挂图作战。建立一个议事协调机构、一个行政机构、一个事业单位、一个国有控股企业、一个智库团

队的"五个一"工作机制，强化对枢纽建设和数字经济发展的组织保障。三是优化政策体系。出台"宁夏枢纽建设 32 条""促进人工智能创新发展 18 条"等政策文件 30 个，重点支持数据中心重大基础设施建设、国家（中卫）新型互联网交换中心运营、国家"东数西算"重大工程示范项目等。四是深化联动发展。打造沿黄流域数字经济高质量发展示范带，建设银川市数字经济创新总部核心，依托中卫数据中心集群基础条件高质量建设全国一体化算力国家枢纽节点，培育石嘴山市、吴忠市、固原市 3 个特色联动区，构建"一带一核一节点多区联动"发展格局。建立健全部门联动共建机制和激励机制，统筹推进数字经济协同发展、融合发展，促进技术与产业耦合发展，赋能传统产业转型升级，催生新产业新业态新模式。

二、重点特色改革支撑高质量发展面临的主要挑战

（一）产业协同配套能力有待加强

一是集群效应不优。从集群规模看，产业集群上下游产业链条短、产品收益低，企业间未形成紧密利益联结机制，产业集群中各企业的金融、科技、物流等要素不能充分有效互动。从产业结构看，多数产品处在产业链前端和价值链低端，基础产品价格竞争激烈，产业具备话语权的同时也存在产能过剩现象，挤压集群发展空间，主导产业与周边省份存在不同程度同质化。从协同配套看，目前产业仅在开发区内形成地理空间上的简单集聚，产业链上下游和供应链未形成有效协同，产业链之间关联耦合度较小。二是政策支撑不够。一些产业政策协同性不够，未能形成叠加效应，支持集群发展的政策散落在各个部门，在出台政策中不同程度存在"亲女婿远儿子"情况。有些政策亟须尽快出台，比如开发区管理体制改革和绿电园区建设需要进一步完善政策措施。三是区域协同发展不够。开发区发展不均衡现象突出，宁东基地工业总产值占全区工业总产值 30% 以上，规模最小的园区工业总产值仅 2.4 亿元。部分开发区主导产业带动能力还不强，特色产业还不鲜明，产业结构不优和产业层次低端，企业单兵作战多，产业、产品融合度不高，还未能形成企业能配套、园区小循环、区域大循环的发展格局。

（二）科技创新体制机制有待优化

一是支撑产业发展能力还不足。重点领域资源统筹、加大科技攻关力度还不够，现代化工、新型材料、高端装备制造等产业急需的高质量科技供给依然不足，高校学科专业设置、人才培养模式与科技创新、产业创新的需求不相适应，全区只有少数高校有研发活动，半数以上的规上工业企业没有研发活动，科技创新助力新质生产力培育发展的机制尚未形成。二是成果转移转化效率还不高。高校院所推动科技成果转化意识不强，技术攻关与成果转化协同不够，科技成果与市场需求不相匹配，科技中介机构和技术经纪人才缺乏，职务科技成果赋权改革还需深化，科技成果评价激励机制、跟踪对接落地机制、收益分配机制等不完善。目前，宁夏技术合同成交额与地区生产总值之比只有 0.68%，仅为全国平均水平的 1/6。三是科技管理服务水平还不高。全区科技创新高效决策指挥体系和有力组织实施体系还不健全，科技创新统筹协调和协同联动机制、科技创新资源配置机制、科技创新决策支撑机制等还不健全完善，科技项目形成与组织实施机制还不够优化，"揭榜挂帅""赛马制"等制度推行力度还不大，科技计划管理体系等还需要进一步优化提升，科技创新生态、氛围还不够浓厚。

（三）资源环境要素配置效率仍待提高

一是确权颁证矛盾有待化解。土地确权方面，自发移民、一户多宅、超面积占用、权属有争议、无权属来源等宅基地历史遗留问题较多。山林地确权方面，原林权证涉及的林地普遍存在一地多证、证地不符、地类重叠、四至不清、面积不准等遗留问题，还有部分林地未进行林权类不动产登记。二是政策配套还不完善。一些探索性、创新性的改革还存在政策创新没有到位，影响工作进度和改革效果。农村宅基地使用权有偿退出和集体经营性建设用地入市还处于试点阶段，"僵尸企业"闲置用地处置办法缺少操作性和针对性，闲置土地还存在资源盘活难、处置成本高。非常规水使用管理、土地出让收益分配、排污权超排总量处罚、林业资源价值评估等方面存在政策短板。三是协同联动水平还不够高。资源要素配置全盘统筹、精准配置还不够，保障区内重大生产力布局和重大项目的能力有待提升。一些资源权属分散，难以实行规模化、集约化经营，影响了资源效益的有效发挥，比如国有林场带动引领作用发挥还不够充分，集体林仍以家庭单户经营为主，发展林下经济缺乏龙头企业带动，存在产业布局碎片化、种养品种单一化等问题。另外，部门协同不够，给市县下达计划指标时只考虑部门工作，出现了水地矛盾、地地矛盾、粮地矛盾等问题。

（四）数字经济发展基础制度还不健全

一是发展基础相对薄弱。2023年，宁夏数字经济增加值占GDP比重、核心产业增加值占数字经济增加值比重，分别低于全国7.9个、1个百分点。产业链以数据存储为主，各地产业同质化、竞争无序化问题依然存在，数据处理、增值服务等链条还有很多空白。二是开发利用还不充分。数据开发开放起步较晚，数据确权登记、数据开放管理、公共数据授权运营、数商培育认定等制度尚未建立，数据开发开放的基础短板还需加快补齐，特别是部分行业数据采集还不完整，多数行业主管部门尚未开展数据汇聚治理。公共数据管理制度体系还处于初建阶段，部分行业主管部门对推进数据开放还有顾虑。数据确权登记、流通交易、抵押贷款等方面正处在探索阶段，推进数据要素向数据价值转化还需加快。三是工作协同还需加强。从算电协同发展来看，新能源优势向绿色算力优势转变还有差距，数据中心集群绿电保障机制还不完善，与周边省区相比电价竞争优势还不充分。从投融资渠道来看，现行融资渠道主要是以银行贷款为重点的直接融资，产业发展引导基金作用发挥不够。从统计体系建设来看，数字经济发展指标体系和统计数据还不健全，数字经济统计数据对形势分析、辅助决策、促进发展的支撑作用发挥受限。

三、推进经济领域重点特色改革的对策建议

（一）完善产业集群发展机制，构建竞争力较强的产业体系

一是建立产业链条发展统筹机制。建立线上线下常态化对接机制，加快建设现代煤化工、新型材料、清洁能源等3个产业集群，重点发展煤制烯烃、半导体材料、氢能等10条产业链，编制产业发展图谱，明确各集群发展方向、目标、任务、措施，培育细分产业链新赛道，做好产业延链补链壮链。二是建立产业园区协同发展机制。探索建立跨园区项目招引流转、

统计核算、利税分享、利益补偿机制，鼓励发展飞地经济模式，推动园区分工协作、联动发展。以宁东基地、石嘴山经开区、太阳山工业园区等地为重点打造现代煤化工产业带，以银川经开区，石嘴山高新区、平罗、青铜峡、中卫工业园区等地为重点打造新材料产业带，以宁东、吴忠、中卫等地为重点打造清洁能源产业带，实现产业空间合理布局。三是建立产业要素精准匹配机制。完善产业基金运营机制，重点支持集群内科技型、创新型、高成长型企业发展。优化园区电力、供气、供热等基础设施配套，促进协同区域内基础设施共建共享。加快推进绿电园区建设，促进产业耦合发展和降低成本。制定重点产业集群新型工业化发展水平评价指标体系，根据集群产业、项目、企业经济效益、生态效益、带动效益和社会效益实施资源配置。

（二）全面深化科技体制改革，激发全社会创新创造内动力

一是完善科技产业融合机制。聚焦"六新六特六优+N"产业重大重点科技攻关需求，健全完善产业科技创新需求常态征集、深度分析、有效凝练机制，构建完善"以需求定项目、以项目配资源"机制，深入实施企业梯次培育计划，建立健全产学研深度融合机制。二是完善科技成果转化机制。构建完善政府、市场、第三方机构、金融投资机构等多主体评价机制，允许科研人员在科技成果转化收益分配上有更大自主权，加快构建东西互联、覆盖全区的技术市场体系，打造科技成果转移转化洼地。三是完善科技计划管理机制。围绕创新链科学设置基础研究、应用开发、成果转化、条件建设、人才引培、区域创新等计划专项，完善科技项目绩效评价管理机制，建立专家实名推荐的非共识项目筛选机制，优化完善基础研究支持机制。四是健全科技开放合作机制。高水平建设全国东西部科技合作引领区，设立东西部科技合作专项，打造东西部科技合作暨科技成果转化与人才交流平台，吸引东中部高校院所在宁夏设立中试熟化平台或成果转化基地，支持企业到科技发达省市建设"飞地"研发中心。五是健全科技创新激励机制。允许科研类事业单位实行比一般事业单位更加灵活的管理制度，建立以创新能力、质量、实效、贡献为导向的人才评价体系，完善科技奖励、收入分配、成果赋权、职称评审等激励制度，健全完善减轻科技人员

负担长效机制。

（三）推进资源要素综合改革，全面提高要素协同配置效率

一是加强组织领导。厘清改革之间的"联络图""关系网"，细化改革推进的"路线图""任务书"，进一步完善"领导+专班+清单"的推进机制，横向上主责部门与相关部门密切配合、紧密协作，纵向上自治区、市、县、乡、村五级联动一贯到底、同频共振，形成联动效应、集成效应、整体效应。二是完善政策机制。围绕确权、赋能、定价、入市，注重从机制政策上补短板、强弱项。建立跨部门矛盾纠纷化解机制，解决农村宅基地、生态移民区、农垦移交地、山林地确权难点；细化金融支持"六权"改革政策意见，健全完善增信担保、政企银协同机制；完善用能权定价机制，健全政府基准价论证、评估、确定、调整机制；加快建立贯通自治区、市、县、乡四级，打破"六权"壁垒的公共资源交易平台，推动用水权、土地权交易平台对接国家交易平台。三是突出重点难点。用水权改革重点是优化用水结构，发展高效节水农业，实施工业节水增效，探索服务业节水新模式；土地权改革重点是盘活闲置资源，完善"标准地"出让和弹性供地制度；山林权改革重点是实现增值增绿，鼓励社会资本发展林下经济、参与生态修复；排污权改革重点是激发市场活力，引导市场主体增加富余排污权；用能权改革重点是优化能源配置，培育发展交易市场；碳排放权改革重点是建设重点行业企业温室气体排放管理体系。

（四）严格落实"四水四定"，构建完善节约集约利用机制

一是健全水资源高效统筹配置机制。充分衔接国土空间规划、对接重大产业发展规划，注重水资源与人口、城市、产业相协调，建立健全全区水资源高效优化配置、年度动态调整机制，优化调整空间、区域、行业、产业等方面用水结构，实行水资源精细化调度，保证城乡居民生活用水、满足最小生态用水、合理调整农业用水、最大限度保障产业用水。二是健全水资源节约集约利用机制。全面开展深度节水控水行动，健全农业节水工程运行管理机制，实施工业水效提升三年行动计划和老旧供水管网更新改造，推进再生水循环利用，健全计划用水、定额管理、节水评价、节水奖惩制度，修订完善自治区行业用水定额，推进节水制度、技术、模式创新。三是健全水资源承载分类管控机制。实行水资源消耗总量和强度双控，修订自治区节约用水条例、计划用水管理办法等法规政策，实行分区分类管理和用途管制，加快国家数字孪生水利算力宁夏枢纽节点建设，推动法治化、制度化、智慧化管水，强化供给侧水资源约束，强化需求侧用水管理。

（五）完善数字经济体制机制，打造区域竞争新赛道新优势

一是健全投资促进机制。整合优化各类政策资源，优化政府资金支持方式，推动设立数字经济产业基金，拓展多元化投融资渠道，培育发展耐心资本，加强对相关企业在资金、人才、土地、电力等方面支持，建立法治、稳定、透明、可预见的投资环境。二是健全数实融合机制。完善数字技术赋能产业发展机制，深化新一代信息技术与制造业融合发展，促进平台经济创新发展，加快企业"智改数转"，着力培育全链条算力产业生态，推动互联网、大数据、人工智能同实体经济深度融合，建设"聚储通算用"一体化产业集群。三是健全要素供给机制。围绕数字经济发展需要，坚持以市场化配置为主、以高效流通和使用为目标，积极稳妥推进土地、水、电等资源要素配置制度改革，确保数字经济领域项目建设、产业发展资源得到有效保障。四是健全数字开放机制。全面深化数据资源采集体系，强化社会公共资源数字化，探索推进公共数据、社会数据的共享开放，促进数据资源化、资产化、资本化，强化数据与应用融合创新。五是健全安全治理机制。坚持发展和安全统筹考虑、统筹部署、统筹落实，加强数字经济领域安全特别是数据安全制度体系、预警体系、感知体系、技术体系、处置体系建设。

宁夏统筹推进新型工业化、新型城镇化和乡村振兴研究

杨　菲

党的二十届三中全会提出，"必须统筹新型工业化、新型城镇化和乡村全面振兴，全面提高城乡规划、建设、治理融合水平，促进城乡要素平等交换、双向交流，缩小城乡差别，促进城乡共同繁荣发展"。宁夏作为内陆欠发达省区，城乡二元发展差距较大，必须通过健全统筹新型工业化、新型城镇化和乡村振兴体制机制，促进城乡要素平等交换、双向流动，缩小城乡差距，促进城乡共同繁荣发展。自治区党委十三届九次全会提出，"顺应人口流动趋势和群众对美好生活向往，统筹推进新型工业化、新型城镇化和乡村全面振兴，全面提高城乡规划、建设、治理融合水平，促进城乡要素双向流动和公共资源合理配置，形成工农互促、城乡互补、协调发展、共同繁荣的新型城乡关系"。本文旨在深入分析研究宁夏推进新型工业化、新型城镇化和乡村振兴的主要成效、存在问题，有针对性提出对策建议，为加快建设社会主义现代化美丽新宁夏提供决策参考。

一、主要成效

近年来，自治区党委和政府坚决贯彻落实党中央决策部署，持续深化新型工业化、新型城镇化和乡村全面振兴体制机制改革，城镇化建设水平

作者简介：杨菲，自治区党委政研室改革研究中心副主任。

和质量明显提升，城乡互促、产城互动纵深推进，乡村全面振兴样板区建设步伐有力，为全区经济高质量发展和社会全面进步奠定了坚实基础。

（一）新型工业化实现新突破

围绕"六新"产业调结构促升级、稳链条强集群、补短板固优势，全力推进新型工业化，积极发展新质生产力，促进工业高端化、智能化、绿色化发展，以产业发展带动城市发展，为城乡居民提供更多的就业机会和增收渠道。一是传统产业转型加快。近年来，宁夏工业结构持续优化，转型步伐不断加快，低端低效产能有序退出。2023 年，规模以上制造业增加值增长 14.3%，拉动规上工业增长 9.7 个百分点。"十四五"期间，冶金、焦化、建材、轻工等行业 43 家企业共退出低端产能 564 万吨，为工业结构调整腾出了更多发展空间。晶环蓝宝石晶片、泰和兴芳纶深加工等 50 个建链延链项目建成投产，填补了一批产业链空白，其中光伏、储能、先进半导体、高性能金属、高性能纤维等优势产业链不断延伸。"十四五"以来，化工、冶金、有色、建材等重点产业每年实施节能降碳改造项目 30 个以上，铁合金、烧碱、煤制烯烃等行业能耗优于标杆水平，万元工业增加值能耗累计下降 17%。二是新质产业不断涌现。2023 年，新材料和清洁能源产业快速增长，带动全区规模以上高技术制造业增加值比上年增长 44.5%，装备制造业增加值增长 38.6%，"六新"产业占工业总产值 40% 以上。新能源装机规模达到 3600 万千瓦，占全部电力装机比例达到 51.8%；二氧化碳捕集利用引领全国，建设全国最大的 300 万吨 CCUS 项目。获批建设全国一体化算力网络国家枢纽节点（宁夏枢纽）和国家新型互联网交换中心，全区建成大型、超大型数据中心 8 个，在建数据中心 18 个，数据中心机架达到 9.62 万架，建成西部最大的 GPU 智算基地，宁夏算力质效指数位居全国第四、西部第一，算力资源环境指数全国第一。三是创新能力加快提升。坚持以创新理念引领发展，加快推进科技力量建设、科技创新主体培育、关键技术攻关、东西部科技合作等重点工作。

（二）新型城镇化建设取得新进展

坚定不移推进重点领域和关键环节改革，深入推进以人为核心的新型城镇化，破除制约新型城镇化的体制机制障碍，城镇化建设水平和质量明显提升。一是城镇化率逐年提升。全面取消县（市）城区及建制镇落户限制，正式开通全国居民身份证首次申领、户口迁移和户籍类证明"跨省通办"，推出人才落户、工商营业执照落户等户籍政策，基本实现城镇落户"零门槛"，成为全国户籍制度改革落户门槛最低的省份之一。2023年，宁夏户籍人口达到703.3万余人，其中城镇人口336万余人，户籍人口城镇化率增长至47.77%。2013—2023年，宁夏常住城镇人口从352万人增加至491万人，净增139万人；城镇化率从52.84%增长至67.31%，净增14.47%。二是城镇空间格局不断优化。率先在全国系统构建覆盖自治区、市、县、乡、村五级的区域经济高质量发展"1+1+9"政策体系，构建形成了"一主一带一副"的城镇空间格局，实施"强首府"战略，加快沿黄城市群集约发展，支持固原市建设副中心城市，推进以县城为重要载体的城镇化建设，促进小城镇错位互补发展，县城城镇化水平不断提升。三是基本公共服务水平不断提高。宁夏持续推进基本公共服务均等化，多元扩大适度普惠公共服务供给，丰富多层次多样化生活性服务供给，教育、医疗、养老、文体等公共服务设施供给不断完善。建立了教育、就业、医疗卫生等基本公共服务与常住人口挂钩机制，进城务工随迁子女100%接受义务教育，城乡统一的居民基本养老保险和医疗保险制度基本建立。2013—2023年，全区城镇普惠性学前教育覆盖率由37.99%提高到89.79%，城镇九年义务教育巩固率由93%提高到132.89%；全区医院数量由153个增加至220个，每千人口实有床位数由4.78张增加至5.97张；全区城镇养老机构床位数由17293张增加至28188张，每千名老年人拥有养老床位由20.7张增加至35张，养老机构护理型床位占比由16.36%提高到59.59%；全区图书馆、文化馆、博物馆数量增加至21个、21个、75个，人均体育场地面积达到3.39平方米。四是城镇基础设施不断完善。为吸纳人口、产业等集聚奠定了良好基础。2013—2023年，全区城镇建成区道路长度由3229公里增加至4460公里；全区供水普及率由93.47%提高到99.49%；全区城镇燃气普及率由84.48%提高到91.11%，供气管道长度由4257公里增加至10196公里，集中供热面积由10263万平方米增加至21549万平方米。

（三）乡村全面振兴迈上新台阶

近年来，宁夏认真学习运用"千万工程"经验，出台实施《宁夏回族自治区乡村振兴促进条例》等，通过政策倾斜、规划引领、资金投入等方面体制机制创新，农业农村发展持续保持良好态势。一是特色农业加快发展。聚焦构建现代农业产业体系，大力实施特色农业提质计划，推动产业链向中高端延伸、向集群化发展，打造葡萄酒、枸杞、牛奶、肉牛、滩羊、冷凉蔬菜六大产业集群，创建国家级现代农业产业园 5 个、农业产业强镇16 个，打造高端牛羊肉生产加工基地、冷凉蔬菜基地、乳制品产业链。二是乡村人才梯队逐步构建。出台《关于加快推进乡村人才振兴的实施意见》等政策文件，建立健全乡村人才振兴长效机制，完善人才培养、引进、管理、激励制度，构建"全链条"人才服务体系。全区"三农"领域现拥有"塞上英才" 8 人、"塞上农业专家" 60 人、享受国务院和自治区政府特殊津贴专家 36 人、青年拔尖人才 61 人、青年科技托举人才 35 人、全国"十佳农民" 2 人。不断建立完善乡村工匠职业指导、分类培训、技能评价、就业服务协同联动的公共服务体系，扎实推进乡村工匠"双百双千"培育工程。三是乡村文化氛围愈加繁荣。完善乡村文化保护机制，持续加大乡村文化遗产保护力度，宁夏中宁枸杞种植系统、宁夏平原引黄灌溉农业系统入选中国重要农业文化遗产。打造乡村文化建设的新阵地，全面完成新时代文明实践中心试点建设，乡镇综合文化站、村（社区）综合文化服务中心建设覆盖率分别达到 100%、93.3%。推进农文旅体商融合发展，充分发掘乡村文旅资源，创建国家级休闲农业重点县 3 个、中国美丽休闲乡村27 个，四星级以上全国休闲农业企业达 78 家。2023 年，全区乡村旅游经营单位共接待游客 1384.45 万人，带动农户 3 万户。四是乡村生态环境不断优化。聚焦农村人居环境美化提升，大力实施城乡面貌提升行动，推进建设重点小城镇 25 个，5 个村上榜 2023 年中国美丽休闲乡村；深入开展农村人居环境整治提升行动，高质量完成农村户厕改造，普及率达 67.5%，农村生活垃圾治理村庄比例达 95%，生活污水治理率达到 35.6%。聚焦农业绿色转型发展，紧盯"源头减量、过程控制、末端治理"，加强农业面源污染防治，全区化肥、农药利用率降到 41.5%、41.8%，农作物秸秆、畜禽粪污综合利用率均达到 90% 以上，农用残膜回收利用率达到 88%。五是乡村治理效能不断显现。坚持党建引领，持续走好自治、法治、德治相结合的乡村治理道路。高质量完成整省域乡村治理示范创建行动，获批全国首个整省域农业综合行政执法示范创建，"积分制""清单制"实现行政村全覆盖。固原市举办庆祝中国共产党成立 100 周年文艺晚会、广场舞大赛、六盘山花儿歌会、群众广场舞大赛、社火大赛、"四季村晚"等文化活动，形成春有山花节、夏有花儿歌会、秋有农民丰收节、冬有冰雪非遗展的"四季文化品牌"，唱响乡村振兴文旅先行"主旋律"。全市先后有 4 个村入选国家级"四季村晚"示范展示点，10 个村入选自治区"四季村晚"示范展示点，切实将文化"大餐"送到群众家门口。隆德县图书馆入选全国基层公共阅读服务推广项目，原州区开城镇文化服务中心"书香青石　全民阅读"文化惠民活动、西吉县吉强镇综合文化站"夜市休闲文旅"品牌文化活动等 10 个项目入选自治区文化惠民示范项目。

二、存在问题和困难

统筹新型工业化、新型城镇化和乡村振兴体制机制的关键在于促进城乡融合发展，实现产业、城市功能和服务的有机整合。目前来看，宁夏在户籍制度、土地制度、要素流通、公共服务均等化等方面还存在体制机制壁垒，城乡发展融合度不高。

（一）工业发展层次水平较低

工业结构总体偏重，电力、原材料等重工业占比达到 90% 以上，从事初级产品加工的企业占 80%，大多企业仍处在产业链前端、价值链低端。大部分产业原料、市场两头在外，本地配套支撑能力严重不足，缺少产业集聚优势，受市场大环境波动影响明显，抗风险能力较弱。如锂离子电池产业，目前产品以正、负极材料为主，隔膜材料、高导电电解液、电池制造等配套不全；光伏制造产业集中在单晶硅棒、硅片、电池片领域，组件环节缺失；风机 80% 以上的配件仍由外地供应，变流器、成套电控柜、主齿轮箱、发电机等价值占整个风机 70% 以上的核心配件生产都在区外。受经济大环境影响，制造业企业效益大幅下降，导致企业投资观望氛围浓厚，加之部分新兴产业存在重复布局和内卷式竞争，造成企业存在不愿投、不敢投新兴产业的现象。

（二）科技创新能力较弱

宁夏基础研究竞争力排名全国第二十八位，处于第四梯队。宁夏仅有高校院所 20 所，科研机构只有 10 家，创新能力不足、水平不高，外地人才的招引和本地人才的培养难度大，专业技术人才尤为缺乏。大部分高等院校创新活力不足、创新水平不高，基础研究实力更弱，高校仅有 4 个学科进入全球前 1‰，产生原创性、引领性科技成果的可能性较低。支撑产业集群的核心研发机构基本在区外，科技与产业"两张皮"的问题依然存在，科研成果走不出实验室，落不到生产线，形不成新动能。调研中宝丰昱能反映国内新能源产业尤其是电芯、电池模组系统制造产业集中在长三角和珠三角地区，企业技术人员基本从南方招聘，用工成本十分高，而且本地学校尚无对口专业，希望适时增加相关专业，为后续企业人才梯队建设提供发展助力。

（三）城镇化质量水平不高

由于户籍、土地等制度改革创新不足，大量农民工及其随迁人口"两栖"于城市和乡村，形成了独特的"半城镇化"现象，影响了农业转移人口市民化质量。2023 年，宁夏常住人口城镇化率为 67.31%，户籍人口城镇化率却只有 47.84%，涉及 154 万人，仍有大量在城市就业居住的农业转移人口尚未落户。宁夏沿黄城市带一体化发展程度不高。以银川为中心，石嘴山、吴忠、中卫为支点的宁夏沿黄城市带缺乏有效的产业分工和协作机制，产业互补性不强，差异化发展不足，存在同质化竞争的问题。部分产业园区远离城镇，生产生活配套服务功能不足，"以产兴城、以城带产"的产城融合、良性互促局面尚未形成。大部分城市产业发展规模较小、层次不高、链条不长，吸引高端科技、优质产业、高端人才等要素能力不强。县城就业容纳力和吸引力有限，加上教育、医疗等资源配置不合理、基本公共服务可及性均衡性不够等原因，部分县城人口聚集能力较低。

（四）城乡发展仍有差距

2023 年，宁夏农村居民可支配收入（17772 元）仅为城镇居民（42395

元）的 41.92%。城镇居民与农村居民人均可支配收入之比为 2.39，农业劳动生产率（1.71 万元/人）仅为非农业劳动生产率（9.50 万元/人）的 18%，农业农村经济增长仍然相对滞后。长期以来由于城乡二元结构的影响，一般公共预算分配更倾向于城市，导致农村地区的公共服务建设资金相对不足，影响了农村基本公共服务的供给能力和水平。同时，资源配置的不均衡加剧了城乡基本公共服务的不均等，医疗、教育、文化、体育等优质资源主要集中在城市，农村地区则相对匮乏。从医疗服务看，2023 年基层医疗机构床位数在整个医疗机构总床位数中的占比不到 10%。

（五）乡村全面振兴存在短板

宁夏葡萄酒、枸杞、牛奶、肉牛、滩羊、冷凉蔬菜等农业特色产业发展较快，品质优良，但结构单一、规模较小，市场竞争力不强。农村一、二、三产业融合度不高，产业链条短，精深加工能力弱，和全国农产品加工业产值与农业总产值比 2.4:1 相比，宁夏农产品加工业产值与农业总产值比仅为 2:1。2023 年，宁夏脱贫人口人均纯收入为 15600 元，比农村居民可支配收入低 2172 元，与城市居民相比还存在较大差距。同时，村集体经济发展相对薄弱，年收益在 100 万元以上的村集体经济数量较少，对贫困户支撑能力不强。农村地区基本公共服务水平还不高，教育、医疗、文化、体育等方面优质资源不足。部分村庄生活垃圾、污水处理等设施不完善，处理不及时，依然存在脏乱差现象。

三、对策建议

（一）持续深化园区改革，实现以产兴城聚人

优化园区产业布局，打造"一核两翼"发展能级，全面提升现代煤化工、新材料、高端装备、绿色食品等产业层次和发展能级。打造优势产业集群，以"链主企业+研发机构+配套企业"的培育模式，鼓励集聚效应强、规模体量大、发展水平好的开发区带动区位相邻、产业关联紧密的开发区协同联动，推动开发区集群化、一体化发展。加快推进省际间协作，以宁东基地为核心，强化与疆、蒙、陕、甘等富煤省区战略合作，推进现代煤化工产业转型升级；围绕煤炭清洁高效利用、清洁能源开发、高端煤基新

材料创新发展和能源战略储备开展跨省协作，探索宁蒙陕能源化工"金三角"一体化联合发展新模式。依托闽宁、苏银、湘宁3个对外合作型园区，完善省际合作机制，强化供需联动、产销对接、产业转移，推动更深层次的产业项目合作。加快推动开发区道路、电力、供气、给排水等基础设施内外联通，优化建设各开发区电力、供气、供热、给排水、环保、安全等基础设施配套项目，促进区域内基础设施共建共享。加快完善生活服务配套，深化银川—宁东教育精准帮扶、医疗结对共建，依托银川优质教育和医疗资源，解决区域内各园区高层次人才、高技能人才和企业高管子女入学和职工看病就医难题。结合五市自身特色，加快发展优势产业和现代服务业，促进产业分工和专业化，不断延伸产业链条，提供更多就业岗位。

（二）增强县域产业发展能力，推进农业转移人口市民化

持续推进户籍制度改革，健全以常住地登记户口制度，促进在城镇稳定就业居住的农业转移人口举家进城落户。完善农业转移人口市民化激励政策，进一步推动奖补资金、公共服务、要素配置等与农业转移人口市民化挂钩。探索建立进城落户农民"三权"（土地承包权、宅基地使用权、集体收益分配权）自愿、有偿、市场化退出机制，依法维护其合法权益，消除后顾之忧。城市周边县城，永宁、贺兰、青铜峡以提升服务中心城市功能为重点，推动基础设施互联互通、公共服务同城共享，促进县城与中心城市一体化、同城化发展，打造通勤便捷、功能互补、产业配套的卫星县城。专业功能县城，灵武、平罗、盐池、红寺堡、中宁以强化产业支撑为重点，推动各县城发挥专业特长，培育发展特色经济和支柱产业，提高就业吸纳能力，发展成为先进制造、商贸流通、文化旅游等专业功能县城。农产品主产区县城，推动永宁、贺兰、灵武、平罗、青铜峡、中宁县等农产品主产县大力培育农产品加工龙头企业，做优做强农产品加工业和农业生产性服务业，延长农业产业链条，集聚发展农村二、三产业。重点生态功能区县城，红寺堡、盐池、同心、西吉、隆德、泾源、彭阳、海原以增强县城承载力为重点，推动县城发展轻工制造、清洁能源、绿色食品、文化旅游、生态康养等绿色产业，吸引周边乡村人口向县城集中。

（三）提升城镇综合承载能力，满足群众进城生活需求

加快构建系统完备、高效实用、智能绿色、安全可靠的现代化城镇基础设施体系，全面提升城市综合承载能力和韧性保障能力。实施棚户区改造、老旧小区改造和背街小巷改造等项目，改善居民居住条件和生活环境。新建和提升改造农贸市场、停车场等公共设施，满足居民日常生活需求。持续提升交通秩序、市容环卫、建设工地等方面的长效管理举措，消除城市易涝点，加强地下综合管廊建设和老旧管线改造升级，深化城市安全韧性提升行动。加快城市绿化美化亮化。

（四）推进城乡基本公共服务均等，完善农村基础设施建设

促进城乡教育一体化发展。完善城乡学校共同体和结对帮扶机制，开展送课下乡、教学教研互助、教师培训等活动，推进农村小规模学校和乡镇寄宿制学校建设，深化"互联网+教育"应用，完善全区统一的乡村教师补充机制，促进优质教育资源扩面提升。推进"互联网+医疗健康"示范区建设，加强紧密型县域医共体"五统一"管理、一体化运营，完善重大疫情防控体制机制，加强农村、社区等基层防控能力建设，健全公共卫生应急管理体系，提高应对突发公共卫生事件的能力水平。加快推进县级"两馆"、乡镇文化站、村综合文化服务中心标准化建设，完善自治区、市、县、乡、村五级公共文化设施网络。建立健全统一的城乡居民基本医疗保险制度，调整城乡居民基本医疗保险财政补助标准和个人缴费标准，逐步完善城乡居民医疗救助制度，巩固医保异地就医联网直接结算。全面实施特困人员救助供养制度，提高托底保障能力和服务质量，健全低保标准动态调整机制，推进低保制度城乡统筹。

（五）持续深化农村土地改革，助力乡村全面振兴

盘活利用农村闲置房地资源，稳慎推进平罗县、贺兰县农村宅基地制度改革试点。引导空心化程度高且具备条件的村庄，探索由农村集体经济组织及其成员，采取自营、出租、入股等方式盘活利用零星闲置宅基地和闲置住宅。稳妥化解宅基地遗留问题，妥善化解"一户多宅"、继承房屋占用宅基地、无权属来源和权属争议、政策性移民占用、多（高）层多户农民住宅等历史遗留问题，推动农村宅基地"房地一体"确权全覆盖、登记发证应颁尽颁。允许农户合法拥有的住房通过出租、入股、合作等方式盘活利用。有序推进农村集体经营性建设用地入市改革，健全土地增值收益分配机制。推动贺兰县、平罗县、盐池县、中宁县深化农村集体经营性建设用地入市试点，推进农村集体经营性建设用地与国有建设用地同等入市、同权同价，建立分类别、有级差的入市土地增值收益分配机制。鼓励和支持农产品深加工，发展农产品加工园区，促进一、二、三产业深度融合，发展农产品加工、物流、电商等新业态。依托"互联网+"和"双创"推动农业生产经营模式转变，创建一批国家和自治区级农村一、二、三产业融合发展示范园。依托全域旅游示范区建设，实施休闲农业和乡村旅游精品工程，推进优势特色农业与旅游、文化、康养等产业深度融合，大力发展田园风光、农事体验、文化传承、绿色康养、休闲度假等新业态。

宁夏融入共建"一带一路"和高水平对外开放研究

王愿如

"一带一路"倡议是深受世界人民欢迎的公共产品，自"一带一路"倡议提出以来，在中国共产党的坚强领导下，在各级人民政府的共同努力下，我国对外开放的水平不断提高。党的二十届三中全会提出，开放是中国式现代化的鲜明标识。全面深化改革，必须坚持对外开放基本国策，坚持以开放促改革。坚持高水平对外开放，积极参与共建"一带一路"，是推进中国式现代化的必然要求。宁夏在共建"一带一路"倡议指导下，持续推动高水平对外开放，是融入国家发展大局和实现自身经济社会发展的重要途径。

一、宁夏融入共建"一带一路"倡议成效

（一）政策引领下开放合作不断深化

宁夏以《推动共建丝绸之路经济带和 21 世纪海上丝绸之路的愿景与行动》为行动纲领，坚持全局意识、大局意识，承担起"一带一路"重要节点的历史任务。在国家宏观政策的引领下，出台宁夏"一带一路"行动计划，明确宁夏在共建"一带一路"中的定位。配套出台了关于扩大对外开

作者简介：王愿如，宁夏社会科学院综合经济研究所助理研究员，主要研究方向为区域经济、产业经济和财政金融等。

放积极利用外资、优化口岸营商环境促进跨境贸易便利化、提升企业跨境贸易便利化行动计划、推动全区贸易高质量发展的实施意见、外资三年外贸五年倍增计划、推动外贸稳规模优结构等一系列政策举措指导意见，通过多元化的政策体系，为融入和服务"一带一路"提供制度保障。稳步推进商签共建"一带一路"合作文件，已与 150 个国家、32 个国际组织签署 200 多份合作文件。2013 年，宁夏进出口总额为 32.18 亿美元，2023 年达到 205.41 亿元，在"一带一路"倡议提出的十年间，进出口额达到数倍增长。2023 年，对"一带一路"共建国家的进出口总额为 69.79 亿元，占比达到 34%。出口商品结构持续优化，由农产品和初级产品，发展到以机电、高新技术、纺织服装、生物医药和农产品等五大类商品为主的贸易产品结构。贸易方式逐步多元化，改变以货物出口为主的单一贸易方式，逐渐增加了来料加工装配贸易、进料加工贸易、保税仓库进出境货物等。出口主体不断壮大，2019 年后出口主体形成了由国有、民营和外资企业构成的多元化格局，其中民营企业进出口比重占 70% 以上。

（二）畅通贸易通道下持续扩大开放空间

宁夏在融入和服务"一带一路"倡议中，畅通与"一带一路"共建国家和地区开放通道。中欧班列作为连接"一带一路"共建国家和地区的重要保障，有力地推动了亚欧国际运输格局的构建。宁夏自 2016 年首次开通国际班列以来，全方位保障中欧班列安全高效畅通运行，促进了"一带一路"共建国家和地区贸易合作产业链供应链的稳定。积极参与西部陆海新通道建设。宁夏、广西、贵州、陕西等西部 12 个省（区、市），以及海南省和广东省湛江市（13+1）政府口岸主管部门在重庆共同签署了《国际贸易"单一窗口"西部陆海新通道平台建设合作协议》。2021 年 5 月，西部陆海新通道宁夏国际货运班列首发，截至 2024 年 3 月，宁夏累计发运西部陆海新通道货运班列 14 列 782 车。通过积极融入共建西部陆海新通道，宁夏的各类产品通达全球。积极推进多式联运，稳定运营银川至天津的铁海联运班列，银川—天津港—迪拜铁海联运出口班列等"一单制""一箱制"铁海联运"图定班列"常态化班列，方便快捷实现"门到门""门到港"，交通运输成本和时间得到大幅度缩减，对外开放通畅度不断提升，并且为宁夏进出口企业提供更便捷贸易通道。

(三) 搭建多元化对外开放平台

宁夏以搭建对外开放和合作平台为抓手，积极融入和服务"一带一路"倡议，对外开放平台的建设和发展不断走向多元化、高端化和国际化。通过中国—阿拉伯国家博览会、银川综合保税区、中国（银川）跨境电子商务综合试验区、宁夏国家葡萄及葡萄酒产业开放发展综合试验区、中国（宁夏）国际葡萄酒文化旅游博览会等，高质量打造对外开放平台。中国—阿拉伯博览会在宁夏成功举办6届，成为中阿共建"一带一路"的重要平台。首届中阿博览会签约项目为158个，第六届中阿博览会签约项目达到400多个，累计签订各类合作项目1600多个，投资金额1.07万亿元。共有112个国家和地区、24位中外政要、318位中外部长级嘉宾、6000多家国内外企业参会参展，中阿经贸合作在中阿博览会平台的支撑下不断取得新成就。银川综合保税区自2013年封关运行以来，累计完成进出口贸易额745.85亿元，占全区进出口总额的29.9%，促进宁夏内陆开放建设走向了快车道。综合保税区平台的运营和发展，降低了企业进出口运营成本，提升了企业进出口便利化程度。宁夏国家葡萄及葡萄酒产业开放发展综合试验区、中国（宁夏）国际葡萄酒文化旅游博览会是宁夏立足本地区特色优势产业，打造特色优势产业新升级，融入国内国际双循环新发展格局的重大实践。中国（宁夏）国际葡萄酒文化旅游博览会已成功在宁夏举办3届，多渠道提升贺兰山东麓葡萄酒影响力。以跨境电商综合试验区为核心，培育孵化6个初具规模的跨境电商产业园区，目前累计实现跨境电商交易近80亿元。

(四) 对外投资及吸引外资平稳发展

宁夏对"一带一路"共建国家和地区的投资规模持续扩大，投资领域不断拓展，资本运作稳步发展。截至2024年3月，宁夏在36个国家和地区设立境外投资企业155家，对外直接投资存量45.6亿美元，建立了61对国际友城关系。境外投资目的地由美国、英国、澳大利亚等国向沙特阿拉伯、哈萨克斯坦、蒙古等"一带一路"共建国家拓展，投资领域由矿产开发、货物进出口贸易向基础设施建设、智慧农业、制造业、境外产业园、电子商务等领域发展，投资方式由单一的资金投入向多元化资本投入发展。智慧宫埃及 DTD 电商平台、中阿万方阿曼（杜库姆）境外产业园、广银国际沙特（吉赞）境外产业园等境外合作项目，通过多元化的投资及产业合作，对"一带一路"共建国家和地区的经济发展和技术进步带动作用逐步显现。宁夏积极落实准入前国民待遇加负面清单的外资管理模式，出台积极有效利用外资促进外资稳定增长等政策，建立宁夏外商投资企业跟踪服务体系和外资企业投诉工作机制，不断增强"一带一路"共建国家和地区对宁夏投资信心。2013—2022 年，宁夏累计实际利用外资 23.6 亿美元，2023 年实际利用外商直接投资金额 4.13 亿美元。外资主要来自新加坡、马来西亚、俄罗斯、泰国、菲律宾、匈牙利等国家和地区，投资领域从传统的农产品种植加工、制造业、餐饮住宿扩大到现代农业，新能源，高端装备制造，污水处理，商贸服务，文化娱乐，融资租赁，信息传输、软件和信息技术服务业等行业。

（五）文化交流互鉴促进民心相通

关于推进对外文化贸易，宁夏以多层次、多元化的交流方式增强与"一带一路"共建国家的人文交流，不断夯实共建"一带一路"的社会根基。建立中阿大学联盟交流机制研究院等机构，针对新时代中阿教育合作及中阿经贸发展发挥智库作用。通过相关企业，进行中国文化图书发行、国产影视剧翻译、国际中文教育推广等，把中国先进文化传播到"一带一路"共建国家。宁夏通过相关企业将我国优秀的、具有代表性的文学作品，通过翻译传播到阿拉伯国家，并长期积极推进中国和阿拉伯国家图书出版及版权贸易领域的深度合作。与巴基斯坦国家图书馆及出版机构建立合作关系，将我国高品质的政治、文学、文化、教材、少儿和医学等图书翻译出版。积极打造 AFN"一带一路"宁夏动漫节、留学生汉语大赛、"我眼中的宁夏"短视频大赛等活动，通过丰富多样的文化形式，为文化交流和互鉴提供平台。此外，不断加强来华留学教育服务和拓展工作，与高校共建语言服务出口基地，提升国家语言服务能力。积极筹备和开展"一带一路"文化和旅游国际论坛、峰会、学术研讨会等活动，在文化交流中增进与"一带一路"共建国家的深厚情谊。

二、宁夏高水平对外开放面临的主要问题

（一）对外开放通道体系不健全

宁夏对外开放通道的畅通度仍有待提升，对外开放通道体系还未健全。宁夏与"一带一路"共建国家和地区共建开放通道的合作较少，宁夏参与"一带一路"基础设施建设项目较少。中欧班列常态化运行的数量少，试运行、间歇性运行的国际货运班列占比高，国际货运班列运行不稳定。宁夏进出口货物运输方式相对比较独立，铁路、公路、航空等多式联运通道建设还存在短板，公铁海联运常态化运营线路条数不多，其他公铁联运、海铁联运还处于起步阶段，规模小。货物通关的"一单制"监管等模式运用范围还比较窄，相关配套举措还未完善，通关便利化仍有待提升。宁夏物流发展水平相对较低，物流企业以本土企业为主，缺乏全国知名物流企业和平台支撑进出口货物运输。宁夏空中通道建设仍需全面提速，对"一带一路"共建国家和地区的航线相对较少，第四、五航权还未完全开放。融入和参与西部陆海新通道建设的项目不多，区域合作共建西部陆海新通道的实质性进展较慢。数字化贸易通道建设处于起步阶段，网络开放通道建设在硬件和软件上还存在很大空间。宁夏与"一带一路"共建国家和地区的线上交易量还比较低，交易方式也相对单一。

（二）对外贸易质量和效益有待提升

宁夏进出口贸易规模还比较小，近年来进出口总额波动比较大，2023年宁夏进出口总额比上年下降4.3%，对"一带一路"共建国家出口额为60.74亿元，下降0.4%。进出口总额远低于全国平均水平，其中出口规模较小，对"一带一路"共建国家的进出口贸易不太稳定，对经济增长的带动能力明显不强。宁夏进出口产品以矿产品、化工产品、农副产品等原材料、初级产品和半成品为主，进出口产品较为单一，且附加值比较低。其中，进口产品主要是工业产品原材料，出口产品则以农产品和化工产品原材料或半成品为主，贸易产品结构不优，贸易体量明显增长动力不足。从贸易结构来看，以产品贸易为主，服务贸易偏少，加工贸易发展不稳定，近年来呈递减的趋势。对外贸易涵盖的产业范围主要集中在第一产业和第

二产业，占比达到70%左右，原材料加工、化工初级产品生产和加工等占主导地位，附加值较高的服务贸易等占比极小，缺乏拉动作用较强的集成电路、大型装备制造、新能源汽车等产品和服务贸易，贸易结构还有待优化和改善。开展对外贸易的市场主体还比较少，缺乏有带动能力的外向型龙头企业，有稳定对外贸易经营的企业数量在200家左右，数量比较少，对外贸易活力不足。

（三）外向型经济发展竞争力不强

宁夏外向型经济发展动力不足，外向型产业发展不强，外向型企业少、规模小。宁夏特色优势产业的开放程度不高，枸杞、葡萄酒、奶产业、肉牛和滩羊、绿色食品等特色优势产业产品的出口体量不大，出口产品也以产业链前端原材料、初级加工品等为主，没有形成特色产品出口量大、质优的绝对优势。宁夏外向型企业规模较小，发展能力不强。外向型企业以"两头在外"为主，产品贸易总价值相对较低。部分对外开放平台辐射能力和承载能力较小，对外开放的带动作用仍需提升。银川综合保税区对全区的进出口贡献为7.9%，远低于综合保税区对省区进出口贡献达到19%的全国平均水平。银川公铁物流园、石嘴山保税物流中心、中卫迎水桥保税物流中心等在支持政策、运营等方面仍存在困难，优惠政策的制定还有很大空间，缺乏政策支撑，部分对外开放平台运营企业的实力还不够强，在服务功能拓展等方面仍存在较大困难。园区内的外向型产业、企业和孵化园等要素作用发挥不够，外向型发展的整体能力不强。葡萄及葡萄酒产业开放发展综合试验区对葡萄酒产业外向型发展的带动力还不够强，试验区内的产业链供应链布局还有待完善，产业外向型发展的环境还需优化。

（四）吸引外资和利用外资规模较小

宁夏外商投资的规模小，外资投向主要集中在第一、第二产业，第三产业外资投入极少，投资比例不足30%，与全国第三产业吸引外资平均比例达到87.3%的水平相差较远。外资投资的稳定性较差，周期性波动比较强，创汇能力较弱。对外资投入的综合性服务能力仍需提升。目前，宁夏针对吸引外资和利用外资的专项金融服务还相对比较传统，汇兑结算、信贷融资、融资租赁和担保业务等还存在很大空间，对外资的跟踪服务、全方位便利化服务水平仍需大幅度提升。对外资投入和利用的谨慎度比较高，吸引外资的主动意识不强，海关、税务、金融等部门尚未形成服务合力，对外资的招商积极性不高、力度不够。此外，宁夏对外开放的专业型人才明显不足，且分布不均。对外贸易复合型、实操型人才数量少，且主要集中在银川市，其他地区外贸人才紧缺，没有形成开拓国外市场、吸引外资的人才储备力量。宁夏第三产业发展水平相对较低，外资投入的热情不高，会展、现代金融等发展不强且配套服务不足，外资进入的门槛高、便捷程度低，外资运营环境仍有待改善。

三、宁夏融入共建"一带一路"倡议下高水平对外开放对策建议

（一）优化升级对外开放平台

优化各类对外开放平台政策环境，提升对外开放的便利性。稳步培育和发展高能级对外开放平台，为建设宁夏自由贸易试验区奠定良好的对外开放基础。提升综合保税区开放引领功能，推动"保税+"、跨境电商、临空加工和航空物流等快速发展，推进银川国际公铁物流港建成集公路运输、铁路运输和公铁联运于一体的区域性国际物流枢纽，石嘴山保税物流中心、中卫迎水桥保税物流中心分别打造陆港现代物流集聚地和区域性大宗商品集散交易基地。体现宁夏差异化特色，结合黄河流域生态保护和高质量发展先行区建设，高水平复制运用国际贸易"单一窗口"、"两步申报"通关模式、外商投资准入负面清单管理模式等。中阿博览会要瞄准阿拉伯国家市场，开拓更多现代农业、清洁能源和民生项目。各类型开放园区要积极落地对外开放创新案例，宁夏跨境电商试验区要积极增强和深化与电商大平台的合作，精准捕捉海外市场需求，瞄准目标客户。葡萄及葡萄酒产业开放发展试验区要先行先试，创新多元化对外开放渠道和业态。以高质量物流引领平台高质量发展，提升物流水平，培育更多高水平物流企业。通过提升对外平台综合服务能力，增强对外平台对外向型经济的辐射能力和带动能力。

（二）持续畅通对外开放通道

积极融入和参与西部陆海新通道建设，增强重要干线与宁夏的联通和

联系，持续深化与广西、贵州、陕西等西部省（区、市），及海南省、广东省湛江市政府口岸主管部门在国际贸易"单一窗口"西部陆海新通道平台建设中的合作。继续推进国内东西畅通、南北贯通，连接主要城市的高速公路、高速铁路等交通建设，开辟联系国内主要城市的航空中转通道，充分利用航权开放政策，扩大对"一带一路"共建国家和地区开放第三、四、五航权。通过重要节点的布局和发展，健全完善立体式综合开放通道，提升宁夏向西和向东的联通能力和运载水平，将宁夏打造成对外开放的重点仓储、物流节点。持续提升宁夏多式联运水平，扩大多式联运规模，优化多式联运方式，助力"出海"通关便利性和物流成本降低。加快多式联运"一单制"管理模式运行，建立高效、快捷、便利的出口监管机制。稳步运行中欧班列，适当增加和开拓常态化运行班列，合理提升中欧班列的运输水平，提升与"一带一路"共建国家和地区贸易合作产业链供应链的稳定。加快建设数字贸易通道，完善跨境电商保税进口业务模式，形成线上线下一体的网络开放通道。

（三）以特色优势产业助推内陆开放

提高特色优势产业外向型发展能力，扩大特色优势产业对外开放规模，鼓励企业开拓国际市场。培育特色优势产业形成具有国际竞争力的知名出口品牌，打造开放型产业集群，锻造特色优势产业外向发展新优势。提高出口产品附加值，扩大枸杞、葡萄酒、新能源、新型材料、精细化工、生物医药和绿色食品等的出口规模，增加先进装备、技术、关键零部件等的进口。优化企业对外贸易的审核制度，提高企业开拓国际市场的积极性和主动性，引导外向型企业"优进优出"，给予外向型企业更多政策支持和鼓励举措，鼓励企业积极"走出去"和"引进来"。大力培育和发展外向型企业，支持外向型企业扩规提质，培育中小型外贸企业，鼓励发展跨境电商、服务外包和"保税+"等新业态。通过企业外贸实践探索制度型开放，形成宁夏特色优势产业制度型开放创新典型案例。要积极培育外向型的龙头企业，提升外向型企业对其他企业开拓国际市场的带动能力。

（四）提升外资利用水平

营造吸引外资的对外开放环境，金融机构要创新针对外资的金融产品，要提高外资进入宁夏的审批便利化程度。深化与"一带一路"共建国家和地区的技术转移合作和创新合作，引导有实力的企业面向"一带一路"共建国家和地区在现代农业、新型能源、医疗健康和新型材料等领域开展对外投资活动，允许依法依规参与宁夏基础设施建设。金融监管部门要在严格落实资金监管的基础上，优化外资监管办法和手段，创新外资利用的现代金融服务模式，增加多元化的外资投资金融产品和服务。打造好外资进入宁夏的基础金融平台、综合服务平台、监管平台等，让外资进入更安心、更放心、更有信心。创新更多吸引外资方式，开通多元化渠道，鼓励国外更多社会投资进入宁夏市场。吸引外资在农产品种植加工，制造业，餐饮住宿，现代农业，新能源，高端装备制造，污水处理，商贸服务，文化娱乐，融资租赁，信息传输、软件和信息技术服务业等行业进行投资。推动投资模式从合资、独资、合作拓宽到外资并购、外商投资企业境内再投资、跨境人民币直接投资等多领域外资利用。

宁夏优化法治化营商环境研究 *

张宏彩　徐　荣

　　营商环境是一个企业生存发展的土壤，也是一个地区经济高质量发展的基础。习近平总书记指出："法治是最好的营商环境。"这一论断阐明了法治是推进经济社会高质量发展和优化营商环境的重要手段。2013年，党的十八届三中全会通过的《中共中央关于全面深化改革若干重大问题的决定》首次提出"建设法治化营商环境"，至今历时10余年，中央和地方法治化营商环境制度体系与治理体系逐步形成。2024年，党的二十届三中全会通过的《中共中央关于进一步全面深化改革、推进中国式现代化的决定》（以下简称《决定》）进一步明确提出"在法治轨道上深化改革"和"为非公有制经济发展营造良好环境和提供更多机会的方针政策"等优化法治化营商环境的要求。宁夏各级党委、政府高度重视法治化营商环境优化建设，立足宁夏发展实际，结合宁夏产业结构布局和发展特色，着力从制度供给、政务服务、司法保障等层面强化法治化营商环境优化体制机制建设，推进宁夏现代企业治理体系和治理能力现代化水平提升，取得了显著成绩，但

　　作者简介：张宏彩，宁夏社会科学院社会学法学研究所助理研究员，主要研究方向为区域法治、卫生健康法治、未成年人保护法等；徐荣，宁夏社会科学院社会学法学研究所助理研究员，主要研究方向为司法治理，法治政府、法治社会、地方法治建设等。

　　* 本文系宁夏哲学社会科学规划项目"宁夏实施依法治区战略路径研究"（23NX-CFX01）的阶段性成果。

也存在诸多短板弱项，仍须持续发力。

一、宁夏优化法治化营商环境的实践

近年来，宁夏各级党委、政府和实务部门深化贯彻落实在法治轨道上全面推进营商环境优化建设，全区法治化营商环境的制度体系、政务服务环境、司法服务保障能力等各层面得到有效改善，较好地推动了经济高质量发展。2023 年以来，宁夏实施国家和自治区级营商环境改革试点 159 项，形成可推广经验 38 项，营商环境评价位列全国第一方阵，连续 6 年位列西北第一。①截至 2024 年 7 月末，宁夏民营经济经营主体达 81.21 万户，其中，民营企业 21.29 万户，个体工商户 58.67 万户，农民专业合作社 1.25 万户，民营企业占企业总数的 93.2%。②2013—2023 年，全区生产总值从 2327.68 亿元上升至 5314.95 亿元，增长了 128.34%。③2024 年 1—9 月，全区实现生产总值 3860.43 亿元，按不变价格计算，同比增长 4.9%。④这些成绩的取得，离不开宁夏各级党委、政府及其部门和各类市场经营主体建设法治化营商环境的努力，这为全区经济高质量发展奠定坚实的现实基础。

（一）法治化营商环境的制度体系更加完善

法治是社会的稳定器，良法是法治的基础和社会稳定的根本保障。据统计，2024 年 1—9 月，宁夏高技术制造业增加值同比增长 6.1%；工业技改投资同比增长 11.6%，高技术服务业投资增长 27.8%，信息传输、软件和信息技术服务业投资增长 8.0%。⑤2013 年 11 月—2024 年 10 月，宁夏针对

---

① 杨晓秋：《用营商环境"软实力"打造利企暖企"新高地"》，https://www.nxnews.net/zt/23zt/qxxjygyzx/qxxyw/202404/t20240419_9236938.html，宁夏新闻网。

② 张倩，范文杰：《让民营经济"繁花"持续绽放》，https://www.rmzxb.com.cn/c/2024-10-19/3622748.shtml，人民政协网。

③ 相关数据来自宁夏回族自治区统计局官网《宁夏统计年鉴 2023》和《宁夏回族自治区 2023 年国民经济和社会发展统计公报》。

④⑤《2024 年前三季度全区经济运行总体平稳 稳中有进 稳中向好》，https://fzggw.nx.gov.cn/sjfb/yxfx/202411/t20241105_4717804.html，宁夏回族自治区发展和改革委员会官网。

市场经营主体发展过程中的体制机制制约，持续健全和完善地方性法规规范和政策指引体系建设，制定涉及市场经营主体的地方性法规25件、地方政府规章6件，颁布规范性文件40余件，这些法规规章制度的出台实施，进一步夯实了宁夏法治化营商环境优化建设的法治基础。

地方性法规方面。2022年，颁布《宁夏回族自治区优化营商环境条例》，从完善体制机制，优化政务环境、市场环境、法治环境等层面，提出切实可行的营商环境优化建设法治举措和要求，为法治化营商环境优化建设提供明确的地方立法依据。此后，宁夏加快营商环境法规体系建设，陆续制定、修改了《宁夏回族自治区奶产业发展条例》《宁夏回族自治区贺兰山东麓葡萄酒产区保护条例》《宁夏回族自治区中小企业促进条例》《宁夏回族自治区技术市场管理条例》等涉营商环境的地方性法规。这些地方性法规的出台和修订，为宁夏特色产业布局发展、市场环境优化、政府服务环境建设等提供坚实立法依据。

地方规章层面。根据法治化营商环境具体环节发展需要，制定出台《宁夏回族自治区税费保障办法》《宁夏回族自治区法治政府建设指标体系》《自治区人民政府关于促进全区开放型经济发展的意见》等多项规章，为各级政府及其职能部门推动法治化营商环境优化和改革发展，提出具体、明确、切实可行的职责要求和举措办法。

规范性文件层面。近3年，为全面高质量推动法治化营商环境建设，宁夏制定印发了《关于全方位优化营商环境推动民营经济高质量发展的若干意见》《宁夏回族自治区加快内外贸一体化发展行动方案》《优化法治化营商环境若干措施》《宁夏回族自治区建立健全服务保障民营经济高质量发展十项机制工作方案》《关于加快规范推进政府和社会资本合作模式促进经济高质量发展的若干措施的通知》等40余件规范性文件，为各类市场经营主体稳定发展，建构起全面、综合、具体的制度规范体系，为宁夏各领域、各行业经营主体发展提供了切实有效的制度规范。

（二）法治化营商环境的政务服务更加规范

为健全和完善法治化营商环境的政务服务体系，宁夏积极探索法治政府服务质效和能力提升路径。制定《法治政府建设评价指标体系》《法治政府建设"八大行动（2024年）"工作方案》，从政务服务质效、诚信政府建设等层面，对政府及其职能部门推动法治化营商政务服务环境建设提出更高要求。

持续推进政府行政体制改革。全区建立了动态调整各级政府部门权责清单机制，厘清政府及其职能部门权责事项边界，健全完善重点领域体制机制，强化发改等部门服务营商环境职责，严格落实市场准入负面清单制度，破除各类不合理限制和准入壁垒。一是推动实施行政审批事项市、县两级划转全覆盖，政务服务事项向本级大厅集中改革举措，探索推行"一业一照一码"改革，实现企业开办3小时办结；二是推进工程建设项目审批制度"六个一体化"改革，全域开展全生命周期数字化管理改革试点，全区工程建设项目全流程审批时限平均提速40%；三是行政审批实施"13+1+7+N高效办成一件事"行动，让企业办事"直达快享""免申即享"。2023年，银川市在全国工商联组织开展的"万家民营企业评营商环境"调查中，获评优化营商环境进步最明显的省会及副省级城市前五的荣誉。

深入开展提升行政执法质量三年行动。至2024年6月，全区34个执法部门行政裁量权基准动态调整全部完成。围绕实践中"多头执法""小过重罚"等突出问题，开展专项整治，排查发现问题898个，全面推行轻微违法行为依法免予处罚制度，27个行政执法部门制定包容免罚清单，明确包容免罚事项439项。开展涉企行政执法专项监督，推动253条自查问题全部整改清零，384件行政复议纠错和行政诉讼败诉案件逐案倒查，286件涉企执法政务服务热线和信访投诉举报问题线索逐个整改。2024年10月，自治区人民政府办公厅印发了《关于进一步规范涉企行政执法行为优化法治化营商环境的通知》，提出"检查结果执法部门互认互用""综合查一次"改革，着力化解制约企业发展的行政执法检查频次过高、标准不一、随意检查等问题，全方面规范涉企执法行为。

（三）法治化营商环境的司法保障更加有力

建立和健全司法保障制度机制。为有效贯彻落实自治区"放管服""1+16"政策文件，宁夏司法系统配套出台了产权司法保护、涉企案件协作办理、多元纠纷化解体系建设、行政执法质效提升等改革措施百余项，例如，建立涉企案件"绿色通道"，制定推进执行案件以易货方式化解企业债务纠纷的实施意见，设立首家金融"共享法庭"等体制机制改革举措。另外，宁夏实施司法行政公证服务事项"最多跑一次"改革举措，实现了公证服务从 48 项扩大至 180 项，居全国第三位、西北第一位。健全容缺受理、"线上+线下"等机制，涉企行政复议案件专责办理、优先办理、提速办理，申请复议"零次跑"比例达 70%，自治区本级审查受理时间、平均办案时间分别压缩至法定时限的 1/3、2/3。强化涉企行政复议案件的跟踪问效，2023 年以来，涉企行政复议决定履行率 100%。健全市场主体司法救治退出机制，出台破产案件审理工作指引、执行转破产工作操作规程等，完善"执破融合"工作衔接机制，优化企业破产程序中涉税事项办理。

不断优化民营经济发展司法服务和保障环境。自治区司法厅联合工商联制定民营企业纠纷调解工作"8 条措施"，通过公共法律服务网络、实体、热线融合、线上线下法律服务融合、工业和商业园区综合司法服务站点设置等方式，系统集成法院、检察院、公安、司法行政、公证、律协等法律服务体系，为各类经营主体提供便捷、可及的司法服务。此外，还广泛设立调解组织，实现市级知识产权纠纷人民调解组织全覆盖，矛盾纠纷化解成功率保持在 96% 以上。宁夏律协常态化开展"百所联百会""百名律师进千企"等活动。全区已有 159 家律师事务所与 502 家企业进行对接，建立了 18 个新业态公共法律服务工作站，为新业态企业提供"套餐式"法律服务。

二、宁夏优化法治化营商环境的困境

尽管近些年宁夏在优化法治化营商环境方面取得显著成绩，但仍然存在诸多制约市场经营主体发展的堵点、难点。

（一）法规制度不健全，稳定和实效性需增强

一是现行营商环境法规制度不健全。2013 年，中央提出"法治化营商环境"。2019 年，国务院出台《优化营商环境条例》，至今约有 10 件相关规范性文件，但总体而言，我国的法治化营商环境法律法规体系尚不完善。2022 年，首部《宁夏回族自治区优化营商环境条例》颁布，随后宁夏出台

了系列配套规章、规范性文件，但这些制度规范不够周延，其综合性、系统性、整体性不足，致使宁夏及其各市每年都在制定新的规范性文件、政策制度，以弥补法治化营商环境建设中的制度缺口。

二是营商环境相关的法规、规章、政策等制度"立改废释纂"较为频繁，极大影响营商环境稳定。健全和完善制度是动态过程，但制度的稳定性对市场经营主体十分重要。分析我国营商环境制度体系健全和完善过程，不管是中央还是地方，各类制度数量越来越多，体量越来越庞大，法律法规等制度"改废释纂"越来越频繁，这些制度落地地方，会产生政策不稳定的聚集效应。据统计，截至 2023 年底，宁夏各地各部门清理影响优化营商环境政策文件 2374 件，审查增量文件 2055 份，纠正修改了 13 份。①虽然修改法规制度的目的是使法治化营商环境更加优化，但制度缺乏长期性和稳定性，会给企业投资和长期发展带来不确定性，企业将之视为地方营商环境制度风险和压力。

三是各类营商环境制度在顶层设计中缺乏通盘、长远规划和部署，致使法规、规章、规范性文件到政策文件的体系性、系统性不强，各类制度的层级治理效能转化难。以地方立法为例，从立项到颁布实施，对现有市场经营主体底数摸排、分类分析、统筹规划等工作不够全面深入，致使法规条文规范存在结构不完整，概念定义不清晰、笼统、模糊，导致实施层面出现执行操作性不强，法治治理实效不理想。

（二）政府践信履诺和政务服务的质效需增强

宁夏法治化营商环境在公共政策兑现、公平正义原则贯彻、阳光政务推进、政府欠款清偿力度等诚信政府环节仍较为薄弱。除缺乏有效诚信政府建设评价制度体系，还与政府及其部门履约践诺的法治思维能力存在关联。目前，宁夏诚信政府建设的制约是地方政府在招商引资、政府采购、招标投标、重大项目建设、公共管理服务等领域的行政协议或行政允诺存在履行瑕疵。据统计，2023 年，宁夏各级法院审理各类招商引资、政府与

---

① 关于自治区政协十二届一次会议第 500 号提案答复的函 _ 宁夏回族自治区发展和改革委员会，https://fzggw.nx.gov.cn/hdjl/zxta/202402/t20240226_4468227.html，2024 年 11 月 8 日访问。

社会资本合作等活动引发的行政协议纠纷案件高达 338 件，督促行政机关履行法定职责案件 729 件。通过对 2023 年 369 件行政审判败诉案件分析，发现因不履行或拖延履行法定职责败诉案件达 111 件，占比达 30.08%。[①]虽然宁夏制定的《关于全方位优化营商环境推动民营经济高质量发展的若干意见》《自治区营商环境提质升级行动方案》均明确提出"强化政府践诺履职""保障各类市场主体合法权益"，《关于推进法治政府建设"八大提升行动"的实施方案》也明确提出化解"行政争议频发、败诉率高"的病灶，但法治化营商环境建设中诚信政府建设是一项系统、长远、综合的工程，需要标本兼治、多措并举、持之以恒加强建设。

信息技术革命进程的加快，新领域、新业态、新产业的涌现，给政府行政执法监督带来极大挑战。虽然宁夏已建成覆盖全区的政务服务"一张网"和一体化信用信息、公共资源交易、投资项目在线审批、企业登记注册等平台，智能化一体化的政务服务体系全面运行，但仍存在部门和行业数字化不均衡、企业和公众赋能参与度较低、政府赋能社会参与权利有限等问题。同时，由于现有的条块化行政管理体制，政府行政执法在数字化整合、协同能力方面还存在诸多短板，致使行政执法层面存在监管监督综合协调不够、纾困解难能力较弱、监管监督技术和手段落后等问题。2023年，宁夏有关部门针对"六新六特六优"重点行业行政执法调查访问，梳理出各类市场主体准入准营、生存发展等 705 项"问题清单"。[②]这些清单反映出政务服务审批流程简化、市场资源配置、企业纾困解难等层面的协同协调通道不顺畅、评价评估机制不健全等问题。

（三）司法的综合服务保障能力和水平需提升

司法服务保障体系是法治化营商环境"公信力"建设的"底气"和最后保障，也是企业规范化发展最后一道门槛。目前，宁夏司法综合服务保

---

①吴奎，徐玉芳：《充分发挥职能作用 助力法治政府建设》，https：//www.nxfy.gov.cn/xwzx/2018fyyw/202405/t20240521_4999021.html，宁夏法院网。

②杨晓秋：《2023 年宁夏持续优化营商环境激发市场主体活力》，http：//www.nx.chinanews.com.cn/cj/2023-12-19/doc-ihcvzuxu5821344.shtml，中国新闻网。

障营商环境优化仍存在诸多制约因素。

一是案多人少矛盾依然突出。据统计，2020年，受理各类行政案件4624件，审结4347件。2021年，受理各类行政案件5232件，审结4581件。2022年，受理各类行政案件4562件，审结4234件。2023年，受理各类行政案件4385件，审结4151件。行政案件数量持续上升，但司法队伍的扩容和服务质量的提升是一项缓慢的工程，案多人少问题长期得不到解决。以2021年为例，宁夏法官人均年度结案257件，最高的达到598件。[①]案多人少矛盾，导致部分法院变相拖延立案、拒绝立案、压案不立等，极大影响法治化营商环境优化建设质量。

二是涉企案件的司法服务满意度不高。当下宁夏法治化营商环境中司法服务保障层面，企业在获取便捷、可及、满意的司法服务时存在经济、时间、精力等投入多，且程序繁杂、服务低效等难题和障碍。这些问题的根源在于司法与商事二者专业区隔很大，对司法服务主体而言，因缺乏涉企案件统一性、标准化制度机制，涉企案件技术性、专业性要求较高，尤其是遇到一些新兴业态、新领域涉企案件，司法服务不够科学、不合理，不能有效化解涉企矛盾纠纷。此外，当前司法队伍的司法服务理念、服务能力的培养提升机制较为传统，跟不上新时代市场经营主体现代化转型发展需求。

三是涉企案件的司法反馈质效仍有提升空间。市场经营主体在进入和退出司法程序前后，反馈机制不健全，市场经营主体对司法服务质效的认可度和满意率不高。以政府践诺履约司法执行为例，市场经营主体虽赢了官司，执行难，仍然是输了钱的结果和状态，企业合法权益不能有效得到保护，满意度不高。

三、宁夏优化法治化营商环境的建议

地方法治化营商环境的优化，不仅是制度供给、政务服务、司法服务保障等法治体系建设，还离不开外部的市场经营主体、社会大众及商事关

---

① 以上数据来源于宁夏法院网历年信息公开内容。

联组织和主体等多元主体参与。制度供给、政务服务、司法保障等是推动市场经营主体在地方投资和不断扩容发展的基础，对法治化营商环境优化建设意义重大，需地方高度重视和加强建设。

（一）深化制度改革，发挥地方法制引领保障作用

党的二十届三中全会通过的《决定》就立法领域改革提出了"统筹立改废释纂，加强重点领域、新兴领域、涉外领域立法，完善合宪性审查、备案审查制度，提高立法质量"。地方营商环境法制建设，需厘清营商环境需要什么法规、规章、政策等制度，搞清楚哪些制度需要修改、废除，立法能解决什么问题，做到改革于法有据，实现法制保障改革行稳致远目标。地方性法规、规章、规范性文件以及政策文件的立项和制修，应坚持立法与改革相衔接，立足长远，构建整体的、系统的、综合的、实用性较强的地方性法制规范体系，为宁夏市场经营主体建构稳定的制度环境。做好做细"改废释纂"工作，还需系统梳理现有法规规章政策等制度，打好法治化营商环境制度"组合拳"。将全过程人民民主理念贯穿地方立法全过程，坚持开门立法、公开立法，增强公开透明度，拓宽社会参与渠道，建立符合民意的法制体系。

（二）规范行政执法，提升政府行政服务保障能力

政府是法治化营商环境优化建设的主体和主导者，其决策和行动对营商环境至关重要。首先，健全和完善政务服务制度体系，为市场经营主体进退、运行、发展壮大提供稳定制度秩序和服务规范体系。深化推动诚信政府建设，加强诚信评价考核体制机制建设，细化和优化政府服务市场经营主体工作流程和清单，保障政府部门履行经济调节、产业引导、市场监管、社会管理、公共服务、生态环境保护等重要职能的规范化推进，健全和完善政府和市场公信监督协同机制建设，实现双向内外优势互补、有机结合、协同发力，共同建构法治化营商环境。其次，加快行政执法监管、监督协同协调机制建设，健全跨区域、跨部门、跨层级的执法联动响应和协作机制，建立各部门间依法履职信息互联互通、信息共享、工作共商机制。最后，加强数字政务建设，健全数据共享机制，加快政务服务标准化，全面实现政务服务一网通办、全域通办、就近办理。推动"双随机、一公

开"监管常态化，提升市场监管法治化水平。

（三）健全司法服务体系，优化司法保障供给能力

司法服务体系是凝聚司法公正、公平、公信法治理念和正义的重要场域，是改革解决党政企边界不清问题的重要手段。健全和优化司法服务保障体系，对优化地方法治化营商环境意义重大。一是加强司法行政复议和公共法律服务建设，缓解案多人少问题。加强行政复议化解行政争议主渠道作用，提升行政复议纠正行政执法监督不作为、乱作为、不规范等问题"前端治理"作用力；强化公共法律服务在经济社会发展中的重要作用，深化推动商事仲裁机构、一站式"法治服务站（中心）"、基层矛盾纠纷化解机制等机构机制建设，为市场经营主体提供便利的司法咨询、矛盾纠纷化解渠道。二是深化司法体制机制改革，加快司法数字化建设，升级完善智慧司法服务系统，实现从立案到执行各环节多层次、多向度分流分类，降低企业维权时间、经济、人力等成本。三是加强与政务部门、金融机构等协作，健全和完善知识产权、新业态新领域，以及金融、清算与破产等专业化司法审查机制，做好涉及金融、企业、社会风险等稳定营商环境的信息收集、整理和共享工作，全面提升法治化营商环境司法服务保障水平。

专题研究篇

ZHUANTI YANJIU PIAN

宁夏民营经济高质量发展的调研报告

郭军潇　王晓娟　马文婷

　　民营经济是实施扩大内需战略、深化供给侧结构性改革的重要载体，是建设现代化经济体系、推动高质量发展的重要主体，是建设黄河流域生态保护和高质量发展先行区、社会主义现代化美丽新宁夏的重要力量。近年来，全区上下深入贯彻习近平总书记关于民营经济的重要论述和考察宁夏重要讲话精神，全面落实党中央有关工作部署和自治区党委相关工作要求，实施一系列政策举措，民营经济发展取得新成效，成为推动经济社会发展的重要力量，在稳定增长、促进创新、增加就业、改善民生等方面发挥了重要作用，整体上呈现"55679"的特征，即民营经济贡献了全区50%以上的税收收入、近50%的地区生产总值、60%以上的研发投入、近70%的城镇劳动就业和90%以上的企业数量。2024年上半年，宁夏市场主体总量达到82.69万户，其中，民营经济经营主体81.17万户（私营企业21.33万户，个体工商户58.57万户，农民专业合作社1.27万户），民营企业占企业总数的93.2%。

　　作者简介：郭军潇，自治区人大常委会预算工委经济处处长；王晓娟，宁夏社会主义学院讲师；马文婷，自治区人大常委会预算工委经济处副处长。

一、宁夏促进民营经济发展的基本情况

（一）加强组织领导，接续完善民营经济发展政策体系

连续两年召开全区民营经济高质量发展暨营商环境全方位提升推进大会，对民营经济发展工作作出全面部署。强化顶层设计，出台支持民营经济高质量发展"31 条"、全方位优化营商环境促进民营经济发展壮大"29条"，首次集中推出服务保障民营经济高质量发展"十项机制"，启动实施民营经济高质量发展三年行动计划，配套金融、财政、科技、人才等 41 项政策措施，建立与民营企业常态化沟通交流和解决问题机制，推动民营经济持续向好发展的政策体系不断完善。健全自治区领导联系服务重点民营企业制度，建立 46 个部门参与的民营经济发展壮大厅际联席会议制度，自治区发展改革委设立民营经济发展促进局，市、县（区）明确常态化联系服务民营企业三级责任人，着力构建完善组织体系。

（二）提升服务质效，营造民营企业公平竞争市场环境

严格落实市场准入负面清单制度，建立包容免罚清单及动态管理机制。完成全区五级政务服务体系信息采集，网上可办、"最多跑一次"办理事项分别达到 95.3%、91.3%，307 项"跨省通办"事项落地可办率达 100%。全区 24 个园区全部设立企业服务站，在县级以上政务服务大厅推行"周末不打烊"，一体化政务服务能力连续 6 年位居西北前列。组建西北首家公共法律服务专家库，涉企案件平均办理时限缩减至法定时限的 73%，推进知识产权"三合一"审判机制，着力选树培育符合宁夏本土产业发展的优化营商环境法治试点，做好中小投资者保护，营造平等受保护的法治环境。

（三）聚焦难题破解，不断增强民营经济发展要素保障

整合推出科技创新、产业发展、投资促进、人才培养引进、稳岗帮扶、资源要素、金融支持、税收优惠等八大类 27 条激励政策，着力保障对民营企业发展影响最大的用地、用电、用水、用气、用工、资金、税费等各类要素。2024 年上半年，全区民营企业贷款余额 3597.58 亿元，占全部贷款余额的 35%，同比增长 13.8%。加大拖欠民营企业账款清理力度，有力保障民营企业合法权益。

（四）围绕激发活力，着力提升民营经济发展支撑力

坚持把发展新质生产力作为重要着力点，聚焦自治区明确的"六新六特六优+N"产业体系，把技术、人才、资金等资源要素集中到优势特色产业上。2024 年上半年，民营经济增加值达到 1211 亿元，增长 5.1%，占宁夏生产总值的比重达 47.7%；民营经济运行指数 51.27%，稳定在景气区间。民营经济三次产业结构为 8.9:54.1:37，与上年同期相比，第一产业和第三产业占比均回落 0.1 个百分点，第二产业占比提高 0.2 个百分点，行业拓展到信息技术、装备制造、现代纺织、现代物流等新兴产业。瞄准先进制造业、数字经济、新型材料、清洁能源等领域，支持企业开展前沿性、战略性研究，提升民营企业创业兴业本领。2024 年上半年，全区上市民营企业达到 8 家，总市值达到 1469 亿元。

（五）高度重视法治建设，推动相关条例制度落地生效

着力健全促进民营经济发展地方性法规体系，制定修订自治区促进中小企业发展条例、优化营商环境条例、社会信用条例、科学技术进步条例等一系列法规，在市场管理、政务服务、要素支撑、数字赋能、创新支持、开放提升、人文生态和法治保障等方面，为民营企业发展提供制度引领，以良法促善治、以善治促发展，为民营经济高质量发展保驾护航。同时，将 17 项优化营商环境措施确定为衡量法治政府建设成效的硬性指标，强化法治化营商环境刚性约束。

二、民营经济发展面临的困难和问题

总体来看，民营经济发展取得了积极成效，已经成为宁夏经济发展的生力军和促进地区生产力发展的重要力量。但受多种因素影响，宁夏民营经济发展面临一些困难和问题，主要表现在以下方面。

（一）法治保障能力有待进一步提升

《自治区优化营商环境条例》《自治区促进中小企业发展条例》等宣传普及和培训力度不够，存在政策宣传不到位、社会公众知晓率偏低等问题。个别地方和部门对条例和政策内容掌握不准确、理解不透彻，存在落实不到位、不精准，执法标准不统一，以罚代管等现象。部分与市场主体生产

经营活动密切相关的、关系企业切身利益的地方性法规、规章制度还存在空白，新产业、新业态、新模式等新兴发展领域亟须法律指引，市场主体立法参与深度和广度还不够。

（二）公平竞争的市场环境仍需优化

对民营企业市场准入的显性和隐形壁垒仍然不同程度地存在。部分自然垄断行业竞争性环节没有充分放开，有的民营企业反映一些招标人设置初始业绩、资质等级、资金实力等限制条件，实际将民营企业排除在外。民营企业参与重大项目、重大工程的机会不多、程度不深。公平竞争审查还不到位。一些部门和市县对妨碍市场公平竞争的政策和做法清理不全面，重大行政决策合法性审查不严格。

（三）政策落实和精准服务还有差距

有的惠企政策指导性、适用性、精准性还不够。制定政策前听取民营企业意见不充分，出台的政策"不解渴"，与企业期盼的"阳光雨露"仍有差距。部分涉企政策缺乏操作性、指引性强的配套措施，落地难或门槛较高，企业获得感不强。政策兑现不及时。一些企业反映政策落实和资金补贴宣传不到位、申请流程复杂、审批周期长、兑现不够及时，有的地方招商引资承诺不兑现或打折扣兑现，影响了民营企业的可持续发展。法院执行案件效果有待提升。有的案件在判决后得不到及时有效执行，企业的合法权益得不到及时有效维护。多头执法、重复执法、以罚代管现象仍然存在。一些企业反映行政执法中存在相关部门重复检查、多头执法、检查频次较高等问题。

（四）要素保障机制亟须健全完善

融资瓶颈还没有完全打通。民营企业的融资需求具有"短、小、频、急"的特点，融资主要依赖银行贷款，方式单一且办贷流程烦琐，不同行业的差异化融资需求难以有效满足，融资渠道"窄"、门槛"高"、速度"慢"。同时，有的民营企业现代企业制度建设滞后、发展基础较弱，存在内部管理体系不健全、制度不完善、财务管理不规范等问题，难以完全满足银行授信条件。人才的支撑作用发挥还不到位。宁夏高等院校、职业院校较少，培养的高技能人才、高管应用型人才不足，难以满足企业用工需求。数据融合存在障碍，统计体系还需完善。民营经济统计和监测体系还不够完善，存在统计指标不够健全、口径不尽统一等问题。

（五）民营经济发展质效还需进一步提升

宁夏民营经济三次产业结构中，传统产业占比较大，产业集中度不高、产业链条短，没有科技领军企业和独角兽企业，新产业、新模式、新业态发展缓慢。民营工业企业主要集中在能源资源消耗较大的传统重工业和以原材料初加工为主的轻工业，多数产品处于产业链前端和价值链低端，产品附加值不高，市场竞争力不强。不少民营企业现代企业制度建设滞后，仍有较高比重的民营企业沿袭家族式管理，发展方式粗放，内部风险管控不严格。

三、对策建议

党中央历来支持和鼓励民营经济发展，习近平总书记鲜明提出民营经济是我国经济制度的内在要素，多次重申坚持基本经济制度、"两个毫不动摇"。要深入学习贯彻落实党的二十届三中全会精神，切实把思想和行动统一到党中央关于民营经济发展壮大的决策部署和自治区党委的相关要求上来，统筹全局和重点、兼顾当下和长远，激发民营企业发展的活力和创造力，推动全区民营经济高质量发展。

（一）进一步加快促进民营经济法规立法进程

法治是最好的营商环境，法律是促进民营经济发展最根本的保障。及时跟进全国人大关于民营经济促进法立法进程，适时出台宁夏民营经济促进条例，从法律层面规范明晰各方权责，切实保障民营经济合法权益和发展空间，提振民营企业家发展信心，为更好营造市场化、法治化、国际化一流营商环境提供有力支撑。认真贯彻即将修订完成的企业破产法、政府采购法、招标投标法、反不正当竞争法等，进一步健全完善民营经济法律制度体系，加强破产法律适用衔接，畅通企业重组和退出机制。

（二）进一步优化公平竞争的市场环境

全面落实公平竞争政策制度，及时清理废止含有地方保护、市场分割、指定交易等妨碍统一市场和公平竞争的政策。进一步放宽市场准入，着力破除民营企业进入市场的不合理限制，清理规范行政审批、许可、备案等政务服务事项的前置条件和审批标准，健全隐性壁垒线索发现、认定、处置全流程网上办理机制。建立完善民间资本推介项目库，定期发布项目清单，支持民营企业积极参与重点产业、数字经济、"两重"、"两新"、基础设施等项目建设。

（三）进一步强化民营企业生产要素保障

持续优化金融要素保障，完善融资支持政策，支持符合条件的中小微企业在债券市场融资，支持符合条件的民营企业上市融资和再融资。创新信贷产品，简化贷款流程，更好发挥政府性融资担保体系作用，降低企业融资成本。持续优化人才要素保障，深化产教融合、校企合作，大力开展职业教育"订单式"培育培训等模式，为民营企业发展精准培育人才。进一步完善人才政策，支持民营企业引进人才、留住人才，研究完善新业态下的劳动用工和社会保险等政策，适应新形势下民营企业用工关系灵活等新特点，帮助实现新业态员工集聚并稳定就业。持续优化降低生产要素成本，多措并举降低民营企业用电、用水、用气、物流等成本。建立政务数据资源目录，依照非歧视原则加大对社会各界和各类市场主体的供给使用范围。打破政府部门之间、政府与企业之间信息孤岛，实现数据互联互通、共享共用。构建完善民营经济统计监测指标体系和预警机制，加强指标数据跟踪研判。

（四）进一步提升政府依法行政水平和管理服务能力

严格落实企业家参与涉企政策制定机制，政策制定前充分了解民营企业诉求和实际困难，强化政策供给与需求之间的匹配度，提升惠企政策操作性、有效性、实用性。抓紧落实已出台政策，大力推行惠企政策直达快享、免申即享，真正打通惠企服务"最后一公里"。充分运用"12345"服务热线等受理企业诉求，健全接诉即办、联动协办的企业诉求响应机制，推动解决具体问题。健全防范化解拖欠企业账款长效机制，加大对政府拖欠企业账款的审计和问责力度。规范招商引资政策，建立政府诚信履约机制，将政府信用建设纳入社会信用体系建设，清理政府在民营企业发展中不守合同、拖欠欠款等行为。完善监管执法体系，依法公开监管标准和规则，推动各部门加强政策协调和工作协同，防止出现层层加码、"一刀切"等问题。推行包容审慎执法，切实纠正干预企业正常经营、滥用执法权等问题，持续开展涉企案件积案清理，稳慎办理涉企案件。

（五）进一步推动民营企业加强能力建设

坚持减负降本与护航发展并重，提振民营企业信心，稳定民营企业预期。支持民营企业加快发展新质生产力，建立企业数字化转型政策、技术和融资服务平台，加快推动民营企业数字化转型和技术改造。强化科技创新和产业创新深度融合，支持引导民营企业发挥创新主体作用，加大研发投入、广招优秀人才、攻克关键核心技术、加快科技成果转化。政府、企业、科研院所、高校、金融机构等要加强统筹合作，以制度创新来满足企业转型发展要求。高度重视重点产业和重点企业的核心引领及带动作用，扶持壮大龙头企业，对百强民营企业、"三个100"企业（科技型、创新型、示范型三类企业各100个）等重点企业实施"一企一策"精准服务。支持引导民营企业完善法人治理结构，强化内部监督，建立完善中国特色现代企业制度。鼓励企业家参与社会公益事业，积极履行社会责任。

宁夏推进经营主体提质扩量研究

马 鑫

经营主体是经济运行的主要参与者、就业机会的主要提供者、技术进步的主要推动者，是市场经济的支柱根基、经济运行和社会和谐的稳定器。经营主体与经济运行存在数量增加、质量提升、民生改善、社会活力提高等一系列正相关关系，事关地区产值财税、就业收入、民生保障、社会稳定和安全发展。宁夏经济规模较小、区位通道不优、市场化程度不高、产业体系薄弱、经营主体量小、要素配置不全，同时还面临宏观经济形势不确定、投资消费放缓、发展预期转弱等现状。宁夏经营主体在数量、质量、环境层面呈现不同于西北地区的特征，既有短板挑战，亦有优势机遇。新形势下，统筹推进宁夏稳预期、稳增长、稳就业目标实现，推动经济高质量发展，就要确保全区经营主体数量效益持续提升、结构组成持续优化、运行环境持续改善。推进宁夏经营主体提质扩量，稳住经济运行基本盘，重在做好基础性制度建设和关键性政策引导，主要包括实施市场准入竞争中性原则、全面构建社会信用体系、创新经营主体流动性管理、突出实施发展预期管理、有序推进国有企业向国有资本转变等。

作者简介：马鑫，宁夏社会科学院综合经济研究所副研究员，研究方向为产业经济和区域经济。

一、宁夏经营主体发展现状

（一）经营主体情况

截至 2024 年 11 月底，宁夏经营主体总量达到 83.61 万户，其中企业 23.26 万户，个体工商户 59.11 万户，农民专业合作社 1.24 万户，同比分别增长 4.69%、2.86%、−6.74%；1—11 月，新登记经营主体 10.26 万户，增速同比减少 14.06%。其中企业 2.89 万户，减少 7.57%；个体工商户 7.35 万户，减少 16.28%；农民专业合作社 297 户，减少 32.19%。[①]其中，银川市集聚了全区 48% 以上的经营主体，也是经营主体增长最快的城市。

（二）比较优势

得益于行政审批改革、重点产业部署，以及通道劣势改善、城市化基础提升等因素，近几年宁夏经营主体量质齐升。一是数量结构逐年提升。经营主体总量、年净增量、登记专利数均保持稳步增长。2014—2023 年，经营主体从 36.9 万户增长到 81.32 万户，增长了 1.2 倍；个体工商户增长了 2 倍，企业增长了 2.8 倍；企业占经营主体比重从 21.4% 增加到 27%，经营主体活跃度达 85%。全区上市公司 17 家，专精特新企业 551 家，规上工业企业 1476 家，经营主体结构持续优化。[②]（见图 1）

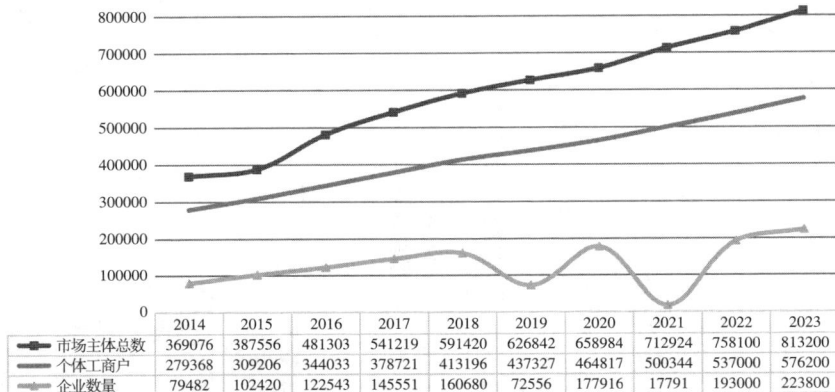

	2014	2015	2016	2017	2018	2019	2020	2021	2022	2023
市场主体总数	369076	387556	481303	541219	591420	626842	658984	712924	758100	813200
个体工商户	279368	309206	344033	378721	413196	437327	464817	500344	537000	576200
企业数量	79482	102420	122543	145551	160680	72556	177916	17791	193000	223800

图 1　2014—2023 年宁夏经营主体变化情况

①数据来源：宁夏回族自治区市场监管厅。

②《宁夏统计年鉴 2023》（电子版），https://nxdata.com.cn/files_nx_pub/html/tjnj/2023/indexfiles/indexch.htm?1=1&h=0。

二是质量活力逐步增强。百人经营主体 11 户，百人企业 3 户，经营主体密度居西北五省区第二位（依据西北五省区统计年鉴、统计公报计算得出）。总量、注销比、注册资金等是衡量经营主体发展活力的重要指标，宁夏新增经营主体注册注销比大于 1，总量稳步扩大，小微企业快速增加，大众创业、万众创新氛围持续增强，注册资本逐年增加，从业者、经济活动范围在扩大，企业平均寿命有所增加，有效注册商标达 10.9 万件，经营主体发展活力不断提升。

（三）相对劣势

宁夏市场机制配置资源效率不高，存在观念落后、思想保守、人才短缺、体制机制不健全、市场配置资源效率不优、创新创业环境不佳、经营主体量质双弱、市场化程度不高、收入增长缓慢等问题。应该将以提升经营主体数量和质量为重要指标的市场化进程加快，作为解放思想改变观念的重要突破口。宁夏要素配置有待持续完善。

受经济总量、人口规模、区位通道、产业体系、市场化程度等因素制约，宁夏经营主体总量少、规模小，发展面临多重挑战压力。在西北五省区中，宁夏经营主体、规上工业企业、上市公司数量均居第四位（见图2）；在全国范围，宁夏经营主体总量位居倒数第三，与全国总量、创业密度稳居第一的深圳（400 万户）相比，差距巨大。[1]

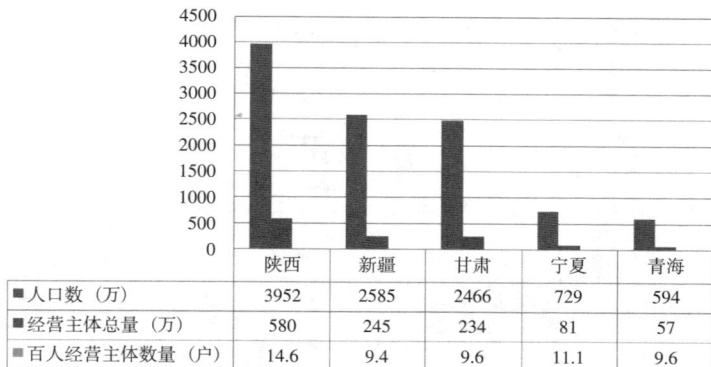

	陕西	新疆	甘肃	宁夏	青海
■人口数（万）	3952	2585	2466	729	594
■经营主体总量（万）	580	245	234	81	57
■百人经营主体数量（户）	14.6	9.4	9.6	11.1	9.6

图 2　2023 年西北五省区市场主体情况

①根据相关省份统计年鉴、统计公报等数据库计算得出。

二、当前宁夏经营主体面临的突出挑战

（一）供需失衡带来产能过剩

宏观层面的内需收缩、外需挤压波及宁夏制造业，出现需求不足、产能过剩，受行业类型、生产周期、生产规模、产业链条、技术现状等因素约束，企业按需调整生产规模的可操作性小，需求不稳造成长期经营成本快速上升，经营压力增大。尤其是占全区经济"半壁江山"的规上工业和房地产业。2024 年前三季度，宁夏规上工业企业利润下降 18%，规上工业原煤销售量下降 4.9%，房地产投资下降 6.6%，商品房销售面积下降 29.8%，商品房销售额下降 31.8%。[①]晶硅行业受产品价格下降、部分企业产品结构调整及停产技改等因素影响，产值大幅下降，其他因供求导致减产停产的企业不在少数。

（二）企业资金流动性偏紧

资金流动是企业的血液，流动性危机的后果是停业停产。当前，供需失衡、利润下降、应收账款增加、电力价格上涨，大多数企业经营成本上升，企业现金流可维持时间缩短，现金流动性压力有所凸显。在税费、偿贷、成本等压力下，企业对税收支持、金融支持、成本减免类政策有明显需求。压力和融资需求在中小企业、"四上"企业、大企业中尤为突出。2024 年以来，央行持续实行宽松货币政策，融资成本持续下降，但是，融资需求较大企业往往缺乏有效融资途径，如有数千员工的某制药企业市场需求正常，但因资金流动性承压，不能如期正常发放工资，影响企业正常生产经营。

（三）发展预期普遍偏弱

市场需求不足、经营压力、宏观不确定性等因素共同作用，使经营主体发展预期偏弱。制造业方面，2024 年 9 月，宁夏 PPI、CPI 双双负增长，显示尚未完全走出收缩区间，新订单指数比上月下降。装备制造业负增长，

---

①数据来源：宁夏统计网。

晶硅行业营收同比下降，企业利润降幅较大。服务业受春节、十一黄金周、以旧换新等因素助推，社会消费品零售总额数据相对较好，但是持续性有待观察，预期降低会延长交易周期拉长经济周期，改变预期需要时间。稳定改善预期十分紧迫，政府需要果断采取措施，积极干预，提振信心。

此外，宁夏多数产业处于产业链低端，能耗高利润小，行业定价权较弱，市场规模优势不明显，缺乏核心竞争力，抵御市场波动风险能力较弱。

三、加力推动宁夏经营主体提质扩量的对策建议

（一）完善现代市场体系基础性设施

推动形成全国统一、竞争公平、规范有序的市场体系，健全归属清晰、权责明确、保护严格、流转顺畅的现代产权制度，形成中长期体制机制（制度）优势，确保宁夏经营主体发展壮大。

1. 全面落实产权保护

一是持之以恒构筑法治市场。全面落实上位法律法规明确的产权保护条款，从严保护企业财产和企业家人身安全。探索出台《宁夏民营企业保护权益条例》，回应民营企业产权保护、资产保全、公平竞争、人身安全等关切，提升民营企业安全感。全面推广银川市农民安置房产权登记经验做法，全面清理有产无证现象，有序推进"六权"交易。健全行政裁量权基准制度，规范涉企行政执法，防止类案异罚、过度处罚等。二是推进市场治理现代化。对标建设高水平市场经济，推进市场监管法治化。探索出台落实市场在资源配置中的决定性作用，更好发挥政府作用方面的地方性法规。参照自贸区"一线放开、二线管住"做法，全面放松经营主体准入，加强事中事后监管，完善创新监管方式，大力推进决策、管理、服务、结果公开。加强市场监管内部监督，严格按照权责清单指导目录事项分解执法职权，兼顾资源的有效配置与平等配置，确保市场效率与社会公平。三是强化知识产权保护。完善保护体系，借鉴上海、深圳等地做法，成立知识产权执法局和知识产权法院，提升宁夏知识产权快速审查、确权能力，降低维权成本。建设宁夏国家级知识产权保护中心，调动吸引创新要素向宁夏聚集。

2. 全面构建社会信用体系

保值信用资产这个现代金融基石，提升政府信用体系稳定社会信心。一是强化关键少数领导干部信用管理。深刻认识营商环境千百条，诚信守约第一条的重要性。政府信用是社会信用体系的根基，而关键少数领导干部是政府信用的核心。宁夏可先行将领导干部诚信纳入干部考核体系，确保领导干部尊重契约，坚守契约，杜绝"新官不理旧账"惯例，为政府信用构建立下标杆，先行创建全国政府信用示范区，让民营企业放心投资宁夏。二是全面实施公职人员守法考核。在关键少数领导干部诚信考核体系的基础上，有序推进全体政府公务人员诚信管理，形成上下监督、部门监督、相互监督的全方位监督体系，促进政府公务员依法行政、依法订约、依法守约，打造诚信政府，保驾护航市场化法治化营商环境，助力打造投资消费热地洼地。三是构建全员信用体系。借鉴个人金融信用模式，依托数字平台，全面推进政务、商务等在内的社会信用体系建设，完善激励守信、惩戒失信的体制机制，营造诚信社会环境，引导各类经营主体坚持诚信经营，降低社会交易成本，增加社会制度效益。

3. 全面实施市场准入竞争中性原则

一是深化负面清单制度。全面实施市场壁垒门槛负面清单制，民企国企公平竞争，细化能源、土地、水、环境、技术等市场准入标准，全面清理歧视性规定，实时调整不合理政策等，凡是国家安全以外的所有领域对境内所有企业一视同仁。二是实施竞争中性产业政策。深化要素市场化改革，提高商业自由度，降低市场交易成本，推动经营主体健康发展。围绕市场配置资源的决定性作用持续创新政策体系，总结以往产业发展经验教训，逐步减少政府不合理干预，构建统一开放的竞争性市场格局。逐步退出选择性产业政策，大力推进功能性产业政策。优先在民营经济发展良好的产业园区和产业实施竞争中性产业政策，加强对产业政策绩效的跟踪评估，以事实为准绳，以结果为导向，变补贴为奖励，变补贴为股权、要素、基础设施投入。

（二）果断实施阶段性关键性措施

紧盯短期挑战，聚焦流动性、发展预期、活力不足等，革新思维观念、改革体制机制，改进方式方法，配齐金融、信息等生产要素，保持和激发经营主体活力。

1. 创新资金流动性管理

一是发展现代金融，加大融资育商力度。全面总结宁夏招商引资经验，客观研判宁夏投资优势短板，深入市场看招商，站在企业出政策，换赛道换模式，变招商引资为融资育商。走现代金融发展的新路子，整合现有国资产业基金，充分使用国资信用资产，联合区内相关公司组建几个产业投资担保基金，变债务率指标为流动性指标，综合运用金融工具，适度放大和动态调整金融杠杆，撬动社会资本精准担保投资重点项目，为重点产业重点项目重点企业融资，优先确保重点项目重点企业的流动性安全。二是提高财政资金使用效率。梳理现有财政政策支持方式，总结以往政策效果，将补贴奖励等类型扶持统一为国有资本的现金入股支持，实现风险共担利益相关，规避虚假项目、短期形象工程套取补贴。借助产业投资担保公司，推行市场化招商，调动社会资金参与产业发展。三是精准提高民营企业资金流动性。运用流动性指标监管金融国资国企，适度扩大政府金融规模，提升国资国企自身资金流动性及对本地重点企业资金流动性救助能力。国资委、地方金融服务局等部门协同发力，加大对地方金融机构的道义劝告，国资投资担保公司协同发力，坚决杜绝断贷、抽贷等现象发生，精准实施债务重组，确保民企资金流动性安全。四是试点先行区动态信用管理体系。协同中国人民银行宁夏分行，申请在黄河流域生态保护和高质量发展先行区试点动态信用管理体系，即依照经济景气指数自动调节经营主体和自然人信用记录管理，经济景气指数高时适度从紧，经济景气指数低时适度从宽，最大限度稳定经营主体的信用资产和融资机能。推行守信联合激励、强化实施包容审慎监管等。

2. 突出实施发展预期管理

一是动态监测经济发展预期。继续实施发展预期动态监测机制，制定含 PMI、消费者信心指数、电力负荷、产品价格、产量产值、金融机构贷款增速、就业失业、收入变化等为关键要素的指标体系，每月每季报告或发布，重点监测其变化，为引导预期提供依据。二是实施政策引导预期机制。政府决心影响经营主体信心，积极发挥政府效能，阻断悲观情绪扩散。依据发展预期监测报告，及时实施动态引导干预。例如，提升财政资金使用效率行动，实施历史遗留烂尾工程项目专项治理行动，动态清理烂尾项目，宣传部门加大发展主题全媒体宣传，多措并举增强投资者消费者信心。三是加大经济发展专业解读。宣传部门要聚焦经济建设这一中心工作和高质量发展这一首要任务，选择专业人员，组成专门小组，加大经济问题研究，专业解读经济运行，用数据和案例佐证经济回升向好、长期向好趋势，梳理发展优势，加大推广优势，增强发展的信心和底气。

3. 有序推进国有企业向国有资本转变

一是加快国企职能转变。对标国企"三做五力"（做强做优做大；增强竞争力、创新力、控制力、影响力和抗风险能力）要求，坚持效率导向、目标导向，总结成败经验，凝练优势劣势，转变职能定位，创新探索国有企业向国有资本方向过渡。按照"三重三轻"（重信用质量轻资产数量、重产业投资轻生产运营、重动态流动性轻短期债务率）原则，制定国企转型负面清单管理办法，发挥国资信用融资育商优势，积极发展混合所有制，即国企主要做股权投资，民企主要做经营管理，凡是国企长期亏损的领域主动退出、凡是民企效率高的领域主动退出，如房地产、城市停车、物业管理、养殖加工等行业。二是提升国企资本融通、股权投资能力。加大资产处置盘活力度，优化资产结构，提高资产价值，提升国企整体收益和实力，稳定信用评级，提升信用资产，夯实国企在资本市场的融通功能，稳定资本市场授信和融资能力，为公司战略投资和综合运营提供稳定低成本的流动性支撑。保持战略定力，坚持以区域重点产业为中心的产业要素配置引导投资，广泛运用金融工具，注重产业资本链控制，降低投资成本和风险。

宁夏激发民间投资活力研究 *

田晓娟

习近平总书记用"具有'五六七八九'的特征"①高度评价了民营经济在当今中国的地位与作用。党的二十届三中全会指出：必须更好发挥市场机制作用，创造更加公平、更有活力的市场环境，实现资源配置效率最优化和效益最大化。作为固定资产投资的主力军，民间投资不仅是拉动经济增长的重要力量，还是促进就业、推动经济转型的重要引擎。为全面贯彻党的二十届三中全会精神和满足当前经济形势发展需求，宁夏在出台支持民营经济高质量发展"31条"的基础上，制订《关于全方位优化营商环境促进民营经济发展壮大的实施方案》，以七方面29项具体措施激发民间投资活力，提振民营经济发展的信心，破解民营经济发展难题。

一、宁夏民间投资发展现状

投资作为拉动经济增长的重要引擎，在我国经济发展中越来越重要，而民间投资近年来已然成为投资增长的最大支撑者。改革开放以来，社会

作者简介：田晓娟，宁夏社会科学院综合经济研究所副研究员，研究方向为区域经济史。

* 本文系国家社科基金一般项目（19BJL011）的阶段性成果。

① 习近平：《在民营企业座谈会上的讲话》，《国务院公报》（2018第32号），http://www.gov.cn/xinwen/2018-11/01/content_5336616.htm，中国政府网。

主义市场经济体制的不断完善，有效激发各类经营主体的投资热情，民间投资出现飞速增长。数据表明，2013—2023 年，我国民间固定资产投资从171565 亿元增长到 253544 亿元，年均增长 6.6%，为投资平稳增长提供了重要支撑，在增加税收、扩大出口、吸纳就业、社会事业等方面发挥着重要作用。（见表 1）2024 年，随着一系列鼓励民间投资的政策持续落地显效，民间投资的意愿和能力不断恢复。"2024 年前三季度，民间项目投资（扣除房地产开发民间投资）同比增长 6.4%，增速比 1—8 月加快 0.1 个百分点。分领域看，制造业民间投资增长 11.6%，增速比全部制造业投资高2.4 个百分点；基础设施民间投资增长 4.7%，增速比全部基础设施投资高0.6 个百分点。"[1]随着国家政策的不断调整和优化，民间投资正逐渐焕发出新的活力。

表 1　2013—2023 年全国、国有控股、民间、港澳台商及外商固定资产投资状况

单位：亿元，%

年　份	全国固定资产投资		民间投资			国有及国有控股同比	外商投资企业同比	港澳台商投资企业同比
	绝对值	同比	绝对值	同比	占比			
2013	297766	17.3	171565	20.1	57.6	16.3	4.5	7.0
2018	446942	5.9	254143	8.7	56.9	1.9	6.1	−11.5
2023	503036	3.0	253544	−0.4	50.4	6.4	0.6	−2.7

资料来源：《中国统计年鉴（2023）》和《2023 年国民经济和社会发展统计公报》。

为进一步扩大有效益的投资，加快培育新质生产力，增强民间投资活力，宁夏出台一系列行动方案以扩大投资规模，持续优化投资结构，致力于提升投资水平和效益，推动民间投资在经济建设发展中发挥更大作用。

（一）经济总量持续增加，民营比重逐步提高

宁夏民营经济增加值由 2018 年的 1679.56 亿元增加到 2022 年的2487.48 亿元，5 年累计增长 49.1%。截至 2024 年上半年，宁夏民营经济第一产业实现增加值 108 亿元，比上年增长 7.4%；第二产业实现增加值655.44 亿元，比上年增长 7.6%；第三产业 447.68 亿元，比上年增长 1.5%。从产业结构变化情况来看，宁夏民营经济三次产业构成由 2018 年 16.2：

---

①根据 2024 年 8 月国家统计局公布的数据整理。

45.7:38.1 调整为 2022 年 16:51.3:32.7。2024 年上半年，宁夏民营经济三次产业构成更趋优化。

（二）市场主体日益壮大，发展质量显著提升

宁夏民营经济市场主体总量从 2016 年 46.95 万户增长到 2023 年 82.69 万户。"十三五"以来，宁夏"四上"民营企业 4389 家，占比为 87.7%，增长幅度达到 66%，平均增速保持在 9.4%。至 2024 年 7 月底，宁夏各类市场主体数量达到 82.75 万户，较上年同期增长 4.43%。宁夏民营企业在数量增加的同时，发展质量也逐步提高。2024 年，中国民营企业 500 强中，宁夏天元锰业集团有限公司实现营业收入 663.3537 亿元，排名 362 名。

（三）经济拉动作用凸显，社会贡献作用突出

从经济贡献看，2024 年上半年，民营经济实现增加值 1211.12 亿元，占宁夏生产总值的比重为 47.7%，撑起宁夏经济的"半壁江山"。从税收贡献看，2024 年上半年，民营经济税收收入 195.8 亿元，占比提升至 50.42%，民企成为宁夏税收的重要创造者。从外贸贡献看，2024 年上半年，宁夏外贸进出口总值 100.8 亿元，民营经济占比提升至 78.3%，民企对宁夏进出口贸易起到了支撑带动作用。从就业贡献看，2022 年，宁夏民营经济吸纳城镇就业人员 139.8 万人，就业贡献率达到 66.25%，民企有效发挥了就业"蓄水池"作用。从投资贡献看，2023 年宁夏民间投资达 1222.7 亿元，占全社会投资的 57.7%，成为拉动投资增长的重要力量。

（四）投资增速逐步平稳，内生动力持续增强

从宁夏民间投资增速与全国比较来看，2018—2023 年，宁夏民间投资增速除 2018 年和 2019 年，其余年份均高于全国平均水平。内生动力持续增强。2024 年上半年，宁夏企业专利授权量 4512 件，其中民营企业占比超过 90%。目前，宁夏有国家科技型中小企业 1045 家，其中民营企业 1019 家；国家级高新技术企业 595 家，其中民营企业 548 家；瞪羚企业 38 家，其中民营企业 34 家；雏鹰企业 73 家，其中民营企业 72 家；专精特新中小企业 551 家，其中民营企业 518 家，民营企业已成为宁夏科技创新主力军。

（五）民间投资集中在第二产业，第三产业次之

从宁夏民间投资的三产分布来看，主要集中在第二产业，第三产业次之，第一产业的投资位列第三。2018—2023 年，宁夏第二产业民间投资比重比第三产业高出 7—19 个百分点，差距最大的年份 2022 年高出 18.6 个百分点；差距最小的年份 2019 年高出 7.4 个百分点；2021 年后第二产业比重有所提高，第三产业比重有所下降，两者的比重差距逐步有所扩大，但没有超过 19 个百分点。这种投资结构的变化使 2021 年以来的宁夏服务业发展有所下滑，在宁夏经济中的比重有所下降。

（六）民间投资政策落实良好，企业家投资信心较为充足

调查问卷显示，认为民间投资政策落实"非常好"和"比较好"的民营企业占比 58.22%；认为"比较差"和"非常差"的占比 2.07%。这说明宁夏民营企业总体比较认可投资政策的落实情况。在宁夏企业家继续投资经营的信心指数问卷调查中，全部企业家信心指数的平均值为 8.06 分，其中，评价 10 分占比 28.57%，9 分占比 12.09%，8 分占比 24.18%。这 3 项合计占比达 64.84%。这充分说明宁夏企业对继续加大投资经营有底气，对党和国家促进民营经济发展有信心。

二、宁夏民间投资的主要困难和障碍

总体上看，宁夏民间投资受现实问题制约，仍然处于加快转型的窗口期。部分鼓励民间投资的配套政策尚未落实和完善、没有形成公平有序竞争的营商环境、民间资本准入门槛过高、民间资本投资途径过窄、惠企政策知晓率低、招工用人留不住、要素保障不完善等困难和障碍依然存在，尚未根本改变民间投资潜力和创新活力不强的局面。

（一）宁夏民营企业规模偏小，行业领军企业较少

调查数据显示，宁夏民营经济市场主体增长较快，但企业规模普遍偏小。从全国范围看，宁夏民营经济总量不足浙江的 1/10，排名全国倒数第二。宁夏仅有天元锰业集团有限公司入围 2024 年中国民营企业 500 强。从全区范围看，2024 年上半年，"四上"民营企业仅为 4389 家，占全部"四上"企业数量的 87.7%；"四上"民营企业户均资产、营业收入分别为

3.3 亿元、1.81 亿元，相当于全部"四上"企业户均的 71.3%、64.6%。①在宁夏民营企业中，资产超过 100 亿元的企业为 7 家，营业收入超过 100 亿元的企业为 5 家，全部为工业企业。

（二）宁夏民营企业转型升级难度大，市场竞争力弱

从全国范围来看，2022 年，宁夏民营经济增加值较低，占 GDP 比重为 49.1%，民营经济三次产业结构占比 16:51.3:32.7，与全国民营经济发达省份存在一定差距。以浙江省为例，其民营经济增加值占 GDP 比重为 67.2%，民营经济三次产业结构占比为 5:47:48。这表明宁夏民营经济第一产业占比过大，第二产业集中在以铁合金、电解铝等行业为主的能源资源消耗较大的传统重工业和以原材料初加工为主的轻工业。大多数产品处于产业链前端和价值链低端，产品附加值不高。从市场竞争力来看，与浙江、福建、上海等发达地区民营企业相比，宁夏严重缺乏特色产业链链主企业和大型龙头企业，未能形成强有力的辐射带动作用。从科技创新能力来看，虽然宁夏民营企业研发投入进入了快速增长时期，但仍然存在科技创新投入不足的情况。调查数据显示，2022 年，宁夏民营企业研发经费支出 50.03 亿元，占全区研发经费支出的 63%，而浙江省的占比高达 90%。

（三）宁夏民间投资政策困难多，政策针对性弱

从政策针对性上来讲，一方面，宁夏地处西北内陆，经济社会发展水平相对落后于中东部地区，基础设施建设不够健全；另一方面，宁夏山川环境等方面差距较大。因此，山区和川区等地方政策缺乏针对性。通过政策对比分析可以发现，宁夏在制定民间投资政策上与国家有关政策文件过于一致，而浙江等民营经济发达省份所发布的文件更为具体、细致，也更具针对性，符合其经济社会发展状况，实施效果更为理想。从配套政策上来讲，宁夏各市、县根据国家及自治区级政策制定的切合自身实际的相关性政策文件没有详细的划分，如部分企业对现有政策，以及招投标和政府采购信息不清楚，尚未有效打通政策落地"最后一公里"。从政策内容来讲，宁夏在鼓励民间资本投资上存在相关政策文件缺乏具体的可操作性较

---

①数据由宁夏回族自治区统计局提供。

强的引入政策，致使实操效果不佳，地方政府与职能部门无法切实推进民间资本投资的相关工作。从政策冲突来讲，这一问题可能会导致民间投资者等多方主体在政策的依据上产生分歧，这既不利于政策的落实，还会出现多头管理等问题。

（四）宁夏民间投资项目障碍多，投融资问题突出

从顶层设计来讲，宁夏缺乏有效引入民间资本的顶层设计。目前，宁夏基础设施建设仍有较大发展空间，但现有的大型基础设施项目依然采用传统的财政拨款和银行贷款的筹资模式，加大了项目建设和运营风险，且无法保证预期社会效益的实现。因此，引入民间资本不仅可以使投资多元化从而降低资金风险，而且可以大大减轻地方政府的财政负担。问题在于目前缺乏完善的规章制度和法律体系等顶层设计，国家级和自治区级层面的政策支持不够明确，权益保障和退出机制等缺失或者不够完善，使得民间资本投资者对于参与模式、运营规则等缺乏了解，对于收益保证、风险规避及政府信誉和相关法律权益缺乏信心，部分民间投资者则由于政策风险的不确定性而处于观望状态。从项目本身来讲，盈利是保证民间投资者信心的基本条件，而当下宁夏许多基础设施类项目仅仅注重社会效益，加之项目本身的盈利水平较低，因而对于民间资本的吸引力较弱，很难吸引民间投资。从民间投资者的意愿来讲，由于民营经济政策出台、解读、落实等方面存在信息不对称问题，其在进行项目投资时存在顾虑，会出现"想投资却不敢投资和不愿投资"的现象。从经营成本来讲，宁夏民营经济经营成本相对较高，具体表现为物流成本上升（受物流行业集体上调价格等影响，企业的物流成本将出现上涨）、电力成本增加（因交易规则调整、电价补贴政策取消等原因，宁夏民营企业用电成本优势逐步削弱）、用工成本上升（年轻劳动力资源短缺，产业工人缺口较大，高薪留不住人才等问题日渐突出）。

（五）宁夏民间投资项目壁垒多，市场执法监管过频

从公平竞争性来看，宁夏民营企业在招投标、市场准入、审批许可、经营运行等方面，还存在一些制约市场公平竞争的障碍和隐性壁垒。中小微企业反映，在招投标领域低价竞标严重，利润空间受到较大压缩，导致中小微企业很难中标，发展困难。在政府采购领域，国企和央企基本垄断了所有的政府采购项目，民营企业很难分"一杯羹"。从政务环境来看，部分政策申报窗口期短、流程多、审批周期长。政务服务、主动服务还需进一步加强，精准服务还不到位。从市场监管来看，一些民营企业普遍反映，执法部门联动性较低，各部门调研检查种类繁多、频率过密，如安全、环保、消防等检查。从指标体系来看，目前宁夏民营经济统计监测指标体系不够完善，难以用于指导民营企业的良性投资发展。

三、进一步激发宁夏民间投资活力的对策建议

以上总结了宁夏民间投资存在的问题和障碍。事实上，宁夏民间投资增速较弱的原因是多方面的。从国内形势看，中国经济面临着结构性减速压力，民营经济多项数据指标增速递减，民间投资大幅下滑，企业家信心不足，预期不稳。从区内形势看，宁夏产业结构层次不高，以传统产业为主，高新技术产业、先进制造业以及现代服务业发展较为缓慢，导致民间资本投资回报率不高。民间投资是经济发展的"晴雨表"，要激活和扩大民间投资促进宁夏高质量发展。促进宁夏民间投资平稳快速发展，需要在认识、理论、制度多方面多管齐下、综合施策。

（一）出台鼓励民间资本投资关键领域的靶向政策

一是完善相关地方政策条款，让民间投资有法可依、有迹可循。在我国现行法律允许的范围内，根据各市、县发展现状、特点，及时调整配套政策，从而达到切实降低企业成本的目的。二是及时调整引入民间资本的具体政策和指导意见。民间投资项目涵盖农业、工业、公益、旅游及科技等领域。针对这些项目的不同属性，引入民间资本的具体政策及指导意见要有所调整，如市场准入条件等，确保政策对于项目要有针对性。三是要优化宁夏经济结构，提升实体经济发展质量，培育形成经济发展的长期动能，从而激发民营企业家投资信心。

（二）逐步拓宽民间资本投资选择和重大项目参与机会

一是创造民间资本平等投资机会，实行统一市场准入制度，对各类投资主体进入社会服务领域要一视同仁，确保民间资本获取平等的投资机会，

彻底破除"隐形门",打破行业进入壁垒。二是鼓励和支持民间资本进入可以实行市场化运作的基础设施、市政工程和其他公共服务领域。对于民间投资不太愿意进入的领域,通过政府补贴、财政贴息等方式鼓励其进入。三是吸引民间资本以直接或间接投资、参股、委托代建等方式参与沿黄经济区等新增长极建设。积极推动知识和技术创新,为民间资本投资不断开辟新的热点。四是积极实施宁夏民间资本"走出去"战略,设立民间投资项目指导目录,为民间投资主体提供专项贷款贴息支持政策,以增强投资信心。

(三) 对标优秀经验营造公平透明可预期的投资环境

一是认真落实减税降费等各项惠企政策,切实降低企业制度性成本,着力提振投资信心,如开展降低企业成本,优化发展环境专项行动,完善行政事业性收费和涉及企业经营服务性收费目录清单,切实清理不合理收费和中介服务环节。二是加大各项支持民间投资政策的宣传力度,利用"银川营商"微信公众号,联合宁夏电视台、银川日报等新闻媒体,定期发布政策解读,或者开展线上线下企业家培训班等方式,让企业家充分知晓惠企政策。三是深度激发人才创新创业活力。破除人才自由流动的制度障碍,实现不同类型、不同层次人才的优化配置。

(四) 鼓励民间资本聚焦重点领域加大投入力度

一是稳步拓宽民间投资领域多元化发展,鼓励民营企业瞄准精细化工、新能源、新材料、绿色食品、数字智能等重点领域深化协同攻关。支持和促进民间资本投资建设生物医药、新能源、装备制造业等具有发展潜力的战略性新兴产业。吸引民间投资参与农业产业化项目和农业标准化生产基地建设,打造具有地方特色的现代化农业示范园。二是鼓励民间资本进入地方金融业。在严格监管、有效防范金融风险的前提下,支持民间资本进入地方性银行业金融结构,支持民间资本设立典当公司、小额贷款公司等地方性金融机构,鼓励符合条件的非公有制企业参与设立金融中介服务机构。三是通过建立专属民间投资的财政专项资金支持的担保机构、风险补偿基金等措施,切实提高民间投资的积极性和投资信心,降低投资风险和成本。

（五）以高效便利的政务服务提升民间投资便利水平

一是健全完善管理服务体制，构建常态化政企沟通和企业服务新机制，及时解决民营企业所关心的实际问题，深入推进"万人助万企""百名律师进千企"等活动，继续打造"政策通"惠企移动服务平台和"大综窗"服务机制，推进政策实现"免审即享""直补快办"全覆盖。二是加快政务诚信建设，规范政府招商引资行为，依法履行政策承诺，对政府过去承诺而没有兑现的优惠政策，凡是符合国家和宁夏政策法规的，必须予以兑现。反之要积极主动与投资者协商，依法按照法定程序变更，并予以赔偿，强化信用修复响应。三是持续完善宁夏民营经济和中小企业发展工作协调机制，利用线上线下等各类媒体进行多维宣传，对民间投资典型案例和成功经验广泛推广，形成让企业家在宁夏放心投资、安心经营、专心创业的良好氛围。四是加大对本地优惠政策落实情况的巡查、督察，建立激发民间投资活力的联席会议制度，定期组织相关职能部门与民营企业互通情况、协调关系，解决实际问题。

宁夏煤炭供需稳定的对策研究

马 鑫

石油、煤炭、天然气是不可再生能源和重要战略储备资源。煤炭是18世纪以来世界主要能源，伴随用途扩大储量减少，其稀缺性愈加凸显。当前，全球能源消费结构中传统能源短期内仍是主力，其中亚太地区高度依赖煤炭。全球煤炭储量依次排名为美国、俄罗斯、澳大利亚、中国、印度等，储量分别占全球储量的23.2%、15.1%、14%、13.3%、10.3%。[1]全球三大主要煤炭出口国依次是印尼、澳大利亚、俄罗斯，三大主要煤炭进口国依次是中国、印度、日本。中国是世界第一大能源消费国、第一大煤炭进口国，煤炭储量位居世界第四，产量位居全球第一，2022年煤炭产量占全球产量的50.5%。[2]

资源禀赋"富煤、贫油、少气"的特征，决定了中国能源以煤炭为主的基本国情。现阶段，煤炭既是重要燃料，也是重要工业原料，是我国能源安全保障的"压舱石""稳定器"，关乎经济高质量发展和高水平安全。宁夏是国家"十四五"规划的九大清洁能源基地之一，正在打造国家新能

作者简介：马鑫，宁夏社会科学院综合经济研究所副研究员，研究方向为产业经济和区域经济。

[1]张津铭：《全球能源（煤炭）秩序重构》，《国盛证券》2022年9月3日。

[2]能源研究院：《世界能源统计年鉴（2023）》第72版。

源综合示范区，确保煤炭供需稳定是打造国家新能源综合示范区、建设国家能源保供战略支点，以及全区能源化工产业高质量发展的重要基础和保障。本文基于煤炭供给、煤炭需求、煤炭价格、煤炭库存等方面分析，提出以煤炭运输通道畅通机制、产能产量管理机制、错峰价格调节机制、供需均衡预警机制等机制措施来稳定宁夏煤炭供需。系统推进，精准发力，加力推进国家新能源综合示范区和国家能源保供战略支点建设。

一、全国煤炭市场供需概况

新时代以来，按照推动能源消费革命、能源供给革命、能源技术革命、能源体制革命和全方位加强国际合作（"四个革命、一个合作"）能源安全新战略，我国煤炭在兼顾"双碳"目标和能源保供双重约束下运行基本稳定。

（一）生产供给

1. 煤炭储量

中国能源禀赋是"富煤、贫油、少气"，在较长时间内煤炭的能源主体地位难以改变。中国探明煤炭储量达 2070.12 亿吨[①]。全国各地煤炭"贫富"差距很大，西多东少、北多南少。北方是煤炭资源聚集区和主产区，全国 14 个大型煤炭基地中 9 个分布在黄河流域，黄河"几字弯"承担着国家能源保障的重要任务。储量过 50 亿吨的省份有 8 个，分别是山西、内蒙古、新疆、陕西、贵州、云南、安徽、宁夏。山西、内蒙古、新疆、陕西四省区的储量占全国的 73.77%。而上海、天津、重庆 3 个直辖市和广东、海南的储量为零，首都北京和浙江、湖北、西藏都不足 1 亿吨。

2. 产能产量

2021 年开始，受需求超预期增长、煤炭进口格局变化、异常气候等因

---

① 中华人民共和国自然资源部：《2023 中国矿产资源报告》，北京：地质出版社，2023 年。

素影响，我国煤炭阶段性供需矛盾凸显。2023 年，全国原煤产量 47.1 亿吨。①煤炭产量、进口量、消费量和价格均创历史新高。晋蒙陕新四省区是煤炭供应的"主力军"，2023 年四省区产量分别是 13.5 亿吨、12.1 亿吨、7.61 亿吨、4.57 亿吨；2013—2023 年，四省区原煤产量从 25.9 亿吨提高到 38.3 亿吨。2023 年，新疆煤炭产量同比增长 10.7%，外运突破 1 亿吨，已成为全国煤炭供应的新增长极。②

3. 煤炭进口

受 2022 年暖冬影响，欧洲地区煤炭库存较大，国际煤炭价格持续下行，较多煤炭资源转移到亚太地区。2023 年，我国执行进口煤炭零关税政策，印尼煤供应充足，俄罗斯煤贸易东移，澳大利亚煤进口放开，蒙古煤通关常态化，煤炭进口屡创新高。2023 年，中国进口煤炭 4.74 亿吨，同比上升 61.8%。全年出口煤炭 447 万吨，同比增长 11.7%；煤炭净进口 4.7 亿吨。主要进口来源为印尼、澳大利亚、俄罗斯。

（二）消费需求

1. 我国能源消费增速加快

初步核算，2023 年，我国能源消费总量 57.2 亿吨标准煤，比上年增长 5.7%。煤炭、原油、天然气、电力消费量分别增长 5.6%、9.1%、7.2%、6.7%。煤炭消费量占能源消费总量的 55.3%，同比下降 0.7 个百分点；天然气、水电、核电、风电、太阳能发电等清洁能源消费量占能源消费总量的 26.4%，同比上升 0.4 个百分点。

2. 能源消费趋势持续低碳化

低碳能源消费占比稳步提升。近 10 年，煤炭在我国能源消费中的比重持续下降，由 2014 年的 65.8% 降至 2023 年的 55.3%；清洁能源消费比重不断上升，由 16.9% 增至 26.4%。石油消费比重相对稳定。（见图 1）

---

①数据来源：国家统计局官网。

②国新办举行"推动高质量发展"系列主题新闻发布会（国家能源局），http://www.nea.gov.cn/2024-06/20/c_1310779045.htm。

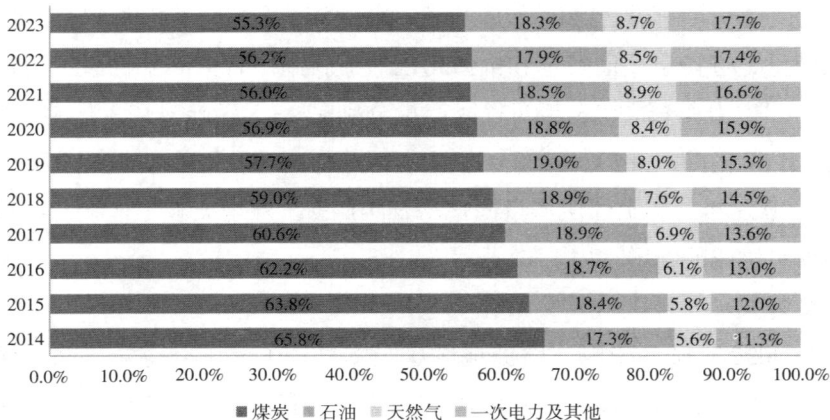

图1 2014—2023年全国能源消费结构①

二、宁夏煤炭市场供需现状分析

（一）生产供给

1. 储量质量

宁夏是全国富煤省区之一，境内含煤面积1.17万平方公里。截至2022年底，宁夏煤炭查明资源储量343.96亿吨，保有资源储量321.13亿吨，煤炭保有资源储量全国排名第八，主要分布在宁东、宁南、贺兰山、香山四个煤田，分别占全区储量的82%、8%、8%、2%。

2. 产能产量

宁夏现有在册煤矿52家，建设产能14215万吨/年，其中正常生产煤矿32家，产能11840万吨/年，建设中煤矿（含停产停建）19家，产能2375万吨/年，现有产能提升空间约20%。2023年，宁夏规模以上工业原煤产量9889万吨，同比增长5.2%。其中，一般烟煤9252.74万吨，同比增长5.4%；炼焦烟煤535.73万吨，同比增长2.4%；无烟煤100.6万吨，同比下降0.9%。产量居全国第八位。2024年1—10月，宁夏炼焦烟煤产量419.67万吨，同比下降10.3%；无烟煤产量66.78万吨，同比下降21.9%。

---

①数据来源：国家统计局官网。

截至 2024 年 10 月末，宁夏原煤生产库存 473.34 万吨，库存周转天数为 34天。①

3. 外调情况

宁夏煤炭对外依存度较高，近 5 年均超过 40%。蒙西、陕北等是宁夏煤炭主要调入地区，近年来伴随鄂尔多斯、榆林煤化工项目投产，宁夏煤炭传统来源地煤炭调入数量增速放缓，路途遥远的新疆煤炭入宁稳步增加。2023 年，宁夏调入的煤炭总量为 8300 万吨，依次为内蒙古 4800 万吨、新疆 1700 万吨、陕西 1600 万吨、甘肃等地 200 万吨。2023 年，调出民用取暖煤、无烟煤等特殊煤种和已签中长期合同的电煤量为 900 万吨，其中调往甘肃 450 万吨、陕西 150 万吨、四川 200 万吨、其他地区 100 万吨。

（二）消费需求

1. 数量结构

2023 年，宁夏煤炭消费 1.734 亿吨，近 10 年煤炭消费总量呈现持续增加态势。其中电力热力消费 8690 万吨，煤化工消费 6916 万吨，其他行业消费 1700 万吨，电煤、煤化工行业消费占全区煤炭消费总量的 90%。消费增长主要是因为煤化工产业快速发展，带来煤炭原料需求增加。2024 年 1—10 月，全区规模以上工业原煤销售量 4186.62 万吨，同比下降 4.0%。

2. 消费趋势

宁夏现代煤化工的先进煤炭液化、气化技术，变"煤"为"油"、化"煤"为"丝"，转化为煤制烯烃、甲醇、氨纶、芳纶等产品，实现价值倍增。现代煤化工总产能达到 3000 万吨，其中煤制油连续三年超过 400 万吨，居全国首位；煤制烯烃产能达到 470 万吨，占全国 1/5。宝丰能源建成全国规模最大、产业链最完善的煤基新材料循环经济产业集群。宁夏正在建设 2000 亿级现代化工产业集群、1000 亿级轻工纺织产业集群，重塑传统产业新体系，焕发传统产业新优势，能源化工产业快速发展对煤炭原料需求还有约 2000 万吨空间，也意味着未来宁夏煤炭还有刚性需求空间，大概率跨越 2 亿吨/年的消费可能。

---

① 数据来源：宁夏回族自治区统计局官网。

（三）供需变化

1. 供需均衡点不断提高

在清洁能源技术革命性改进之前，伴随煤炭燃料和原料用途不断扩大，宁夏不断扩大自身产能和加大区外煤炭调入数量，煤炭的供需均衡点在不断提高。（见图2）

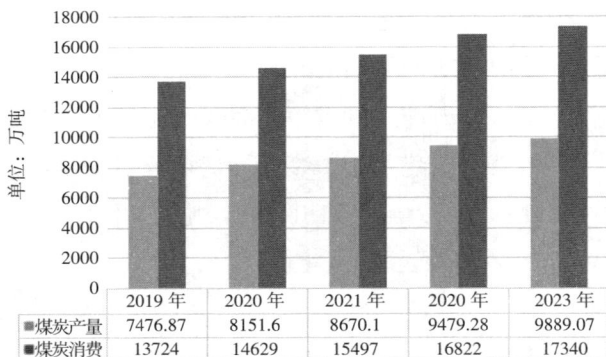

	2019 年	2020 年	2021 年	2020 年	2023 年
煤炭产量	7476.87	8151.6	8670.1	9479.28	9889.07
煤炭消费	13724	14629	15497	16822	17340

图2　2019—2023 年宁夏煤炭供需情况①

2. 用煤实际成本高于周边

受疫情后产能恢复和扩大影响，全国煤炭需求快速增加，煤炭价格从2021 年开始持续提升，长协基准价由每吨 535 元上升至 675 元。煤炭需求仍有增长，电煤、煤化工用煤增量较大，在储能、氢能等技术革命性改进之前，煤炭价格下降空间不大。同时，宁夏正在布局的新型材料、数字信息等产业都是能耗较高产业，需要充足的能源支持。由于外调煤炭是解决供给的主要途径，运费成为影响煤价的重要因素，运输成本占煤炭交易价格的30%—50%，意味着未来宁夏煤炭消费价格很难大幅下降。

三、当前影响宁夏煤炭供需的主要因素

（一）全国煤炭产能变化联动煤电需求

全国煤炭产能通过煤价和电量传导影响宁夏煤炭供需。我国制造业大国国情和能源消费结构现状决定，全球供应链传导我国出口，出口传导国

①数据来源:《国家能源统计年鉴（2023）》《宁夏能源统计年鉴（2022）》。

内产能，国内产能变化通过电量传导到煤炭需求，并影响煤炭价格。宁夏是煤炭净调入省区和电力净输出省区，每发 2 度电中就有 1 度外送，全国煤炭产能对宁夏用煤产生需求数量和价格双重影响。而产能超预期叠加需求超预期对需求和价格的影响更加复杂，产需错配风险为宁夏应对此问题提出了难题。宁夏自身产能产量相对稳定，短期内产能扩大空间约 20%，煤炭需求持续增长，较高的对外依存度决定宁煤对解决需求影响煤价的作用有限。

（二）距离通道拉高外调综合成本

宁夏煤炭对外依存度超过 40%，随着煤化工产业链的延长和区内产能增加有限，对外依存度还有增加可能。宁夏煤炭传统调入较近地区是鄂尔多斯、乌海、榆林等地，随着蒙西、陕北煤化工投产，以及向东部地区供应煤炭，宁夏煤炭调入数量和成本都会受到影响。宁夏煤炭现实外调增量省区是新疆，运输距离是 1600—2000 公里（哈密、准东），火车运输成本每吨 150—250 元，相当于 2024 年秦皇岛煤价的 25%—30%（强监管下 2023 年动力煤长协合同价格保持稳定，全年长协煤 5500 大卡均价 713.83 元，较 2022 年回落 7.84 元），相较于周边 300 公里左右的鄂尔多斯和榆林，疆煤运输成本是一个现实劣势。从国家大局和市场调节来看，晋蒙陕三省区基地煤炭运输通道体系日益完备，对于东部地区目标产区，通道和价格优势明显。相对而言，宁东是疆煤向东最近的国家能源化工基地，是疆煤的首选销售地。

（三）清洁能源技术创新应用逐步推进

清洁能源是煤炭主要替代品，宁夏太阳能、风能资源富集，年日照时数超过 2800 小时，有贺兰山脉等三大风带，非常适合光伏和风力发电。宁夏正在实施"一链一基地三通道"①建设，外送电量占到全区年发电量的

---

① "一链"指新能源全产业链，从"原料硅"到"光伏组件"的光伏产业链，从"零部件"到"整机组装"的风机产业链，从电池"正负极"到电站建设的储能产业链；"一基地"指清洁能源生产基地，建设国家大型风电光伏发电基地、抽水蓄能电站、氢能生产等重大项目，预计到"十四五"末，新能源装机规模将达到 5500 万千瓦；"三通道"指 3 条"西电东送"通道，已建成宁夏到浙江、山东外送通道。

40%。国内首条以新能源为主的宁夏到湖南外送通道建成后每发 3 度电中就有 1 度是绿电。另外，宁夏煤炭清洁高效利用、新型储能等领域，应用新技术、新工艺、新设备，自主研发的可再生氢碳减排、智能集中供热等技术，达到了业内领先水平，能够减少煤炭消耗，提高煤炭使用效率，可降低煤炭消费数量。

（四）现代煤化工产业快速发展

2024 年 6 月，习近平总书记考察宁夏，强调宁夏的现代煤化工和新型材料产业，风电、光伏发电、氢能等清洁能源产业，要精耕细作、持续发展。目前，宁夏现代煤化工全产业链产值超过 2000 亿元，创造了 13 万人的就业，具备产业规模效应和区域竞争优势。2023 年，煤制油、煤制气、煤（甲醇）制烯烃、煤制乙二醇产量分别为 724 万吨、63.35 亿立方米、1725 万吨、547 万吨。现代煤化工产业是宁夏的特色优势产业，对于稳定宁夏经济总量、财政税收、就业收入十分重要，也关乎上下游产业和周边地区服务业发展。现代煤化工产业的原料是产业基础，必须确保原材料供应充足，因此，现代煤化工产业也是未来影响宁夏煤炭需求的重要因素。

四、确保宁夏煤炭供需稳定的机制探索及对策选择

（一）创新推进外调煤炭通道畅通机制

站位国家能源安全战略高度，认识疆煤入宁的现实性和重要性，顺应西部陆海新通道建设，自治区应强力推动疆煤入宁通道畅通。一是推动建设哈密到宁东的重载铁路（宁新铁路）。成立由自治区领导牵头的工作机制，首选市场化方式投资建设机制，引导成立由国家铁路公司，国能宁煤公司，山东、浙江、湖南国资委，民间资本为主要股东的宁新铁路公司。科学规划铁路路线，加快项目报批，列入宁夏"十五五"重点项目，优先争取查干德尔斯经巴彦浩特至大坝铁路纳入国家"十五五"铁路发展规划。二是短期内协调保障公铁联运。落实《新疆—宁夏政府战略合作框架协议》《新疆生产建设兵团—宁夏战略合作框架协议》，利用现有铁路，推动修建宁新铁路，按照市场需求，为疆煤以最低成本入宁做好协调、畅通工作。

（二）稳步扩大产能与因需控制产量管理机制

一是提高煤炭智能生产产能。完成全区煤炭产能核查，包括资源、土地、生态、人才等，厘清产能增加空间和产能增加现实，在成本可控前提下，提前做好土地、生态、技术、管理等工作准备；创新煤炭开发模式和技术，减少开采固定投入，提高智能化水平，为按需生产打好基础；修编灵武矿区、马家滩矿区和红墩子矿区总体规划，推动丁家梁、京盛煤矿复工复产。力争"十五五"期间全区煤炭产能达到 1.5 亿吨，其中智能开采产能力争占到 50%，为产量管理提供支撑。二是按需管理全区煤炭产量。落实国家新型能源安全战略，结合宁夏煤炭储量有限现实，防止无序大规模开采煤炭，坚持经济、生态、可持续等条件约束，将 30% 左右（5000 万吨）产能作为调控空间，在能源化工产业急需、市场价格高企等情况下，动用智能开采产能适度扩大产量；在能源化工产业需求放缓、市场价格下降情况下，缩减智能开采产能，为子孙后代预留能源空间。

（三）宁煤保化工与外煤保电力同步

政府部门引导区内煤炭化工企业与区内煤炭开采企业优先签订长协价。引导国能宁煤与区内能源化工企业签订相对稳定的长协价，引导国能宁煤入股区内光伏发电企业，从机制上激励国能宁煤减少煤炭发电数量，实现"宁煤保化工与外煤保电力"目标。同时，按照"传统能源保电力供应、新能源调电量结构"的原则对全区电源进行统筹规划，优化电源结构、布局和发展时序，实现电力电量"双平衡"。

（四）错峰价格调节机制

完善《自治区电力负荷管理实施细则》，完善错峰避峰价格调节机制，提升清洁能源产能利用率。测定和预测全区季度、月度煤电最低待机供电数量，按照夜间保持最低煤电待机数量标准，运用价格引导用电流向清洁能源，尽量引导至白天清洁能源端（主要是光伏电）供给，最大限度释放清洁能源电能，减少煤电电能使用。从电力用户和电力企业两端发力，加大虚拟电厂推广应用，按照价格可调节机制进一步分类电力用户，对于可错峰避峰电力需求，加大价格调节机制引导至清洁能源端，如电动汽车充电、大数据园区空调用电、景观照明、亮化工程等。对于"三高"企业，严格落实可再生能源电力消纳责任，并将责任连通技改、税收、贴息补助等，督促"三高"企业降低能耗、减少污染排放。支持电力企业发展虚拟电厂，给予电力企业错峰避峰和外送可再生能源电力达标相应优惠或补助。

（五）供需均衡预警机制

一是构建煤炭产能产量数字平台。针对不同地区煤炭资源、煤矿生产、产能利用率差异较大，防止产能需求错配，扰动煤炭供给稳定。应加快构建全区统一、信息共享、产运需全覆盖的煤炭供需数字平台（可与煤矿数字应急平台整合），夯实煤炭供应基础数据，动态更新数据变化，动态跟踪分析供需，加强煤炭市场监测，尤其是加强重点区域、重要时段的煤炭供需预测预警，促进宁夏煤炭供需动态平衡。优化产能管理，预留弹性产能，更好适应新能源快速发展、能源供应波动加大新形势。二是实施合理库存和适度储备工程。煤炭库存储备对安全供应至关重要，构建以产能储备为核心、产品储备为调节、资源储备为支撑的煤炭储备体系。短期重点推动煤炭产能储备，增强煤炭产能释放弹性，适度放宽月度产量约束，提升煤矿产能跨季节灵活调节，将全区原煤库存安全周转时间确定为50天以上，周转时间上下浮动10%为预警区间，周转时间上下浮动超过20%时即自动启动相应机制，包括错峰价格、保区内化工严格长协价履约督察等机制。科学规划储备网点，高度重视库存管理，降低二次倒运和资金占用成本，防止煤质下降、自燃、环境污染等问题，增强产业链库存安全性和可调节性。

宁夏推动金融高质量发展研究

王宇恒

国家兴衰，金融有责。习近平总书记指出，要"坚持把金融服务实体经济作为根本宗旨，坚持把防控风险作为金融工作的永恒主题"。金融活，经济活；金融稳，经济稳。金融是推动中国式现代化建设的重要力量，是加快构建现代化产业体系的重要力量，是提高人民生活品质的重要力量，是建设美丽新宁夏的重要力量。当前，宁夏推动金融高质量发展，要紧紧围绕金融服务实体经济、防范化解金融风险两条主线，深度谋划、精耕细作，攻坚克难、乘势而上，维护全区金融安全，助力全区经济高质量发展，努力为建设金融强国作出宁夏贡献。

一、宁夏金融发展概况

金融是国民经济的血脉，是市场经济健康有序运行的资金枢纽，是实体经济的血脉。近年来，宁夏金融发展较快，取得较大成绩，对全区经济高质量发展作出重要贡献。

（一）货币金融数据[①]

宁夏各项存贷款数据保持平稳增长，流动性合理充裕，市场主体融资

作者简介：王宇恒，宁夏社会科学院《宁夏社会科学》编辑，助理研究员。
①数据来源：中国人民银行宁夏分行。

成本有所下降，为经济发展提供了稳定、可持续的资金支持。

1. 存贷款方面

截至 2024 年 8 月末，宁夏本外币存款余额 9830.76 亿元，同比增长 7.29%；人民币存款余额 9810.97 亿元，同比增长 7.3%。2024 年前 8 个月，宁夏人民币存款增加 481.48 亿元，较年初增长 5.16%。存款的稳步增长为全区金融机构信贷投放提供了良好的货币条件。本外币贷款余额 10138.69 亿元，同比增长 5.77%；人民币贷款余额 10126.13 亿元，同比增长 5.83%。2024 年前 8 个月，全区人民币贷款增加 430.25 亿元，较年初增长 4.44%。

表 1　2024 年 8 月末宁夏人民币存贷款统计

单位：亿元

项　　目	2024 年8 月	上年同期	同比增长	2024 年初	较年初增加	较年初增长
各项存款余额	9810.97	9143.86	7.3%	9329.49	481.48	5.16%
住户存款	5954.35	5376.05	10.76%	5582.09	372.26	6.67%
非金融企业存款	1503.22	1554.47	−3.3%	1514.41	−11.19	−0.74%
机关团体存款	1399.0	1375.54	1.71%	1358.71	40.29	2.97%
财政性存款	582.03	517.16	12.54%	568.78	13.25	2.33%
非银行业金融机构存款	362.9	307.59	17.98%	291.96	70.94	24.30%
各项贷款余额	10126.13	9568.73	5.83%	9695.89	430.25	4.44%
住户贷款	3648.6	3339.18	9.27%	3440.61	207.98	6.04%
企（事）业单位贷款	6474.98	6227.64	3.97%	6254.48	220.50	3.53%
非银行业金融机构贷款	2.4	1.82	31.87%	0.70	1.70	242.86%

数据来源：中国人民银行宁夏分行官网。

表 2　2022—2024 年上半年宁夏金融数据统计

单位：亿元

项　　目	2022 年末	2023 年末	2024 年 3 月末	2024 年 6 月末
人民币存款余额	8465.31	9329.49	9756.54	9782.41
同比增长	13.4%	10.2%	7.5%	7.7%
人民币存款增加额	999.53	864.18	427.05	452.93
其中：住户存款增加额	630.27	682.53	347.14	342.81

续表

项　目	2022 年末	2023 年末	2024 年 3 月末	2024 年 6 月末
非金融企业存款增加额	75.46	−19.32	20.68	63.08
机关团体存款增加额				
财政性存款增加额	130.02	113.8	−70.64	−85.26
非银行业金融机构存款增加额	44.37	30.1	46.62	57.16
人民币贷款余额	8885.35	9695.89	9991.1	10043.9
同比增长	7.3%	9.1%	5.8%	5.4%
人民币贷款增加额	601.08	810.53	295.21	348.02
分部门看：				
住户贷款增加额	270.29	432.21	156.19	194.3
其中：短期贷款增加额	47.72	120.78	67.39	—
中长期贷款增加额	222.57	311.43	88.8	—
企（事）业单位贷款增加额	327.42	380.97	139.72	154.37
其中：短期贷款增加额	−176.64	114.6	89.31	
中长期贷款增加额	474.49	328.34	67.41	
票据融资增加额	30.11	−61.52	−16.79	
非银行业金融机构贷款	3.4	−2.7	−0.7	—
分期限看：	—	—	—	
短期贷款增加额	—	—	—	194.3
中长期贷款增加额	—	—	—	169.81
票据融资增加额	—	—	—	−15.26

数据来源：中国人民银行宁夏区分行官网。

2. 支持经济发展的具体领域

（1）信贷投放及社会融资规模。截至 2024 年 8 月末，宁夏人民币贷款余额 10126.13 亿元，同比增长 5.83%；其中，中长期贷款余额 6859 亿元，有力支持了全区重大项目建设和个人合理住房需求。[①]在信贷总量持续增长的带动下，宁夏社会融资规模稳步增长。据初步统计，上半年，全区社会融资规模增量为 368.67 亿元[②]。其中，对实体经济发放的人民币贷

[①]数据来源：中国人民银行宁夏分行"2024 年上半年宁夏金融运行情况暨提升民营企业金融服务获得感"新闻发布会。

[②]数据来源：国家统计局。

款占同期社会融资规模的 94.6%，较上年同期高 12.4 个百分点，对实体经济支持力度保持稳固。

（2）科技创新领域贷款增长快速。截至 2024 年 5 月末，宁夏科技型中小企业、专精特新中小企业、专精特新"小巨人"企业贷款余额同比分别增长 11.6%、14.5%、41.4%，均明显高于各项贷款增速，金融服务科技创新工作质效不断提升。另据初步统计，截至 2024 年 6 月末，宁夏数字经济产业贷款余额 82.06 亿元，同比增长 44.7%。

（3）绿色金融增势强劲。截至 2024 年 6 月末，全区绿色贷款余额 1595.23 亿元，同比增长 14.7%，显著高于各项贷款增速；上半年新增 129.22 亿元，占各项贷款增量的 37.1%，重点支持了太阳能利用设施建设运营、传统能源清洁高效利用等清洁能源产业重大项目。

（4）普惠金融实现"量增面扩"。截至 2024 年 6 月末，全区普惠小微贷款余额 1097.02 亿元，占人民币各项贷款余额的 10.92%，同比增长 16.5%，高于各项贷款增速 11.1 个百分点，其中普惠小微信用贷款同比增长 44.8%；普惠小微贷款授信户数 31.99 万户，同比增长 11.4%；6 月，新发放的普惠小微贷款加权平均利率较上年同期下降 0.36 个百分点。涉农贷款余额 2777.4 亿元，同比增长 8.2%，其中农户贷款同比增长 15.7%。支农支小再贷款、再贴现余额 263.98 亿元，共支持各类主体 8.03 万户。民营经济贷款余额同比增长 8.2%，占各项贷款的比重同比提升 0.7 个百分点。

（5）市场主体融资成本降低。宁夏充分释放贷款市场报价利率（LPR）改革效能，贷款利率持续走低。2024 年 6 月，企业贷款加权平均利率为 3.85%，同比下降 0.19 个百分点，其中小微企业贷款加权平均利率为 4.0%，同比下降 0.2 个百分点，两者均为有统计以来历史最低水平；全区个人住房贷款加权平均利率同比下降 0.38 个百分点，购房人利息支出切实降低。

（二）上市公司数据

2023 年末，宁夏共有上市公司 17 家，总股本 213.46 亿股，总市值 1859.12 亿元，比上年末增长 14.8%。其中，流通市值 1763.15 亿元，增长 82.9%。全年证券交易额 12305.17 亿元，增长 1.8%。年末全区在全国中小企业股份转让系统挂牌公司 31 家，比上年末下降 22.5%。全区直接融资

252 亿元，占比仅 20.73%，低于全国直接融资 33.79% 的比例；股权融资 28 亿元，占比仅 2.31%。[①]

（三）保险业数据

2023 年末，宁夏共有省级营业性保险分公司 25 家，全年实现保费收入 244.59 亿元，比上年增长 13.3%。其中，财产险收入 79.31 亿元，增长 12.0%；寿险收入 123.26 亿元，增长 20.5%；健康险收入 36.3 亿元，增长 0.5%；意外伤害险收入 5.72 亿元，下降 12.5%。支付各类赔款和给付 93.06 亿元，增长 29.0%。其中，财产险赔付 53.2 亿元，增长 23.2%；寿险业务赔付 26.46 亿元，增长 65.6%；健康险赔付 10.62 亿元，下降 2.1%；意外伤害险赔付 2.78 亿元，增长 29.3%。[②]

二、宁夏金融支持地方经济发展存在的不足及原因分析

（一）金融支持科技创新能力不足

科技创新是新质生产力发展的重要动力，科技型企业是经济发展的前沿阵地。当前，宁夏规上新兴产业增加值占规上工业增加值的 20% 以上。但是，相较于东南沿海地区，科技创新为宁夏经济发展提供的助力不足。客观来看，科技创新是一项复杂的、多元的、长期的系统性过程，科技型企业迭代快、创业初期投入大且风险高，对资金的需求更盛，更需要长期、稳定的资金支持企业进行研发创新。当前，宁夏大部分科技型企业尚处于发展的起步阶段，客观上具有高风险、收益不确定等因素，而金融机构出于对自身资金安全和风险控制的考虑，更倾向风险小、收益稳定、见效快的行业及企业。长期以来，间接融资结构与科技型企业特征不相匹配，资金供需之间存在矛盾，而更加契合科技型企业资金需要的股权融资类产品则受限于区内金融市场规模小、市场交易不够活跃等现实因素，难以提供支持。

---

①数据来源：宁夏证监局。

②数据来源：宁夏银保监局。

（二）金融支持绿色转型发展仍需发力

近年来，宁夏绿色金融服务发展较快，绿色贷款余额有所增加，使用碳减排支持工具和支持煤炭清洁高效利用专项再贷款余额占全国4.7%。但从整体来看，绿色金融支持力度仍显不足，绿色贷款余额占比较低，产品和服务结构相对单一。推动全社会绿色低碳发展涉及众多行业、众多领域，同样是一项复杂的、多元的、长期的系统性过程。其一，与科技创新类似，绿色发展需要长期、大量资金支持创新创造，提高科技创新能力，以促进经济发展各个领域切换至低负担、低能耗、低污染的新型动能。因此，这一系列科技创新含量高的转型发展探索之路，也同样面临高风险和收益不确定性的问题。其二，绿色发展不能只顾创造新的高级产能，还要兼顾传统产业的转型。对于宁夏而言，传统产业转型的问题更为突出和艰巨。相较其他发达省区，宁夏经济发展的总体规模小，而传统产业增加值约占全区地区生产总值的90%，是全区经济发展的家底，并且承担着全区很大一部分居民就业、经济发展和社会稳定的重要职能。做好资金供给结构优化的"加减法"，并不意味着要一刀切地停止支持传统产业，相反，我们要继续支持传统产业提质增效升级，简单粗暴地"抽贷""断贷"将百害而无一利。

（三）资本市场发育不充分

宁夏资本市场发育不充分、规模低、数量小，是金融发展的短板。截至2023年末，宁夏直接融资占比仅20.73%，远低于全国直接融资33.79%的比例；股权融资28亿元，占比仅2.31%。全区上市公司数量居全国倒数第二，首发融资规模普遍较小，再融资能力弱。宁夏资本市场发展较弱的根本原因有两个方面：一是缺少有竞争力的金牌企业，难以达到挂牌上市、发行债券等直接融资的硬条件。有的企业发展起来后也缺乏股权意识和融资意识，融资偏好较为保守，不会用、不善用、不敢用金融资本。二是资本市场本身不够健全，金融结构不合理，发展水平较低，不能满足企业需求，缺乏适销对路的金融产品和服务。

三、宁夏推动金融高质量发展对策建议

当前宁夏处于工业化、信息化、农业现代化快速发展的时期，需要各领域协同发力。金融具有功能性和盈利性的双重特性，坚持金融服务实体经济，要坚持党对金融工作的集中统一领导，坚持金融服务实体经济的根本宗旨，坚持防控风险的永恒主题，切实加强金融在重大战略、重点领域的服务能力。要围绕科技金融、绿色金融、普惠金融、养老金融、数字金融等做好"五篇大文章"，做好资金供给结构优化的"加减法"，充分发挥金融的融通作用与服务质效，为产业发展等重大战略任务提供金融支持，为宁夏建设先行区、因地制宜发展新质生产力助力。

（一）坚持金融服务实体经济的根本宗旨，做好金融服务"五篇大文章"

1. 探索"风险—收益"匹配的科技金融服务模式

积极融入国家提升金融科技的适配性战略任务，进一步健全资本市场服务科技创新的制度机制。一方面，鼓励金融机构积极探索科技金融的服务模式，提高业务和产品支持创新驱动发展、区域协调发展的能力。培育全区多层次资本市场，引导中长期资金入市，培育和壮大"耐心资本"，引导资本树立理性投资、价值投资、长期投资的理念，为市场主体提供更充实的资金、更坚定的支持。引导金融系统统筹运用股权、债权、保险等方式，设计符合企业实际需求、满足金融机构风险控制底线的一揽子业务或资产配置组合，在企业设立初期、快速发展期、成熟期等不同发展阶段，配套适宜的金融产品，为先进制造、新型能源等领域争先克难的企业提供完善的全生命周期、全产业链条的金融服务。另一方面，要持续营造良好的营商环境。进一步完善市场机制，充分发挥市场在资源配置中的决定性作用，更好发挥政府作用，构建企业全生命周期政策精准服务体系，充分激发各类市场主体活力和创造力。积极争取国家金融监督管理总局对宁夏优势特色产业发展给予金融政策支持。良好的市场环境有利于企业提高自身"生存"能力，有利于提高企业盈利和抵御经营风险的能力，因此也有利于降低企业倒闭、失信等无法还贷的风险，为金融机构打上一针"强心

剂"，让金融机构放心支持科技型企业。

2. 提高支持可持续发展的绿色金融服务能力

推动完善绿色金融标准体系，促进绿色金融产品和市场发展，增强绿色金融服务质效和可持续性。一方面，优化绿色金融评价方法。引导金融机构健全、调整绿色金融激励约束机制，发挥金融的资金融通和枢纽作用，用好用足结构性货币政策工具，鼓励金融机构采用贷款期限错配、产品组合等方式，丰富绿色金融业务产品，把知识产权、未来预期收益等转化为可抵押、质押的资产，多样化支持绿色低碳领域的企业发展，尤其是中小微企业、民营企业。另一方面，继续保障传统产业，尤其是特色产业的资金供给，支持宁夏传统产业提质、增效、升级，取得更大经济效益和社会效益。通过设置技术创新专项融资项目、重点产业发展贷款业务等方式，在助力传统产业稳产、增产的基础上，对企业提升技术研发能力、改造优化生产线给予资金支持，帮助企业加快高端化、智能化、绿色化转型。对于已经具有显著品牌优势的特色产业，如葡萄酒、高端奶、枸杞、电石化工、有色金属、新材料等产业，要引导金融机构研发设计适宜的融资产品，协助企业提质升级，打造核心竞争力，助推企业培育发展形成新质生产力。

3. 发展更具可得性的普惠金融

继续深化普惠金融供给侧结构性改革，为百姓生活提供更多优质普惠金融服务。一方面，要继续致力于提高金融服务的可得性。推动金融机构积极稳妥探索成本可负担、商业可持续的普惠金融发展模式，为金融机构提供业务指导、资金价格优惠等帮助，鼓励金融机构有序扩大普惠金融的投放量，持续发挥助农贷、消费贷、小微贷等普惠贷款的惠及作用，帮助受益群体提升"造血"功能。另一方面，提高金融服务的能力。丰富手机银行、网上银行等便捷终端可办业务种类，加强科技赋能，提供多样化的金融服务获取渠道。在资产配置方面，既要让兼具安全性、收益性、流动性的金融产品广为人知、善为人用，也要科学合理评估不同人群的不同投资需求，推介适合其风险—收益偏好的资产配置产品。在宣传教育方面，人行、银保监局、金融机构协同做好信贷产品违约成本宣传教育，提高群众对信贷产品、个人征信、违约成本的认知，提高群众金融素质。

4. 主动探索养老金融服务方式

针对养老金融特殊性，提高养老金融资金供给水平，提升养老金融服务质量。一方面，关注全区"银发经济"发展潜力，着力打造包括"健康养老"在内的产业。当前，宁夏健康养老机构、设施、服务投产诞生，一些医疗康养企业运营逐步稳健，"银发经济"有一定热度，具备供给基础和消费主体。应当明确全区"银发经济"发展目标与定位，结合全区人口结构与老龄化社会实际情况，积极融入全国统一大市场，将"银发经济"产业发展与科技创新、智慧康养等融合发展，前瞻布局"银发经济"产业体系与生态环境。积极运用央行提供养老普惠专项再贷款等养老金融业务，引导金融机构加大对养老相关产业和"银发经济"支持力度，推动构建"大养老"生态圈。推出适合普通百姓购买、使用养老服务的金融产品，引导改变消费观念，让更多家庭和老人愿意且能够付费养老，推动健康养老产业发展。另一方面，推动金融机构网点和线上"适老化"改造等措施，简化办理手续、证明材料，采用更加简明清晰的产品介绍和操作指引，加强科技赋能但要防止"数字鸿沟"，让老年群体平等享受到基础金融服务。在服务质量方面，明确金融机构服务界限和行为规范，要求金融机构在为包括老年群体在内的各类群体提供有效金融服务、改善生活质量的同时，保护金融消费者的正当权益不受侵犯。

5. 加强科技赋能促进数字金融发展

数字技术、数字经济是科技革命和产业变革的先机。金融业是数据集聚、科技力量集中的数据密集型产业，顺应时代潮流，发展科技金融是更好服务实体经济的有效措施。宁夏应当聚焦如何通过数字金融提升金融服务质量等，积极推动金融业数字化转型提升。一方面，提升金融机构数字化服务能力。例如，在销售理财产品方面，通过总行、总部提供的产品收益表现、风险等级评估、购买人群特性分析等数据信息，运用智能资产配置工具推荐符合客户预期收益、期限配置、风险承担能力的产品，科学合规地销售理财产品，提升产品服务的质量，保障金融消费者权益。在发放贷款时，通过建立申请人数据档案信息，运用搭载客户数据的风险控制模型，综合评价申请人征信情况、资产负债情况，合理预估申请人还贷能力，提高贷款调查、审查的准确性，避免将贷款投向不具有偿债能力的申请人，造成资产流失。在贷款发放后，通过数据模型跟踪借款人还款能力变动，提高贷后管理能力，控制不良贷款发生概率，提高金融机构运营的稳健性。另一方面，加强金融机构数据治理能力，提高金融机构数据采集的广泛性、准确性。数字金融发挥新动能，离不开数据的采集、储存、计算和运用，而采储算运的基础则是数据的"量"和"准"。金融机构是数据采集的主要来源，必须做到有效采集、统计口径一致准确、报送数据真实，避免漏统误报，积极为中后端数据使用和决策参考提供有效信息。

（二）坚持把防控风险作为金融工作的永恒主题，牢牢守住金融安全底线

金融强国建设旨在为全面推进中国式现代化提供关键支撑，而金融领域各种矛盾和问题相互交织、相互影响，牵一发而动全身，并且金融风险隐蔽性、突发性、传染性强，极易引发社会风险。总体来看，当前宁夏经济运行总体平稳、稳中有进，金融风险保持总体收敛、平稳可控的态势。但是从经济、金融发展的客观规律看，我们仍要做好防范化解金融风险各项工作，扭住关键、综合施策。

1. 规范市场参与主体行为

金融市场良好运行，离不开市场参与主体的行为本身。一方面，防范风险要"治未病"，要形成良好、健康、诚信的市场秩序，在推动企业市场化转型、培育企业家经营能力、提高抵御风险能力等方面下功夫，形成市场经济发展的良性循环，从根本上化解债务违约的风险。另一方面，规范市场主体的发行和交易等行为，依法依规开展交易，维护金融市场稳健运行。充分利用国家、自治区两级监测预警平台，加强市场监测，通过数据监测、预警排查、模型筛选等方式提高监测、监管能力，防止洗钱、非法集资、违规操作等风险事件发生。

2. 强化金融监管力度

金融监管要"长牙带刺"，敢于亮剑。一方面，压实各级各类监管主体责任，明确职责范围，配齐人员设施，提高监管的专业性、精准性。协调开展部门间监管，在守土有责、守土尽责的基础上"向前一步"主动介入，

查漏补缺，不留监管空白。另一方面，严厉打击金融领域违法犯罪和腐败行为，"既要管合法，更要管非法"，打击关联交易、市场操纵、利益输送、业务造假、金融腐败、内外勾结等非法行为，积极推动非法金融活动处置工作。

3. 进一步健全金融机构法人治理

推进金融机构改革，把握金融供给侧结构性改革主线，健全金融机构法人治理。我国金融机构包含着国家牌照资源，依托的是国家信用，不能等同于一般的工商业，金融机构必须回归本源、清晰定位、完善治理。一方面，加强机构内部管理与风险控制，提高机构业务风险控制能力，细化合规管理标准，从严执行各项内控制度，提高应急处置能力，发现问题尽早处置，做好舆情处理和金融消费者权益保护工作，守好金融安全底线。另一方面，提高数字、智能、科技力量在金融领域的"参与度"，金融机构应加快数字化转型，善用大数据模型、智慧画像、生成式人工智能等工具，优化产品设计与业务流程，在为客户提供精准服务的同时，提高自身风险控制能力。

4. 积极培育中国特色金融文化

切实加强金融领域党的建设，坚定不移正风肃纪反腐，锻造忠诚干净担当的高素质专业化金融干部人才队伍。一方面，细化、完善金融从业人员行为规范等规章制度，执行禁止从业制度，强化从业人员违规行为惩戒力度，严管金融资源和权力运行的重点环节、重要人员，保持金融队伍的纯洁性、专业性、战斗力。另一方面，大力弘扬中华优秀传统文化，加强金融从业人员道德伦理培育，坚持诚实守信、以义取利、稳健审慎、守正创新、依法合规，营造良好金融生态。

区域发展篇

QUYU FAZHAN PIAN

2024 年银川市经济发展报告

张保君

2024 年，银川市深入学习贯彻党的二十大，二十届二中、三中全会和习近平总书记考察宁夏重要讲话精神，全面落实党中央、国务院和自治区党委、政府各项决策部署，大力实施"五八"强首府战略，着力推进 5 个示范引领，坚决落实"九九攻坚突破"工作部署，聚焦实现全年预期目标任务，全力打好"百日攻坚战"。随着存量政策和增量政策协同发力，市场预期逐步改善，发展活力不断增强，主要指标回升好转，经济逐步回稳向好，发展质量稳步提升，为实现全年经济社会发展各项目标奠定坚实基础。

一、银川市经济运行情况

（一）"三大产业"稳定增长，工业经济强劲支撑

2024 年前三季度，银川市实现地区生产总值 1943.71 亿元，同比增长 4.6%，增速分别位居西北五省区省会（首府）城市、沿黄九省区省会（首府）城市第二位和第五位。分产业看，第一产业 69.56 亿元，同比增长 5.0%；第二产业 920.61 亿元，增长 7.0%；第三产业 953.54 亿元，增长 2.4%。三次产业占经济比重分别为 3.6%、47.3% 和 49.1%，分别拉动经济

作者简介：张保君，银川市统计局副局长。

增长 0.2、3.1 和 1.2 个百分点。

1. 农业发展形势向好，主要农产品供应充足

银川市深入实施现代都市农业品牌创优计划，以"稳粮食、增蔬菜、优奶业、扩水产"为重点，打造"两带两地六区"农业产业发展格局，不断提升农业效益和竞争力。2024 年前三季度，全市实现农林牧渔业总产值 149.96 亿元，按可比价格计算，同比增长 5.2%。各类农产品供给充足，蔬菜及食用菌实现产量 117.78 万吨，同比增长 10.6%；猪牛羊禽肉总产量 5.62 万吨，增长 16.7%；水产品产量 5.64 万吨，增长 1.5%。聚焦牢牢守住不发生规模性返贫的底线，累计纳入防止返贫监测对象 2724 户 9449 人，因户因人落实帮扶措施 9800 余项，消除风险 1074 户 3576 人。聚焦"国之大者"确保粮食安全，坚决扛牢粮食生产安全责任，持续稳定粮食播种面积和产量，全市夏粮面积 13.8 万亩，同比增长 12.2%；产量 5.3 万吨，增长 15.2%。秋粮收获进展顺利，全年粮食有望再获丰收。

2. 工业生产快速增长，制造业增势良好

银川市着力打造"三都五基地"，在抢占新赛道上攻坚突破，加快建设产业强市。2024 年 1—10 月，全市规模以上工业增加值同比增长 10.3%，比全国高 4.5 个百分点，比全区高 0.4 个百分点。其中，重工业增加值增长 10.8%，轻工业增长 4.6%。制造业支撑有力。制造业增加值同比增长 11.0%，高于规上工业 0.7 个百分点，拉动规模以上工业增加值增长 7.5 个百分点；采矿业增长 14.5%，电力、热力、燃气及水生产和供应业增长 4.6%。半数以上行业实现增长。全市 32 个行业大类中有 18 个行业增长，增长面达 56.3%。其中，化学原料和化学制品制造业增长 40.6%，医药制造业增长 15.1%，煤炭开采和洗选业增长 13.9%。重点产品产量持续增长。重点监测的工业产品中，可再生能源发电量增长 32.1%，初级形态塑料增长 17.1%，工业机器人增长 23.0%，互感器增长 7.3 倍，铝材增长 37.0%。各类企业全面增长。占全市规上工业增加值 57.8% 的国有控股企业增加值增长 7.2%，股份制企业增长 8.4%，非公有工业增长 14.2%；占比 77.6% 的大中型工业企业增加值增长 9.5%，拉动增长 7.6 个百分点，小微型工业企业增长 13.7%，拉动增长 2.7 个百分点。民营企业增势良好。占规上工业增加值比重 39.2% 的民营企业增长 15.5%，高出平均水平 5.2 个百分点，拉动增长 6.4 个百分点。

3. 服务业增势平稳，多数行业回升向好

银川市着力推动现代化服务业高质量发展，加快"两地五中心"建设，构建优质高效的服务业新体系，服务业保持平稳发展态势。2024 年前三季度，全市服务业实现增加值 953.54 亿元，同比增长 2.4%，比上半年回升 0.4 个百分点，对 GDP 的贡献率比上半年提高 9.2 个百分点，拉动经济增长比上半年提高 0.1 个百分点。大多数行业呈回升趋势，批发和零售业增加值 82.77 亿元，同比增长 8.0%，比上半年回升 3.6 个百分点；住宿和餐饮业 23.45 亿元，增长 3.2%，比上半年回升 2.6 个百分点；金融业 196.03 亿元，增长 2.9%，比上半年回升 0.2 个百分点。

（二）"三驾马车"协同发力，各类需求持续改善

1. 投资规模不断扩大，工业投资拉动有力

银川市坚持大抓项目、大抓产业，充分发挥重大项目的支撑作用。2024 年 1—10 月，全市固定资产投资同比增长 7.3%，比 1—9 月加快 2.0 个百分点，比全国高 3.9 个百分点，比全区高 0.5 个百分点。全市投资中，项目投资（不含房地产开发投资）增长 14.5%，比 1—9 月加快 2.0 个百分点，占全市投资比重为 73.3%，比上年同期提高 4.6 个百分点，拉动全市投资增长 10.0 个百分点。三次产业投资加快回升。第一产业投资同比增长 44.5%，比 1—9 月加快 10.9 个百分点，拉动增长 0.5 个百分点；第二产业投资增长 12.9%，加快 2.2 个百分点，拉动增长 7.0 个百分点；第三产业投资下降 0.3%，降幅收窄 1.4 个百分点。工业投资较快增长。全市工业投资同比增长 12.9%，拉动全市投资增长 7.0 个百分点。其中，电力、热力、燃气及水的生产和供应业增长 35.0%，拉动投资增长 5.4 个百分点。工业技改投资高速增长。工业技改投资同比增长 42.5%，拉动工业投资增长 10.4 个百分点。房地产开发投资降幅收窄。房地产开发投资 211.14 亿元，同比下降 8.5%，降幅比 1—9 月收窄 1.3 个百分点，10 月当月增长 7.4%。

2. 市场销售明显加快，新型消费较为活跃

银川市狠抓消费回暖不放松，用好用活消费品以旧换新、契税促消费、

商品房补贴等政策措施，支持汽车、家电、家装厨卫等大宗商品和耐用消费品加速报废和置换更新。2024年前三季度，全市实现社会消费品零售总额612.09亿元，同比增长4.2%，比全国高0.9个百分点，比全区高0.7个百分点。1—10月，全市限额以上消费品零售额349.89亿元，同比增长10.5%，比全区高3.9个百分点。部分商品销售快速增长。在各类促消费活动带动下，全市限额以上单位通信器材类商品零售额增长79.1%，饮料类增长20.3%，电子出版物及音像制品类增长20.7%，石油及制品类增长10.7%。智能产品消费步伐加快。智能家用电器和音像器材类、智能手机、可穿戴智能设备分别增长44.1%、54.5%和122.7%，合计拉动限上消费品零售额增长0.7个百分点。餐饮消费出现回暖。全市文化旅游市场持续火热，居民外出旅行意愿增强，带动接触性、集聚性、流动性消费较快增长，全市限额以上餐饮收入11.95亿元，同比增长0.4%，增速由负转正，比1—9月回升0.8个百分点。

3. 对外贸易降幅收窄，出口回升速度加快

2024年1—10月，全市完成进出口贸易总额94.32亿元，同比下降16.9%，降幅比1—9月收窄2.3个百分点。其中，出口额62.48亿元，下降18.6%，降幅收窄3.1个百分点；进口额31.84亿元，下降13.5%，降幅收窄0.3个百分点。

（三）"三个口袋"稳步增长，各类收入持续加快

1. 财政收入持续回升，金融存贷持续稳定

2024年1—10月，全市完成一般公共预算收入174.55亿元，同比增长4.8%。其中，税收收入125.3亿元，同比下降0.1%。全市完成一般公共预算支出348.12亿元，同比增长0.2%。10月末，全市金融机构人民币各项存款余额6396.04亿元，同比增长7.1%，其中，住户存款3382.45亿元，增长11.5%。全市金融机构人民币各项贷款余额7196.08亿元，同比增长4.2%。其中，短期贷款增长11.5%，中长期贷款增长1.9%。

2. 城乡收入稳步提高，收入差距逐步缩小

2024年前三季度，全市城镇居民人均可支配收入35515元，同比增长4.7%；农村居民人均可支配收入17327元，增长6.8%。从绝对值看，城镇

和农村收入绝对值均居全区首位,分别比全区高 3262 元和 5160 元。从增量看,城镇和农村收入增量均居全区首位,分别高于全区增量 66 元和 299 元。从增速看,农村居民人均可支配收入增长快于城镇居民 2.1 个百分点。城乡居民收入比由上年同期的 2.09 缩小至 2.04,比全国平均水平低 0.42。

3. 重点行业利润增长,服务业营收稳定增长

2024 年 1—10 月,全市 32 个工业大类行业中 23 个行业呈现盈利,盈利面 71.9%。重点行业中化学原料和化学制品制造业、煤炭开采和洗选业、水的生产和供应业利润总额分别同比增长 44.1%、12.4% 和 69.5%,合计拉动全市利润增长 9.9 个百分点。全市规上服务业企业实现营业收入 372.62 亿元,同比增长 2.7%。其中,卫生和社会工作增长 39.1%,水利环境和公共设施管理业增长 17.1%。

(四) 政策效果逐步显现,"百日攻坚"成效明显

1. 政策有效推动经济企稳回升

针对 2024 年经济运行出现的新情况和问题,银川市委、市政府科学决策,及时出台了一系列支持经济稳定运行的政策措施,全市上下打好实现全年发展目标"百日攻坚战",工业、投资和零售等主要指标出现积极变化,经济呈现企稳回升态势。10 月,工业、投资、限上消费同比分别增长 2.3%、25.4% 和 35.7%,分别比 8 月加快 12.1、3.2 和 35.8 个百分点。10 月,全市商品房投资增长 7.5%,比 8 月加快 12.0 个百分点。

2. 政策有效释放内需潜力

2024 年,存量政策的加快落实以及一揽子增量政策加力推出,有力增强了市场信心,在释放消费潜力、拉动投资增长方面继续发挥积极作用。从消费来看,在以旧换新补贴政策有效带动下,汽车、家电、家具等商品消费快速增长。10 月,全市限上消费 46.89 亿元,同比增长 35.7%,比 8 月加快 35.8 个百分点,其中,汽车类增长 75.7%(新能源汽车增长 3.2 倍),家用电器和音像器材类增长 30.1%,家具类增长 6.8%。从投资来看,大规模设备更新等政策推动投资回升。10 月,固定资产投资 90.71 亿元,同比增长 25.4%,比 8 月加快 3.2 个百分点,其中,设备工器具购置投资增长 16.7%,拉动投资增长 5.9 个百分点。从房地产市场看,随着一揽子房地

产政策推出和落实，房地产市场预期明显改善。10月，全市商品房销售面积28.97万平方米，同比增长8.3%，结束了连续8个月负增长，比8月大幅回升42.7个百分点；销售额23.97亿元，同比增长0.1%，比8月回升41.7个百分点。从房地产投资看，房地产市场止跌回稳态势明显，降幅呈逐月收窄态势。1—10月，全市房地产投资同比下降8.5%，比年初、上半年分别收窄33.0和12.3个百分点。

3. 政策有效提振了市场活跃度

2024年10月，全市新增各类经营主体4416户，比上年同期下降9.3%，比8月收窄12.6个百分点。截至2024年10月31日，全市累计在册经营主体40.67万户，比上年同期增长4.5%。

（五）数字赋能提质增效，绿色转型加速推进

1. 能源供给保障有力

2024年1—10月，全市规模以上工业原煤产量6425.13万吨，同比增长2.8%；焦炭产量592.59万吨，增长1.5%。全市规模以上工业发电量939.08亿千瓦时，同比增长5.1%。其中，火力发电量增长1.8%。

2. 数字赋能提质增效

现代服务业稳步增长。2024年1—10月，信息传输、软件和信息技术服务业增加值、投资、营业收入分别同比增长5.6%、68.3%和6.1%。网络零售增势迅猛。全市实现网上零售额48.95亿元，同比增长117.1%，占全市限额以上消费品零售额的比重为14.0%，比上年同期提高6.9个百分点。快递业务高速增长。2024年1—10月，全市邮政行业寄递业务量累计完成12781.69万件，同比增长20.4%。快递业务收入累计完成12.20亿元，同比增长15.0%。

3. 绿色转型加速推进

清洁能源持续高速发展。2024年1—10月，可再生能源发电量（风电和光电）126.7亿千瓦时，同比增长32.1%，占规上工业发电量比重为13.5%，比上年同期提高3.4个百分点。新能源汽车销售加速向好。限额以上单位新能源汽车零售额78.32亿元，同比增长137.2%，占汽车类零售额的比重为46.9%，比上年同期提高23.2个百分点，拉动限上零售额增长

14.3 个百分点。

（六）发展信心稳步提升，就业物价总体平稳

1. 就业形势总体稳定

截至 2024 年 10 月底，全市城镇新增就业 4.47 万人，失业人员实现再就业 3.21 万人，就业困难人员实现就业 0.36 万人；农村劳动力转移就业 11.11 万人。

2. 消费价格小幅下降

2024 年 1—10 月，全市居民消费价格（CPI）下降 0.3%，降幅比 1—9 月扩大 0.1 个百分点。其中，服务价格上涨 0.2%，消费品价格下降 0.6%。

3. 民生投入持续加大

2024 年 1—10 月，全市（不含宁东）民生支出 250.99 亿元，同比增长 2.6%，高于一般公共预算支出 2.4 个百分点，占一般公共预算收入的比重为 76.9%，比上年提高 0.5 个百分点。

二、经济发展中存在的主要问题

（一）工业生产持续回落

当前，银川市工业生产虽仍保持两位数增长，但回落趋势未见改善，对全年经济增长的支撑作用进一步减弱。从先行指标看，工业生产预期仍不乐观。PMI 依然偏弱。2024 年 10 月，全区制造业采购经理指数（PMI）为 48.4%，比全国低 1.7 个百分点，仍处于荣枯线以下，制造业景气度依然偏弱。产品价格降幅扩大。10 月，全区工业品出厂价格（PPI）同比下降 8.3%，降幅比 9 月扩大 0.9 个百分点。工业用电量持续回落。1—10 月，全市全社会工业用电量同比增长 3.6%，比 1—9 月回落 0.9 个百分点。从具体行业看，部分工业行业增长乏力。1—10 月，全市 32 个行业中 14 个行业呈下降趋势，下降面 43.8%；下降行业增加值占全部规上工业增加值比重 27.9%。从企业效益看，利润总额大幅下降。1—10 月，全市规模以上工业企业实现利润总额同比下降 33.4%，降幅比 1—9 月扩大 7.1 个百分点，比全区低 9.4 个百分点。

(二)服务业回升压力巨大

2024年前三季度,全市服务业发展在各部门努力下实现一定程度回升,但全年实现继续回升的压力较大。一是部分行业增长乏力。受营业成本持续上升、5G业务增速趋缓、商品房销售恢复进程缓慢、银行存贷款利率下降等不利因素影响,服务业企业收益持续下滑,导致金融业、房地产业、营利性服务业等占比大的行业增速不及预期,分别低于全年预期目标3.6、8.9和3.8个百分点。二是交通运输业仍不景气。1—9月,全市道路运输总周转量下降0.7%,比1—8月回落1.7个百分点。邮政行业寄递业务量同比增长19.5%,回落0.8个百分点。多式联运和运输代理业、装卸搬运和仓储业营业收入同比下降25.3%和14.9%,降幅分别扩大4.1和9.6个百分点。2024年前三季度,全市交通运输、仓储和邮政业同比增长2.2%,低于全年预期目标4.8个百分点。三是商品房销售面积降幅依然较大。1—10月,全市完成商品房销售面积201.47万平方米,同比下降31.9%,比全国和全区平均水平低16.1和5.0个百分点。

(三)部分领域投资仍待加强

一是制造业投资增速承压。2024年1—10月,制造业投资仅增长1.9%,比上半年回落11.8个百分点,拉动工业投资增长1.2个百分点,比上半年减少6.5个百分点。二是高技术产业投资持续下降。全市高技术产业投资同比下降23.2%,降幅比前三季度和上半年分别扩大3.2和23.9个百分点,下拉全市投资增速5.0个百分点。其中,高技术制造业下降28.3%,下拉全市投资增速5.6个百分点。三是建筑安装工程投资继续下降。全市建筑安装工程投资同比下降4.1%,增速低于全市投资平均水平11.4个百分点,低于全区建筑安装工程投资增速6.9个百分点。四是重大项目接续不畅。全市有工作量的亿元以上项目565个,同比增长4.8%,完成投资额增长3.4%,低于全市投资增速3.9个百分点,对全市投资贡献率为26.0%。

(四)部分消费业态仍不景气

一是六成商品品类增速下降。2024年1—10月,全市19个限上零售类值呈现"八升十一降",下降面为57.9%。其中,服装鞋帽类下降8.3%,

化妆品类下降 8.4%，体育、娱乐用品类下降 12.5%，文化办公用品类下降 21.7%，合计下拉限额以上零售额增速 0.6 个百分点。二是基础吃穿用消费品持续下降。占限上零售额比重 21.8% 的粮油食品、饮料、烟酒、服装、日用品等五类吃穿用商品中，除饮料增长 20.3%，其他四类商品合计下降 4.1%，下拉限上零售额增速 1.0 个百分点。三是住宿业仍未回暖。全市限额以上住宿业营业额 6.95 亿元，同比下降 13.7%，降幅比 1—9 月扩大 0.5 个百分点。其中，10 月下降 19.1%，降幅比 9 月扩大 5.8 个百分点。

三、促进经济增长的建议

（一）在扩大有效投资上聚力攻坚

紧盯 40 个百十亿级项目、19 个自治区重点项目、50 个市级重点项目，全面落实领导包抓机制，解决涉企和项目建设难题，用心用情用力助企纾困、解决难题，护航企业平稳运行、健康可持续发展。紧盯项目谋划，抢抓国家政策机遇，紧盯国家提前下达 2025 年部分"两重"建设项目的清单和中央预算内投资计划，围绕超长期特别国债、中央预算内资金支持投向，找准差距和短板弱项，持续扩大储备项目盘子。聚焦基础设施、农业转移人口市民化、高标准农田建设、地下管网建设、城市更新 5 个领域，重点围绕排水防涝、教育提升、医疗卫生、"三北"工程、节能降碳、农资仓储等 11 个方向，谋划储备一批超长期特别国债支持"两重"建设项目。聚焦工业、环境基础、交通运输、物流冷链、文旅、用能、能源电力、住宅老旧电梯更新改造及回收循环利用等 11 个方向，谋划储备一批符合大规模设备更新条件的项目。紧盯中央预算内投资项目，聚焦生态环境保护、水利、基础设施、社会事业、农业、重大区域战略、以工代赈等七大领域 23 个方向，谋划储备一批符合中央预算内投资条件的项目。

（二）在工业稳产增效上聚力攻坚

加力落实工业稳增长"银 5 条"，协助企业提高产能，加快推进政策奖补兑现，提振企业发展信心。开展深化改革增效行动。深化园区体制机制改革，有序推进园区政企分离、管运分开，推动平台公司按照现代企业制度和市场经济原则进行运作，建立精简、统一、高效的"管委会+公司"运营模式。推进园区绿色低碳发展，鼓励因地制宜建设风电、光伏、储能等清洁能源项目，提升清洁能源、绿色能源利用比例。开展创新驱动赋能行动。推动数智赋能，鼓励链主企业、龙头企业建设智慧供应链、绿色供应链、开放数字系统接口、应用场景和转型案例。鼓励人工智能技术在工业研发设计、生产制造、运营管理等关键领域得到深度应用。持续打造绿色园区、建设绿色工厂，推动企业组织实施节能降碳技术升级改造项目。开展产业链群提质行动。实施"十亿链主、百亿龙头、千亿集群"培育计划，建立链主及龙头企业库、优质中小企业培育库，完善优化企业梯次培育体系。聚焦纺织、建材、机械等传统产业，瞄准高端、智能和绿色等方向，以大规模设备更新为抓手推动传统产业"焕新"。

（三）在激发消费市场活力上聚力攻坚

聚焦扩大有效需求，推动消费市场提质扩容。提振消费市场活力。按时序持续推出消费惠民系列活动，综合运用国家、自治区促消费政策，持续释放消费活力，切实带动消费增长。聚焦假日经济和周末经济，组织开展欢乐购物季、激情之夏等系列特色主题消费促进活动。大力发展数字消费、绿色消费、健康消费，积极推动首店经济、夜间经济发展，提升市场活力。提升商文旅深度融合。借鉴2024年"十一"假期鼓楼、花博园水幕演绎成效，打造凤凰幻城二期、图兰朵小镇等新场景，培育更多的消费"热点""爆点"，持续推动商文旅深度融合。提高消费供给能力。加快24小时便民无人超市、智慧菜场等新零售业态进社区，鼓励本地连锁品牌扩大经营，增加多样化、高品质的商品和服务消费供给。

（四）在房地产市场平稳运行上聚力攻坚

严格落实房地产"两案一策"政策措施。研究制定城中村改造住宅房屋征收房票安置办法，锁定拆迁居民购房需求在本地释放。压实各方责任，加力落实房地产健康发展等系列政策措施，用好专项债收购存量商品房用作保障性住房，加快完善"市场+保障"住房供应体系，多措并举推动房地产市场止跌回稳。持续优化房地产市场营商环境，扎实推进"白名单"、保交房工作，规范中介组织行为，促进房地产市场健康发展。及时兑现房地产新"银10条"、以旧换新补贴等激励政策，完善周边排水、供水等地下管网建设，推动民生北府、云上阅海等 93 个续建、22 个新建房地产项目加快建设。开展好住房"以旧换新"、房屋促销等活动，增强供需两端信心，多措并举消化存量房。落实好租房补贴、购房补贴、高层次人才社区等政策，多途径吸引区外人才留银。

2024 年石嘴山市经济发展报告

朱莹莹

2024 年，面对复杂严峻的外部环境，石嘴山市坚持以习近平新时代中国特色社会主义思想为指导，深入学习贯彻党的二十大，二十届二中、三中全会和习近平总书记考察宁夏重要讲话精神，全面贯彻落实党中央、国务院决策部署和自治区各项工作要求，全力以赴稳增长、强产业、扩投资、促消费、惠民生，精耕细作抓好各项工作落实，全市经济发展取得新成效。

一、经济发展情况

（一）聚力谋创新、强产业，发展质效稳进提质

1. 科技创新加快推进

扎实推进科技创新"四大工程"，7 项成果获自治区科学技术奖，创历史新高。中色东方高纯钽铌材料制备、中色金航钛业分别入选科创中国先导技术榜、新锐企业榜，是宁夏唯一入选技术和企业，天地奔牛两项科研成果荣膺国家机械工业科学技术奖。新备案国家科技型中小企业 227 家。组建石嘴山高新区装备制造产业科技创新联盟，中原关键金属实验室（石嘴山）晶体材料联合研发基地揭牌成立，获评国家知识产权强市试点城市。

作者简介：朱莹莹，石嘴山市发展和改革委员会国民经济综合和政策法规科科长。

2. 工业转型不断深化

出台支持工业经济稳增长等政策措施，新材料、氰胺两个中小企业特色产业集群入选自治区名单，新增自治区专精特新中小企业 13 家，巴斯夫杉杉获评自治区锂电池材料产业链链主企业，西北稀有金属材料研究院获评国家第八批制造业单项冠军企业。27 家民营企业荣登宁夏民营企业百强榜单，33 家民营企业荣登宁夏制造业百强榜单。资源枯竭城市转型年度绩效评价连续 3 年获评良好等次，居西部地区城市第四名。资源枯竭城市转型发展有效做法和有益经验被纳入全国典型经验案例进行推广。

3. 现代服务业融合发展

正鎏进口矿产加工配送物流园、瑧顺工业仓储物流等项目建成投用，富海、京豪两家企业物流典型做法入选自治区物流"降本增效"实践案例，惠农区连续 3 年入选中央财政支持普惠金融发展示范区。出台促进房地产市场止跌回稳 12 项措施，房地产开发投资额增长 12%。平罗县数字化盐碱地治理经验入选首批数字中国建设典型案例，信息传输、软件和信息技术对服务业贡献率达 50%。大窑销售等 64 家企业获评自治区服务业龙头型成长型企业。大武口工业遗址公园获评自治区第四批服务业标准化试点。

4. 农业生产质效齐升

新建、续建高标准农田（高效节水）12.2 万亩，完成粮食播种面积 108.6 万亩，粮食产量实现"二十一连丰"。奶牛存栏稳定在 12 万头，生鲜乳产量 50 万吨以上。出台肉牛肉羊补栏补贴和麦后复种补贴等政策措施，肉牛、肉羊饲养量分别达到 15 万头、140 万只。海燕村现代设施园区等 19 个项目建成投产，建成永久性蔬菜基地 35 个，设施渔业养殖面积达 35 万平方米。"石嘴山小公牛""石嘴山绒山羊"入选全国第二批名特优新农产品名录，嘉禾花语等 7 家企业农产品获评全国"富硒好产品"。

（二）全力扩投资、促消费，内需活力逐步提升

1. 积极推动项目建设

晶体新能源光伏新材料等 9 个自治区重点项目超额完成年度投资任务。中色东方工业技改、经开区第二中水厂提标改造等 47 个重点项目建成投

运。包银高铁惠银段正式开通运营，黄公铁路专用线进入基础施工阶段，基础设施投资大幅增长。争取中央预算内投资和"两重""两新"资金15.8亿元，支持老化管道和设施更新改造工程等65个项目建设。实施招商引资项目227个，到位资金205亿元，81个集中签约项目开工率达76.9%。

2. 持续激发消费潜能

精准落实消费品以旧换新补贴政策，开展各类促消费活动80余场次，带动限额以上商品零售额增长17.9%。惠农区入选全国第二批县域商业"领跑县"。东方甄选走进沙湖开展直播，全市网络零售额达9.3亿元，增长57.1%。举办中国桨板精英赛、沃野音乐节等文体旅活动近百项，接待游客、旅游花费分别增长10%和12%。"史话山水　古韵石嘴山"等2条线路入选全国乡村旅游精品线路，西永惠村获评第四批全国乡村旅游重点村，龙泉村入选世界旅游联盟旅游助力乡村振兴案例，平罗县沙湖美渔别墅被评为全国甲级民宿。

3. 千方百计助企纾困

全面落实国家、自治区一揽子存量和增量政策，全力打好"百日攻坚战"，建立联系服务重点民营企业工作机制，落实民营企业常态化沟通交流和诉求闭环办理制度，召开企业纾困解难集中办公会，协调解决问题诉求157件，减免税费近10亿元，减缓社保费7.9亿元。持续强化信贷供给，各项贷款余额548.4亿元，民营企业贷款、普惠小微贷款、制造业信用贷款分别增长2%、14.1%和48.8%，普惠小微企业贷款平均利率下降0.22个百分点，绿色贷款余额75.4亿元，增长15.2%。

（三）大力推改革、促开放，内生动力更加强劲

1. 重点领域改革步伐加快

统筹推进各项改革任务，谋划部署重点改革等任务301项。优化国有资本布局，清理退出"两非""两资"企业18户，盘活资产17.1万平方米。深入推进二轮承包地延包等农村改革试点任务，农业水价综合改革经验入选自治区典型案例。建立多元化土地入市交易机制，推进新一轮农村宅基地制度改革试点，宅基地改革典型案例被农业农村部推广。

2. 营商环境不断优化

持续深化商事制度改革，全面推进"高效办成一件事"，办理时限和环节分别压减 65% 和 75%。推进落实 17 个方面 73 项优化营商环境举措，水电气暖网联合报装经验做法在自治区工改工作推进会上交流。石嘴山市工程建设项目全生命周期数字化管理改革试点经验做法等 9 项优化营商环境典型做法在全区复制推广。公共服务质量监测满意度位列全区第一，居西北五省区城市第四。

3. "六权"改革纵深推进

完善用水权分级收储交易监督管理、市场化交易等制度；建立总详专有效衔接的国土空间规划体系；积极开展"十四五"期间超额完成减排量入市交易认定，排污权交易总量及单价位居全区前列；林地确权率达 95%。梳理核算可出让用能权指标和总需求量，发出全区首张节能量确权意见书。完成第二个履约周期碳配额清缴履约，6 家企业在全国碳市场交易平台进行交易。

4. 对外贸易扩规提质

积极参与高质量共建"一带一路"和西部陆海新通道建设，平罗至京唐港"一单制"铁海联运升级为"图定班列"，发行"一单制"和多式联运班列 569 列。试运行直接进口锰矿业务，实现外贸进出口额 53 亿元，增长 9%，增速居全区第一。其中，"一带一路"共建国家贸易额增长 22.6%，RCEP 成员国贸易额增长 40.8%。深化对外交流合作，与乌兹别克斯坦撒马尔罕州努拉巴德区缔结国际友好城市。

(四) 奋力护生态、重治理，人居环境日益向好

1. 生态底色不断擦亮

深入推进"三北"等重点生态工程建设，完成营造林 6.98 万亩，治理沙化土地 2.6 万亩，石嘴山河东沙地系统治理、宁夏黄河上游风沙区历史遗留废弃矿山生态修复 2 个国字号示范工程被国家示范推广。深化"六级"耕地保护网格化监管体系建设，提前完成自治区耕地保护责任目标考核任务。

2. 污染防治持续深化

坚决打好污染防治攻坚战，中央、自治区环保督察和黄河流域生态环境警示片披露问题年度整改任务全面完成。提前超额完成"十四五"主要污染物总量减排任务。贺兰山东麓水源替代工程加快建设，"典农河流域水质改善与提升关键技术研究与示范"重大项目课题通过自治区验收，黄河石嘴山段出境断面水质连续 8 年保持 II 类优。

3. 低碳集约加力发展

收储核减工业企业闲置用水权指标 847.76 万立方米，城市再生水利用率达 52.7%。在全国率先开展工业园区废水综合毒性管控试点工程，一般工业固废利用率达 48.6%，"无废城市"建设经验在第十九届固体废物管理与技术国际会议上作交流发言。争取自治区绿电园区建设支持，布局建设 700 万千瓦新能源项目，煤层气规模化开发利用加快推进，大宗工业固废道路化综合利用获评国家绿色低碳先进示范项目。高新区等 4 家单位获批自治区碳达峰试点。

（五）着力抓融合、优功能，城乡发展更加协调

城市更新全面提速，改造老旧小区 53.1 万平方米，改造老旧管网 300 余公里，新建改造雨污管网 40 余公里，排水防涝项目建设加速推进，惠及居民 5695 户。惠农区南海胡同堵塞近 40 年的道路被彻底打通。打造宜居乡村环境，王家庄村等 4 个"中心村"加快建设，新建续建美丽宜居村庄 13 个、重点小城镇 3 个。全面完成 138 条 242 公里农村公路改造提升任务。建成农村生活垃圾分类和资源化利用示范村 85 个，新建农村集污管网 300 公里、农村户厕 693 座，整改问题厕所 2208 座，卫生厕所普及率 93% 以上。举办"村 BA"等文体活动 400 余场次，平罗县城关镇前进村入选全国冬季"村晚"示范展示点，姚伏镇、灯塔村入选第三批宁夏特色旅游村镇，泰金种业等 8 家单位获评"万企兴万村"行动优秀案例，黄渠桥、红果子集市被认定为全区"十大乡村特色集市"。

（六）倾力补短板、惠民生，保障水平不断强化

社会保障能力持续增强，十件民生实事全面完成。全市城镇新增就业 8961 人，农村劳动力转移就业 3.9 万人，城镇调查失业率稳定在 5.5% 以内。发放养老、医疗、工伤、失业保险待遇 48.3 亿元，各类社会救助资金 2.2 亿元，基本养老保险参保率提前完成"十四五"规划目标，成功入选全国服务类社会救助试点地区。教育、医疗供给优化，改造扩建学校 18 所，成功创建自治区级义务教育新优质学校 7 所，全区中考状元花落石嘴山，大武口区、惠农区通过国家级教育优质均衡发展县区评估验收。编制科教城总体规划，闽江应用技术学院建设顺利推进，宁夏理工学院首次招收硕士研究生，全市中高职院校在世界职业技能大赛获 2 银 1 铜，创历史最好成绩。成功举办第十届北京中医药专家宁夏行活动，顺利通过国家健康影响评估试点中期评估。社会环境安全稳定，深入开展安全生产治本攻坚三年行动，顺利通过国务院安全生产和消防考核延伸巡查考核。稳妥处置重点企业债务风险，圆满完成年度政府化债任务，牢牢守住不发生系统性金融风险的底线。医疗纠纷调解工作在第十六届海峡论坛上作经验交流。

二、存在的主要问题

一是经济稳定增长压力较大。地区生产总值、固定资产投资等部分经济指标增速未达预期。二是企业发展困难仍然较多。企业生产遭受综合成本较高及市场需求不足双重挤压，生存压力较大。三是新旧动能转换还需加快。科技成果转化能力不足，创新链产业链双向耦合不够紧密，创新驱动发展的动力仍需进一步释放。四是民生保障水平仍需提升。生态环境领域工作任务艰巨，就业、医疗、教育、住房保障等公共服务水平以及城市治理体系和治理能力现代化水平还需进一步提高。

三、2025 年经济发展主要工作任务

（一）突出创新引领，推动转型升级

1. 更大力度提升科技创新能力

强化科技创新和产业创新融合，实施科技项目 100 项，推动全社会 R&D 经费投入增长 10% 以上。支持中南大学等大院大所围绕新材料、装备制造等优势特色产业开展关键技术研发，培育建设自治区工程技术研究中心 2 个以上，推动技术合同认定登记金额增长 10%。持续深化对外交流合

作，开展成果推荐、技术交流等活动 10 场次，转化科技成果 100 项以上。新培育创新示范企业 4 家、国家高新技术企业 15 家，推动万人有效发明专利拥有量达到 15.54 件以上。

2. 更实举措加速工业转型升级

把改造提升传统优势产业作为推进经济转型发展的基础和根本，加快工业领域大规模设备更新改造，重点实施宁平碳素节能减排、神州轮胎设备更新改造等设备更新项目，推动乾洋储能新材料、建龙特钢超低排放等技改项目加速建设。加大新兴产业培育力度，壮大锂电池、高端装备制造等主导产业，推动战略性新兴产业占比持续提升。加快推进企业工业互联网建设，争取自治区级工业互联网建设和应用试点示范项目 2 个以上，新增自治区级数字化车间、智能工厂 2 家以上。对清洁能源等产业开展前沿技术布局，以新制造、新服务、新业态推动新质生产力发展。延链补链打造产业集群，围绕"8 条产业链"，建立健全大企业分级培育工作机制，实施鹏程新材料等 43 个延链补链项目，打造贯通上下游的产业链条。

3. 更优效能推进服务业扩容提速

加快发展现代物流、现代金融、文旅消费等生产生活性服务业，提升与市场有机衔接的高质量服务供给水平。推进物流降本增效，加快推动公铁物流园等项目建设，大力推广多式联运"一单制"，现代物流业稳定增长。加大金融供给力度，提升金融供需适配性。持续丰富文体旅供给，接待游客人次及旅游花费分别增长 10% 以上。促进房地产市场止跌回稳，优化商品住宅用地供应，加大公积金购房支持，推动房地产市场平稳健康发展。推动研发设计等业态深入融合制造业发展，提升现代服务业集聚区建设水平，新增规上限上服务业单位 30 家以上。

4. 更大成效夯实现代农业基础

建设高标准农田、高效节水农田 10 万亩，确保粮食种植面积不少于106.7 万亩，产量稳定在 50 万吨以上。推进智慧牧场改造提升，奶牛存栏稳定在 12 万头以上，生鲜乳产量稳定在 50 万吨以上。推动肉牛肉羊产业链衔接，肉牛肉羊饲养量稳定在 14 万头以上、140 万只以上。推进农业标准化基地建设，扩大富硒产品知名度，支持华泰农、昊帅等 88 家自治区、市级龙头企业做大做强，成为链主型企业，新培育龙头企业 5 家以上。

5. 更高质量塑造园区发展优势

按照"错位发展、成链发展、集聚发展、合作发展"原则，加快推动园区集约集群发展。实施"1515"企业梯度培育计划，着力打造链主和行业领先示范企业，培育产值百亿元以上企业集团 1 家、十亿级以上高成长型企业 25 家。打造电力电子半导体信息、生物医药、装备制造、新能源 4 个百亿产业园，推动园区总产值达到 1200 亿元。推动园区体制机制改革走深走实，建立跨园区项目招引流转、园区协同共享发展机制，提升园区承载能力。

（二）扩大投资消费，增强内需潜能

1. 抓牢重点项目建设

全年谋划实施重大项目 200 个以上，总投资 1000 亿元，年度计划实现两位数增长。大力拓展产业项目规模，聚焦现代化工、新能源等优势产业，加快鹏程新材料、华润风力发电等一批强链延链补链项目建设，推动赛罗新能源高效太阳能光伏电池、贝利特氰胺下游胍类产品智能制造示范等产业项目落地建设。加快现代化基础设施体系建设。推动乌玛高速石嘴山段建成通车，全线开工黄公铁路至惠农铁路专用线，加速实施滨河大道至沙湖公路等项目。提升新能源汇集能力，全力推进宁电投 2×660MW 超超临界热电、烽燧 750 千伏输变电工程等项目建设。把握重大战略对接、产业转移契机，聚焦中央预算内资金、超长期特别国债、专项债等资金投向，谋划储备一批项目，争取更多政策资金支持。

2. 深挖市场消费潜能

提振大宗消费，结合传统节假日及电商消费节，大力实施促消费专项行动，发挥消费券撬动作用，支持汽车、家电、家居以旧换新，稳定扩大电子产品、石油制品消费，惠民促消费活动不少于 100 场次，推动限额以上消费持续保持两位数增长。持续优化消费环境，积极培育旅游康养、文体娱乐、赛事演出等消费新热点，营造"周周有活动""月月有主题"的热度。提升完善大武口步行街、惠农东大街、平罗汇融新天地等商圈，大力发展首店、首秀等"首发经济"，增加 VR 体验等互动式、场景式消费模式，点亮"夜经济"，燃旺"烟火气"。

（三）深化改革开放，增强内生动力

1.持续深化重点领域改革

纵深推进"六权"改革，深入开展用水权确权复核，提高土地市场化配置效率，激发排污权交易市场活力，全面完成林地确权登记，加快推动用能权市场交易。深化国资国企改革，加快推进国有企业战略性重组和专业化整合，支持国资国企参与资源要素优化配置和重大项目建设。促进民营经济发展壮大，落实落细促进民营经济发展壮大各项政策措施，扎实开展知识产权试点城市建设，依法平等保护各类经营主体权益。积极推进"一块田"改革，有序推进第二轮土地承包到期后再延长30年试点，深化承包地"三权分置"改革。

2.持续强化对外开放合作

深度融入共建"一带一路"和西部陆海新通道建设，积极引进外向型企业，拓展提升本地企业直接进出口能力，不断挖掘进出口潜力。加快市场多元化布局，深化与东盟、欧盟等贸易伙伴的合作。大力发展公铁海多式联运，稳定运行中欧班列、东盟中亚班列等国际货运班列，常态化运行"图定班列"、"一单制"多式联运班列，培育发展货物集散、进口货物分拨等口岸经济。深化与京津冀、粤港澳等区域对接，积极组织企业利用中阿博览会、国际葡萄酒文化旅游博览会等平台，扩大对外经贸合作。

（四）聚焦统筹协调，促进城乡融合

加快总体城市设计、乡镇国土空间等规划编制，构建市、县、乡、村一体化国土空间规划体系，持续深化110国道、109国道两侧环境综合整治。积极争取国家城市更新示范城市，改造老旧小区20万平方米、老旧管网20公里，改造城市危旧住房100套、城中村120套。构建城市"15分钟便民生活圈"，创建"宁静小区"3个，建设完整社区5个。加快推进乡村全面振兴，打造3个中心小城镇，培育王家庄村等美丽宜居中心村4个。推动"四好农村路"覆盖延伸，改造提升农村公路50公里以上。常态化开展问题厕所整改，统筹推进农村生活垃圾和污水治理，推进农业面源污染防治，农村生活垃圾分类和资源化利用覆盖面达45%，农村生活污水治理

率达 38%。巩固拓展脱贫攻坚成果同乡村振兴有效衔接，拓宽村集体增收渠道，脱贫人口人均纯收入增长 10%以上，村集体经济收入 20 万元以上的村达到 80%以上。

2024 年吴忠市经济发展报告

妥洪蛟

2024 年以来，吴忠市深入贯彻落实党的二十大和二十届二中、三中全会及习近平总书记考察宁夏重要讲话精神，认真落实自治区党委、政府关于经济工作各项部署，坚持稳中求进工作总基调，紧盯目标任务，狠抓关键环节，聚力"百日攻坚战"，全市经济发展向好势头不断巩固，经济运行呈现总体平稳、稳中向好、量质齐升的发展态势。2024 年前三季度，吴忠市实现地区生产总值 647.23 亿元，同比增长 5.9%。其中，第一产业增加值同比增长 5.8%，第二产业增加值增长 8.2%，第三产业增加值增长 3.2%，分别拉动全市经济增长 0.65、3.96 和 1.29 个百分点。

一、吴忠市经济运行情况

（一）向好态势不断延续，指标运行"增势稳"

1. 主要指标稳中有升

2024 年前三季度，全市 15 项季度主要经济指标同比全部实现正增长，其中，全体居民人均可支配收入、城镇居民人均可支配收入、金融机构人民币贷款余额 3 项指标增速位居全区第一，地区生产总值、第二产业增加值、规模以上工业增加值、农村居民人均可支配收入、地方一般公共预算

作者简介：妥洪蛟，吴忠市发展和改革委员会经济发展科负责人。

收入 5 项指标增速位居全区第二,第二产业增加值、规模以上工业增加值、固定资产投资、社会消费品零售总额、进出口总额、税收收入、金融机构人民币贷款余额 7 项指标相比上半年增速明显加快。1—10 月,8 项月度主要经济指标同比全部实现正增长,其中,环比回升的指标有 7 个,居全区前列的指标有 5 个。

2. 基础指标总体好转

2024 年前三季度,支撑 GDP 增长的 13 项季度基础指标,除批发业商品销售额、商品房销售面积 2 项指标下降,其余 11 项指标均保持正增长。其中,规模以上工业增加值、建筑安装工程投资、批发业商品销售额、零售业商品销售额、住宿业营业额、餐饮业营业额、电信业务总量 7 项指标相比上半年增速加快。1—10 月,5 项月度基础指标同比呈现"四增一降",其中,规模以上工业增加值同比增长 12.1%,建筑安装工程投资同比增长 11.9%,公路客货运输周转量同比增长 4.1%,电信业务总量同比增长 15.2%,商品房销售面积同比下降 13.5%;与 1—9 月相比,规模以上工业增加值、建筑安装工程投资、公路客货运输周转量、商品房销售面积、电信业务总量 5 项指标增速分别加快 0.8、3.1、0.7、3.4 和 0.2 个百分点。

(二)生产供给不断加强,经济发展"成效好"

1. 农业生产总体平稳

2024 年前三季度,全市实现农林牧渔业总产值 171 亿元,同比增长 5.9%。粮食生产进展顺利,完成粮食播种面积 323.66 万亩,粮食产量达到 103.6 万吨以上,有望实现"二十一连丰"。畜牧产业较快增长,公斤奶成本下降 0.5 元,奶牛单产提高 0.2 吨,生鲜乳产量、产值分别增长 6% 和 7.8%,肉牛和滩羊出栏分别增长 19.3%、4.8%,全市实现牧业产值 96.29 亿元,同比增长 9.1%,拉动农林牧渔业总产值增长 5.3 个百分点,成为拉动农业经济增长的主动力。冷凉蔬菜产业快速发展,实现产值 40.58 亿元,同比增长 37.5%,助力全市实现农业产值 65.38 亿元,同比增长 1.2%,拉动农林牧渔业总产值增长 0.3 个百分点。盐池县惠安堡镇入选国家级农业产业强镇。

表1　2024年1—9月吴忠市农林牧渔业总产值构成情况

	农业	林业	牧业	渔业	农林牧渔服务业
产值(亿元)	65.38	1.39	96.29	2.71	5.25
增速(%)	1.2	46.3	9.1	3.7	4.4
占总产值比重(%)	38.2	0.8	56.3	1.6	3.1

2. 工业经济快速增长

2024年1—10月，全市规模以上工业增加值同比增长12.1%，增速比1—9月加快0.8个百分点，比上年同期加快4.3个百分点。三大门类全面增长，制造业，采矿业，电力、热力、燃气及水的生产和供应业增加值同比分别增长16.7%、7.2%、5.6%，增速分别比1—9月加快0.5、0.3和2.4个百分点。重点行业稳定增长。规上工业涵盖的33个行业大类中19个实现正增长，其中，石油煤炭及其他燃料加工业、化学原料和化学制品制造业、烟草制品业增加值分别增长29.7%、21.2%、13.8%，合计拉动全部规上工业增加值增长9.5个百分点。重点企业贡献突出。10家自治区工业龙头企业累计完成产值同比增长7.6%，高于全部规上工业产值增速2.7个百分点，拉动规上工业产值增长0.8个百分点。33家新入规企业累计完成产值15.2亿元，拉动全部规上工业产值增长0.2个百分点。

3. 第三产业增势趋缓

2024年前三季度，服务业七大行业较上半年呈现"三升四降"态势。其中，批发零售、住宿餐饮及房地产业（合计占比23.1%）增速略有回升，交通运输仓储和邮政业、金融业、营利性服务业和非营利性服务业（占比为76.9%）增速有所回落。在节假日旅游消费及各项促销活动带动下，生活性服务业持续恢复，居民外出购物、用餐、旅行增多。1—10月，全市限上零售业商品销售额、住宿业营业额、餐饮业营业额增速分别较1—9月加快6、0.7和1.3个百分点。金融信贷保障有力。截至10月末，全市房地产贷款、个人消费贷款、涉农贷款、小微主体贷款、民营企业贷款余额分别增长12%、15.8%、9.8%、24.6%和2.8%。房地产业缓慢恢复。"房九条"等政策措施带动购房需求有效释放，1—10月，全市商品房销售面积、销售额降幅环比分别收窄3.4和3.6个百分点，个人住房贷款余额增长17.4%。

表2　2024年1—9月吴忠市服务业增加值构成情况

	批发零售业	交通运输、仓储和邮政业	住宿餐饮业	金融业	房地产业	营利性服务业	非营利性服务业
增加值（亿元）	30.08	27.47	7.97	28.1	17.96	33.59	93.38
增速（%）	5.9	8.5	5.8	1.7	1.4	1.9	1.5
占比（%）	12.4	11.3	3.3	11.6	7.4	13.8	38.4

（三）内需潜力不断释放，经济增长"动能足"

1. 有效投资持续扩大

2024年1—10月，全市完成固定资产投资431亿元，同比增长8.3%，投资增长贡献率居全区第二。重大项目提速建设。截至11月底，613个计划实施项目全部开工，完成投资465.1亿元，投资完成率88.3%，352个项目完成年度建设内容；100个市级重点项目全部开工，完成投资245亿元，投资完成率89.7%；35个增发国债项目全部开工，完成投资24.9亿元，投资完成率81%。重点领域投资快速增长。1—10月，第二产业投资同比增长9.7%，第三产业投资同比增长11.4%，民间投资同比增长11.8%。投资结构持续优化。1—10月，制造业投资、基础设施投资分别同比增长34.8%、51.2%，拉动全市投资增速5.8和4.1个百分点。

2. 消费市场稳步恢复

2024年前三季度，全市实现社会消费品零售总额137.6亿元，同比增长2.1%，增速较上半年加快1.2个百分点。1—10月，全市限额以上商品零售额同比增长7.2%，增速较1—9月加快5个百分点，其中10月当月增长21.7%。重点商品零售额加快增长。限额以上粮油食品类、金银珠宝类、通信器材类、石油及制品类、汽车类商品零售额分别增长18%、23%、47.8%、8.3%和8.9%，其中新能源汽车零售额增长140.7%。促销政策带动有力。制定出台汽车家电以旧换新、居家适老化改造"焕新"等政策举措，举办"乐购吴忠·惠享生活"消费季等各类主题促销活动400余场次，大力开展汽车、家电和家装厨卫以旧换新，发放惠民消费券96.28万张3052.62万元，拉动消费87.5亿元。文旅市场供需两旺。组织15列"黄河明珠·美丽吴忠"旅游专列，累计输送来宁游客1.6万人。1—10月，全市接待游客总量、游客总花费分别增长 16.5%、17.8%。

（四）发展质效不断提升，民生保障"力度强"

1. 财政收支增长平稳

2024 年 1—10 月，全市完成一般公共预算收入 37.7 亿元，同比增长 5.9%，增速高于全区平均水平 3.7 个百分点。税收保持稳定增长。完成税收收入 27.1 亿元，同比增长 2.3%，占一般公共预算收入的 71.9%，其中工业税收增长 13.1%，贡献度持续扩大；139 家重点税源企业全口径税收完成 48.1 亿元，占总税收的 51.3%，同比增长 11.2%。完成一般公共预算支出 231.2 亿元，同比增长 4%，增速高于全区平均水平 2.6 个百分点。"三保"及其他刚性支出进度快于财政整体支出进度 3.2 个百分点。民生支出显著提升。民生领域支出 203.3 亿元，占财政支出比重达 87.9%，较上年同期增加 0.3 个百分点。

2. 就业增收形势稳定

2024 年前三季度，全市城乡居民人均可支配收入分别达到 27754 元、14053 元，分别同比增长 5.2%、7.2%；脱贫人口人均纯收入达到 11564 元，同比增长 17.9%。精准摸排企业缺工用工信息，统筹抓好重点群体就业。截至 11 月底，全市城镇新增就业 11154 人，农村劳动力转移就业 24.3 万人，实现工资性收入 39.83 亿元，均超额完成年度目标任务；实施"创业吴忠"行动，发放创业担保贷款 4.39 亿元，培育创业实体 3745 个，带动就业 12878 人；帮助 6337 名失业人员实现再就业，公益性岗位安置 2458 人，高校毕业生就业率达 91.6%，零就业家庭实现动态清零；"点对点"输送务工人员外出就业 4811 人，通过中介机构、劳务经纪人等方式有组织转移就业 6.16 万人，13.78 万名农村劳动者实现就近就业。

3. 社会保障扩面提标

30 件民生实事全部高质量办结。截至目前，共发放灵活就业社会保险补贴 3417.48 万元，分别调增城乡居民、企业职工、机关事业单位退休人员养老保险待遇每人每月 25 元、102 元、152 元。新改扩建学校 10 所，新增学位 4620 个，同心县王团镇倒墩子完全小学"教学联盟"经验做法被世界数字教育大会推介。紧密型县域医共体实体化运行实现全覆盖，新增自治区优质服务托育机构 8 所，医保支付方式 DIP 改革获评全国医保经办系统"为民办实事"典型案例优秀奖。全面完成低保提标任务，累计发放救助资金 5.5 亿元，民生底线进一步兜牢。

二、存在的问题

（一）农业平稳发展基础不稳

一是部分农产品生产效益下降。粮食价格、产量降幅较大，加之受生鲜乳、牛羊肉价格偏低，饲草料价格较高等因素影响，养殖户补栏意愿不强，收益下降，对产业扩群增量和农民增收产生影响。二是奶牛养殖业低迷。2024 年前三季度，全市奶牛存栏同比下降 3.7%，生鲜乳产能过剩，乳制品消费不旺，生鲜乳价格与养殖成本倒挂，奶牛养殖场处于亏损状态，奶牛养殖业仍在低谷中艰难前行。三是特色种植业发展面临较大困难。枸杞种植面积大幅减少，虽然以补种油料和中药材弥补了增长点，但种植面积仍然相差较大。酿酒葡萄种植业效益降低，影响了酿酒葡萄产业健康快速发展。

（二）工业增长压力依然较大

一是部分企业生产经营困难。企业产销衔接不畅。2024 年 1—10 月，全市规上工业企业产品销售率为 97%，同比下降 0.8 个百分点，产品销售率为 2024 年以来最低值。企业运营成本上升。1—9 月，全市规上工业企业营业成本同比增长 3.3%，高于营业收入增速 1 个百分点，比全区平均水平高 10.2 个百分点；每百元营业收入中的成本为 87.82 元，同比增加 0.93 元，比全区平均水平高 1.27 元。二是停减产企业仍然较多。截至 10 月底，全市规上工业企业停减产面达 49.8%，累计减少产值 99 亿元，下拉规上工业产值增速 8.5 个百分点。三是部分行业运行依然乏力。规上食品制造业增加值同比下降 8.8%，低于全部规上工业增加值增速 20.9 个百分点；有色金属冶炼和压延加工业增加值同比下降 1%，低于全部规上工业增加值增速 13.1 个百分点；仪器仪表制造业增加值同比下降 15%，低于全部规上工业增加值增速 27.1 个百分点。

（三）服务业增长不及预期

2024年前三季度，全市服务业增加值增速较上半年回落1.2个百分点，低于全年预期目标2.8个百分点。一方面，主要行业指标低于预期。服务业七大行业中，批发零售业、住宿餐饮业、金融业、房地产业、营利性服务业和非营利性服务业增加值增速分别低于年度目标1.1、2.2、4.3、3.6、8.1和2.5个百分点。前三季度，交通运输仓储和邮政业、金融业、营利性服务业和非营利性服务业增加值增速分别较上半年回落4.2、1.6、1.7和1.8个百分点，下拉全市服务业增加值增速1.58个百分点。特别是占比38.4%的非营利性服务业受水利环境公共设施管理业、教育领域下降影响，仅增长1.5%，为行业主要下拉因素。另一方面，市场消费恢复缓慢。前三季度，全市社会消费品零售总额增速虽较上半年加快1.2个百分点，但比全区低1.4个百分点，差距比上半年扩大1个百分点。居民储蓄倾向较强，消费意愿减弱，大宗商品消费拉动不足，本地汽车品牌不全，尤其是特斯拉、理想等新能源高端品牌缺失，汽车消费外溢现象明显；中石油、中石化等成品油销售企业零售额持续下滑，影响限额以上零售额增长。此外，1—10月，重点监测的限额以上19类商品中有5类商品零售额持续下降。

三、2025年工作建议

紧紧围绕自治区党委和政府明确的发展目标、部署的重点任务，全面落实国家一揽子增量政策和关键举措，大力发展特色优势产业，加快经济社会发展全面绿色转型，高质量完成"十四五"规划各项目标任务。

（一）聚焦创新引领，培育壮大高质量发展增长动能

坚持把科技创新作为发展新质生产力的核心要素，深化东西部科技合作，健全跨领域、多学科、大协作的创新网络，推进创新链、产业链、资金链、人才链深度融合，推动更多科研平台载体落户吴忠。加强优势产业先进基础工艺、关键基础材料等领域技术攻关，梯次培育引进壮大一批雏鹰企业、瞪羚企业、专精特新企业和创新型中小企业，建设一批科技成果转移转化基地、成果中试熟化平台，促进科技成果就地交易、转化和应用，使更多科技成果从样品变成产品，形成产业。

(二) 聚焦转型升级，不断夯实高质量发展产业根基

全面推进中小企业数字化转型城市试点工作，加强技术改造，推动数字赋能，支持冶金、化工等传统产业改造升级，开发集成一批"小快轻准"数字化产品。着眼战略性新兴产业融合集群发展，巩固新能源、新型材料、高端装备制造等产业优势，培育壮大生物医药、大数据、人工智能、氢能等新兴产业。加快发展生产性服务业、生活性服务业，深化电子商务在各领域融合创新发展，丰富高端商品供给，满足消费升级需求。组建高产奶牛核心群，建设酿酒葡萄、枸杞、冷凉蔬菜等示范基地和标准化基地。大力发展数字农业，推动物联网、大数据等现代信息技术与农业深度融合。

(三) 聚焦扩大内需，持续增强高质量发展内生动力

抢抓国家支持经济稳定增长一揽子增量政策机遇，认真谋划"千百十"亿级重大项目。加大新型基础设施投资、战略性新兴产业投资，力争通过供给侧结构性改革改善投资质量、提升投资效率。针对国家提前下达的2025年部分"两重"和中央预算内投资计划，统筹好规划选址、建设方案、资金筹措等各项前期工作，及时向上推荐报送，为落地项目建设、争取后续资金奠定基础。大力发展首发经济、银发经济、夜间经济，打造万达文旅小镇、吴吃堡城等消费场景，举办早茶美食文化节等品牌活动，进一步提振大宗商品消费。坚持对内对外开放相结合，积极参与共建"一带一路"和西部陆海新通道建设，加强同黄河"几字弯"和京津冀、长三角、粤港澳大湾区合作，促进产业承接、科技应用、商贸流通等领域的互惠合作。

(四) 聚焦深化改革，全面激发高质量发展动力活力

重点抓好"六权"改革、"四水四定"试点以及经济体制、生态环境、民生保障、农业农村等重点领域改革工作，确保试出成效、试出经验。加强涉企政策统筹归集、统一发布、督导落实，扎实做好企业咨询答复、诉求督办、涉企服务等工作，推动营商环境再改善再提升。加快融入和服务全国统一大市场建设，完善市场准入、公平竞争、社会信用激励约束、融资和科技创新支持等制度，切实保护民营企业权益。在市场环境、政务环境、金融环境、法治环境与信用环境等方面全面发力，实现人流、物流、

资金流、信息流等高效便捷流通，营造支持市场主体发展的良好环境。

（五）聚焦绿色低碳，着力绘就高质量发展秀美底色

高效推动山水林田湖草沙一体化保护和系统治理，加强罗山、牛首山、黄河等重点区域生态修复治理及毛乌素沙地综合治理，打赢黄河"几字弯"吴忠片区攻坚战。深入推进"四尘"同治、"五水"共治、"六废"联治，确保空气质量优良天数比例等指标完成自治区下达任务，黄河过境水质实现Ⅱ类进出，土壤环境质量保持总体稳定。高质量建设能源综合示范市，因地制宜推进氢能"制储输用"全链条发展，有力推动"风光火储一体化"多能互补、"源网荷储一体化"供需协同发展。

（六）聚焦民生福祉，共建共享高质量发展成果红利

着力提升城乡居民收入，完善收入分配制度，优化收入分配结构，多渠道增加居民工资性、经营性、财产性、转移性等各类收入，提高医务、教育、社区等基层工作者工资待遇，确保居民收入增速快于经济增速。着力提升就业创业工作质效，完善就业公共服务体系，统筹做好重点群体就业工作，支持和规范发展新就业形态，创造更多灵活就业机会，确保就业局势总体稳定。着力提升公共服务质量，加快推动教育、医疗、文化、体育、养老等重点领域任务落地落实，健全覆盖全民、统筹城乡的多层次社会保障体系，切实兜牢困难群众民生保障底线。

（七）聚焦安全发展，坚决守牢高质量发展底线红线

坚持高质量发展和高水平安全良性互动，确保发展在安全的轨道上行稳致远。抓实安全生产工作，提高重点领域和重点地区本质安全水平，全力创建安全发展示范城市。建设吴忠市"应急云"，不断提升应急监测、预警、处置能力。抓实粮食能源安全保障，持续推进高标准农田建设，实施种业振兴行动，加强作物田间管理，构建粮食安全保障体系；加大油气资源勘探开发和增储上产力度，加快油气勘探开发与新能源融合发展。积极防范化解金融、房地产和地方政府债务等领域风险，守牢不发生系统性风险底线。

2024年固原市经济发展报告

马　啸

2024年，固原市坚持以习近平新时代中国特色社会主义思想为指导，深入贯彻党的二十大和二十届二中、三中全会精神，全面落实习近平总书记考察宁夏重要讲话精神和自治区党委、政府各项决策部署，聚焦市委"12375"总体部署和"两个市"建设年度任务，加快落实一揽子增量政策措施，坚持稳中求进工作总基调，全力以赴稳经济、促发展、保安全，全市经济运行总体平稳，高质量发展稳步推进。

一、固原市经济发展情况

（一）经济运行总体平稳，综合实力持续提升

紧盯全年目标任务不松劲，聚焦"六盯六干"狠抓落实，持续强化经济运行分析、不断优化营商环境、抢抓消费品以旧换新机遇，坚持在提振市场信心、培育经济增长点上发力。2024年前三季度，固原市实现地区生产总值331.8亿元，同比增长6.4%，其中一、二、三产增加值分别同比增长7.6%、14.4%、3.5%。社会消费品零售总额同比增长4.2%。城乡居民人均可支配收入分别同比增长4.9%和7.3%。1—10月，规上工业增加值同比增长13.7%，固定资产投资同比增长12.9%，地方一般公共预算收入同比增

作者简介：马啸，固原市发展和改革委员会发展规划科副科长。

长 7.5%，一般公共预算支出同比增长 5.7%。

（二）三次产业协调发展，特色优势明显增强

聚焦打造引领中南部高质量发展经济中心，坚持把产业作为推动宁夏副中心城市建设的根基，全产业链布局现代化产业体系。特色农业提质增效。着力打造全国百万头高端肉牛生产加工基地，2024 年 1—9 月全市肉牛饲养量达到 87.8 万头，生态泾源"牛"味十足被农业农村部收入第二批农业生产"三品一标"典型案例；建设冷凉蔬菜示范基地（园区）25 个，蔬菜种植面积达 40.7 万亩，六盘山冷凉蔬菜区域公用品牌建设实践荣获沿黄九省区品牌建设年度优秀案例；培育壮大雪川马铃薯等龙头企业，建成马铃薯种薯生产基地 12 个、标准化生产示范基地 13 个，种植面积达 79.48 万亩；发展林禽 51.2 万只、林蜂 8.12 万群。新型工业提速扩能。"宁电入湘"配套 100 万千瓦风电、11.32 万千瓦分散式风电工程开工建设；引创科技成为全市数字信息领域首家规上企业，成功入选全国"双千兆"示范城市；腾德纺纱一期、美臣 13 万锭纺纱等 7 个项目建成投产；苏宁矿山增材制造项目投产入规。服务业提档升级。积极创建全国文化和旅游消费试点市，2024 年前三季度，全市接待游客 1263.53 万人次，实现旅游总花费 56.28 亿元，分别增长 8.5% 和 9.5%；加快发展多式联运，建成物流配送中心 3 个；打造 3 个电商直播基地，培育电子商务示范企业 4 家。

（三）基础设施更加完善，发展后劲不断夯实

聚焦打造辐射六盘山区宜居宜业中心，加快打造交通、水利、能源、信息、物流"五张网"，着力构建城乡一体发展新格局。宝中铁路安国镇至中卫段扩能改造工程初步设计获得批复，项目即将进入实施阶段；银昆高速通过全面验收，2024 年 8 月中旬已正式通车；清水河流域城乡供水工程、新材料产业园供水工程、"互联网+城乡供水"项目顺利完工，隆德县边庄水库工程、西吉县新营吉强灌区新建水源工程、原州区张易灌区续建配套与现代化改造项目等水源配水工程开工建设；六盘山电厂 2×1000MW 机组扩建工程已完成投资 15.7 亿元，云雾山 330 千伏输变电等工程线路已开工建设；新建 4G 基站 72 个、5G 基站 142 个。截至目前，每万人拥有 5G 基站数 18.14 个，5G 用户占比达到 54.6%；建成乡镇商贸中心 16 个、

物流配送中心 2 个。

（四）城市功能稳步提升，服务能力有效提高

聚焦打造辐射六盘山区宜居宜业中心，着力推动城市品质提升，引导城镇、产业、人口合理集聚。以县城为重要载体的新型城镇化加快建设，常住人口城镇化率达到 46.4%；启动国家生态园林城市、国家森林城市创建，城市污水收集处理率 100%，背街小巷亮灯率提高到 95%；积极打造"城市一刻钟便民生活圈"，公交通乡镇率预计达到 70%；推动"高效办成一件事"线上线下全覆盖，政务服务全程网办率 46.7%；实施就业优先战略，2024 年前三季度全市实现城镇新增就业 8267 人、农村劳动力转移就业 31.63 万人；"优学在固原"品牌越擦越亮，固原农林职业技术学院获批筹建，宁夏师范学院更名为宁夏师范大学；启动省级区域医疗中心建设，四级卫生健康服务网络不断完善，县域内就诊率 92.1%。高效统筹发展和安全，实现了高质量发展和高水平安全的良性互动。

（五）脱贫攻坚成果巩固，乡村振兴稳步推进

持续巩固拓展脱贫攻坚成果，把促进脱贫县发展作为主攻方向，大力发展乡村富民产业。不断健全完善联农带农机制，拓宽经营性收入渠道。全市村集体经济年经营性收益 10 万元以上的村达到 520 个以上；建立龙头带动、村社协同、股份合作、基地共建、社会化服务等联农带农联结机制，带动 9.4 万户农户抱团发展、增收致富，原州区、彭阳县被农业农村部列为第二轮土地承包到期后再延长 30 年整县试点。不断提升乡村基础设施。累计建成高标准农田 347.2 万亩、高效节灌 80.6 万亩，固原市被列为首批支持建设高标准农田遥感监测试点市；打造美丽村庄 18 个、闽宁乡村振兴示范村 10 个、人居环境整治提升示范村 66 个，完成农村公路提升 2002 公里，农村生活垃圾基本实现无害化处理，生活污水治理率、卫生厕所普及率分别达到 40% 和 60%。

（六）改革开放持续深化，发展活力不断增强

积极推进改革试点，纵深推进"六权"改革，以改革赋能发展，加快构建资源有价、使用有偿、交易有市、节约有效的市场化机制和格局。统筹优化生产生活生态用水结构，落实城镇居民生活用水阶梯水价、非居民

生活用水超定额累进加价制度，工业用水按照自治区用水权价值基准标准落实水资源有偿使用制度；鼓励村民利用闲置农宅地发展休闲农业、餐饮民宿、电子商务等新兴业态；流转山林地经营权面积 8.368 万亩，设立政府回购基金 1530 万元；制定排污权储备和调控管理办法，交易排污权指标二氧化硫 23.785 吨、氮氧化物 37.253 吨、化学需氧量 6.778 吨、氨氮 0.779 吨；完成初始用能权确权，确定全市"十四五"期间可交易的用能权指标 25.23 万吨标准煤。坚持走出去、请进来，深化对外交流合作。积极打造宁夏向南开放的"桥头堡"，先后组织企业参加广交会、俄罗斯全球食品配料及添加剂展览会、哈萨克斯坦全球食品展览会等国际性会展博览活动 10 场次，达成合作意向协议 7000 万元，签约农特产品销售合同 2000 万元。共与 23 个国家和地区发生进出口业务，较 2023 年新增 7 个。

（七）绿色本底不断厚植，生态文旅多元融合

坚定不移把生态文旅作为宁夏副中心城市建设的绿色本底和金字招牌，加快推进农文旅深度融合，努力让副中心城市有颜值、有内涵。全力实施六盘山生态功能区山水林田湖草一体化保护修复工程，加快建设宁南水源涵养区和水土保持区，守护好黄土高原的"绿岛"和"水塔"。森林面积达 253.69 万亩，草原面积达 237.13 万亩，森林覆盖率、草原综合植被盖度分别达到 16.07% 和 87%，湿地总面积 20.12 万亩，环境质量得到显著提升，固原市成功入选"自然城市"。积极开展文创产品暨农文旅融合开发转化恳谈会、美食文化节、"村 BA"等各类活动，拓宽了农文旅融合发展的新思路和建设生态文旅特色市新路径。创成国家级夜间文化和旅游消费集聚区 1 个、全国乙级旅游民宿 1 个、国家 4A 级旅游景区 1 个、自治区级全域旅游示范区 1 个，已申报全国旅游重点村镇 1 个、宁夏特色旅游村镇 2 个，新建及改造民宿 12 家。

二、存在的困难和问题

总体看，固原市经济发展取得一定成绩，但仍然面临不少困难和问题。一是经济增长的基础不稳。农业多处于附加值低的产业链前端，工业产业链条单一不全，服务业层次低、效益低，经济发展面临扩大规模和提高质效的双重挑战。二是科技创新支撑发展动能不足，人才短板亟须补齐，经济发展面临要素流失和重塑优势的双重难题。三是城乡融合发展程度不高。城乡产业发展、基础设施、公共服务一体化程度不高，以产业为支撑的城乡融合发展机制还不完善。四是对外开放水平不高。开放平台建设还没有取得实质性突破，口岸、保税仓等高标准配套服务欠缺，人才、土地、环境、能耗等要素制约依然突出。五是物流运输成本高，综合交通体系不健全，处在交通大动脉末端、物流节点边缘，物流运行流程多、效率低、成本高，造成货物进出口运输成本较高，制约了外向型产业发展和对外承接产业转移。

三、2025 年主要目标和建议

（一）准确把握发展形势，科学制定规划纲要

坚持目标导向、问题导向和结果导向，全面总结评估"十四五"规划纲要实施情况，准确把握发展的基础条件、趋势变化，从解决全市经济社会发展的突出矛盾和问题入手，切实做好"十五五"规划前期谋划工作，主动衔接国家和自治区发展规划，进一步明确"十五五"时期经济社会发展的总体思路、战略重点、主要任务和重大举措，科学编制"十五五"规划纲要。强化规划引导下的项目形成机制，坚持项目跟着规划走、资金和要素跟着项目走、监管跟着项目和资金走，紧盯中央、自治区规划纲要、产业政策、投资导向，聚焦推动高质量发展和高水平安全的关键问题与突出短板，紧紧围绕需要集中力量解决的大事、急事、难事，科学谋划一批体现战略意图、反映时代特征、符合人民关切的重大战略、重大政策、重大项目，加强对接争取，想方设法进入国家、自治区发展规划和专项规划以及市级各类规划中。

（二）不断优化产业结构，着力提升发展效益

围绕特色优势产业延长产业链条、提升产业层次、增强发展质效，持续在壮大一产丰富"原料端"的优质供给、繁荣三产扩大"市场端"的消费需求、撬动二产兴起"加工端"的精深转化上下功夫，坚持"一链一主""一群多链""集链成群"，全产业链发展壮大特色农牧业、生态经济、文

化旅游、特色食品、清洁能源、纺织服装等优势特色产业。实施特色农业提质倍增计划。肉牛饲养量达到 110 万头，年屠宰 13 万头以上；冷凉蔬菜种植面积稳定在 50 万亩，马铃薯面积稳定在 80 万亩，农产品加工转化率达到 67%。加快推进县域商业体系项目建成投用，着力培育新型消费业态。实施原州区姚磨农业产业园、宁夏泾源龙房宫温泉国际康养谷、隆德老巷子景点式餐饮民宿等项目。争取超长期国债、新一轮大规模设备更新改造、重大制造业项目贷款贴息等专项资金，推动实施 25000 吨食用菌智能化产业链、原州区"宁湘直流"500MW 集中式风电、纺纱智能装备制造及地毯绒布制造、固维（宁夏）橡胶股份有限公司年产 500 万（层）平方米高强度精密输送带生产等重大项目。做足"农业往后延、服务业走高端、工业连两头"的文章。结合产业实际，利用东部产业转移的有利时机，围绕未来能源、未来材料、未来信息三大产业，探寻发展新质生产力的有效路径，助推产业结构调整，为实现高质量可持续发展积蓄力量。

（三）全力推进项目建设，持续扩大有效投资

加大项目资金争取力度，对标中央 1 万亿国债和已储备项目库，督促县区、部门扎实推进项目前期工作，落实用地、用能等要素保障，加大向上争取力度，力争 2025 年争取项目资金增长 6% 以上。落实好政府和社会资本合作新机制，持续向民间资本推介项目，更好吸引民间资本参与重大项目建设。全力推进项目建设，对 2025 年计划实施的 408 个建设项目，明确推进目标，细化推进节点，制定推进措施，力争 2 月底前达到招投标条件，3 月开始分批开工建设，项目投资完成率和资金支付率同比有较大提升。聚焦宝中铁路中卫至平凉段复线改造工程（固原段）、六盘山电厂扩建、国能"宁湘直流"配套风电等重大项目，全方位协调保障，确保按时序节点顺利推进。持续开展精准招商，赴京津冀、长三角、珠三角等地区开展不少于 12 次的市外专题招商活动；借助龙头企业供应链、产业链渠道资源，邀请目标企业来固考察，举办市内以商招商专项活动 4 场次以上，力争引进肉牛、马铃薯、特色食品、纺织服装产业延链补链壮链项目，为产业发展注入新动能。

（四）统筹城乡融合发展，全面推进乡村振兴

更好统筹新型工业化、新型城镇化和乡村全面振兴，健全城乡融合发展机制，走以产兴城、以产聚人、以产富民之路，建立市、县财政支持城乡融合发展机制和城乡基础设施及公共服务设施互联互通、共建共享机制，实施农村道路路面改造、水库清淤工程、云雾山330千伏输变电工程、冷链物流中心等重大项目，加快完善综合交通、现代水利、能源保障、数字信息、物流循环五张网。深化园区机制改革，完善园区发展市级统筹、县区协同的全市"一盘棋"机制，实施市级工业大脑及智慧园区建设项目，健全固原经开区和四县工业园区"一区四园"协作共建、产业共育、资源共用、招引共享、利益共分机制。强化以工补农、以城带乡，促进农业高质高效、乡村宜居宜业、农民富裕富足。扎实做好防返贫常态化监测和精准帮扶，坚决守住不发生规模性返贫底线。扎实推进移民致富提升行动，实施2025年以工代赈项目，确保有劳动能力和就业意愿的家庭至少1人实现稳定就业。大力发展乡村富民产业，实施2025年高标准农田建设、原州区设施农业园区日光温室改造提升等项目，千方百计增加农村居民经营性收入。持续开展"百村示范、千村整治、万户清洁"行动，实施西吉县"五好两宜"和美乡村试点试验建设等项目，推动农村人居环境整治提升，生活垃圾、污水治理率分别达到85%、24%。

（五）加强生态环境建设，推进绿色低碳发展

牢固树立践行绿水青山就是金山银山理念，大力实施生态优先战略，协同推进降碳、减污、扩绿、增长，推进生态优先、节约集约、绿色低碳发展。开展大规模国土绿化行动，实施六盘山水源涵养林巩固提升、宁夏南部生态保护修复与水土流失综合治理、六盘山生态功能区南段水源涵养林抚育提升、"三北"工程等项目。坚持建管并重，高质量实施山水林田湖草沙一体化保护和修复工程。推进天然林资源保护，加强生物多样性系统保护，构建以六盘山国家公园为主体的自然保护地体系，筑牢西北重要生态安全屏障。坚决打好黄河"几字弯"固原片区攻坚战，持续打好蓝天、碧水、净土"三大保卫战"，坚决遏制"三高一低"项目，积极创建国家生态文明建设示范区和"两山"实践创新基地。建立生态产品价值实现机制，

持续深化排污权、用能权、碳排放权等改革，在探索实施市域六盘山横向水生态保护补偿机制的基础上，争取建立六盘山跨省区横向生态补偿机制。

（六）纵深推进改革开放，不断激发发展活力

积极推进改革试点，抓好经济高质量发展、全面创新、宏观经济治理、城乡融合、高水平对外开放、文化、保障和改善民生、生态文明等体制机制改革。积极争取城市更新试点，探索统筹老旧小区、城市公园绿地、市政公用设施融合改造模式。开展生态系统生产总值（GEP）核算试点，拓展生态优势向发展优势转化路径。创新对外开放模式，主动融入共建"一带一路"、黄河流域生态保护和高质量发展战略、新时代西部大开发战略、西部陆海新通道建设，用好用活闽宁协作、中央单位定点帮扶等战略平台，主动对接京津冀、长三角、粤港澳，积极承接东部地区产业梯度转移，引进更多好产业、大项目布局固原、落地固原。持续优化营商环境，加大对企业合法权益的司法保护力度，修改废除设置市场准入障碍等限制性规定，着力打造"办事不求人、合规自然行"的营商环境。推动区域合作发展，探索建立"飞地经济""园中园"等协作模式，推动福建优势产业入驻园区，建立牛羊肉、马铃薯、冷凉蔬菜、中药材等名特优新产品长期稳定供销关系。

（七）社会事业全面发展，民生福祉不断增进

在发展中保障和改善民生，坚持尽力而为、量力而行，完善基本公共服务制度体系，加强普惠性、基础性、兜底性民生建设。健全就业公共服务体系，促进高校毕业生、农村转移劳动力、就业困难人员、退役军人、零就业家庭等重点群体就业。全面提升教育质量，推动义务教育优质均衡发展，改善中小学和幼儿园办学条件，新建固原第十中学，倾力支持宁夏师范大学提升软硬环境，加快建设固原农林职业技术学院，推动职业教育产教融合发展。加快建设健康固原，实施市直医疗机构设备更新、乡镇卫生院能力提升等项目，完善区域公共卫生和重特大灾害医疗救援服务体系。深化社保、医药卫生领域改革，健全基本养老、基本医疗保险筹资和待遇合理调整机制。完善灵活就业人员、农民工、新就业形态人员社保制度，扩大失业、工伤、生育保险覆盖面。深化"一老一小"等公共服务改革，完善生育支持配套措施，优化基本养老服务供给，实施托育综合服务中心建设、综合养老服务中心等项目，争取入选全国儿童友好城市建设试点。

（八）有效统筹发展安全，切实守牢安全底线

全面贯彻总体国家安全观，始终把安全发展贯穿经济社会发展各领域和全过程，推动高质量发展和高水平安全良性互动。全方位夯实粮食安全根基，牢牢守住耕地红线。持续加强经济安全风险预警、防控机制和能力建设，依法打击非法金融活动，强化政府债务管控，严格落实政府债务风险化解方案，全面强化"过紧日子"措施，坚决守住不发生系统性风险底线。深入实施安全生产治本攻坚三年行动，建立隐患排查治理和风险防控体系，建立企业安全生产诚信承诺制度、安全生产不良信用记录和"黑名单"制度，有效遏制重特大安全事故。实施地质灾害综合治理项目，提升洪涝干旱、森林草原火灾、地震等自然灾害防御工程标准，创建全国安全发展示范城市、综合减灾示范县和综合减灾示范社区。落实国家食品安全战略，建立食品原产地可追溯制度和质量标识制度，创建国家食品安全示范城市。

2024 年中卫市经济发展报告

李秉杰

2024 年，中卫市上下坚持以习近平新时代中国特色社会主义思想为指导，全面贯彻落实习近平总书记考察宁夏重要讲话精神，以加快黄河流域生态保护和高质量发展先行区建设为统领，完整准确全面贯彻新发展理念，精耕细作、精打细算、精准发力，全市经济承压奋进、高开稳走，主要指标运行良好，经济发展呈现"稳""进""好"的特征，现代化建设迈出坚实步伐。

一、中卫市经济运行情况

（一）经济运行稳中向好

坚持问题导向、解构思维、精准发力，紧紧围绕年度目标任务，周分析、月调度、季研判，摸清底数、找准问题、科学分析、提出建议，及时打通"堵痛点"、找准"增长点"、挖掘"潜力点"，推动经济平稳运行。全面落实中央、自治区扩大内需、提振信心、防范风险的政策举措，推动稳定工业经济、促进消费恢复、减税降费、贷款贴息、办理不动产权证发放电子消费券等一系列政策落地见效，累计减税降费及退税 7 亿元，支出扩大消费资金 8000 万元。持续强化企业纾困解难，推动企业帮扶加力见效，

作者简介：李秉杰，中卫市发展和改革委员会产业发展科科长。

受理招商引资、营商环境等问题 103 件，办结率 99%，答复民营企业纾困解难集中办公会问题 27 个，促成工业企业融资 3.2 亿元，指导新入规（限）上企业 9 家。2024 年前三季度，中卫市实现地区生产总值 432.5 亿元，同比增长 5.5%。其中，第一产业实现增加值 58.58 亿元，同比增长 6.9%；第二产业实现增加值 189.27 亿元，同比增长 6.1%；第三产业实现增加值 184.66 亿元，同比增长 4.3%。一、二、三产业对 GDP 的贡献率分别为 18.5%、47.1% 和 34.4%，其中工业对 GDP 的贡献率达 44.9%，三次产业结构由 2023 年的 13.9:45.6:40.5 调整为 13.5:43.8:42.7。

（二）精耕细作抓产业促转型

聚焦"六新六特六优+N"产业布局，紧盯"三个布局支撑"，突出"三个载体支撑"，精耕细作"四新"产业。新材料产业蓬勃发展。积极克服大宗商品价格波动不利影响，持续开展停减产企业纾困帮扶专项行动，贝盛 5GW 光伏组件二期等 6 个项目建成投产，晨光 30 万吨硅基及气凝胶等 10 个项目加快推进，天元锰业、中车等骨干企业工业总产值增势较好。2024 年 1—10 月，全市规模以上工业总产值同比增长 3.7%，实现规模以上工业增加值同比增长 9.2%。新能源产业提速发展。持续优化"风光水火储"一体化发展，"宁湘直流"配套沙漠光伏一期和二期北区 100 万千瓦光伏建成并网，大唐数据中心 200 万千瓦绿电供应、海原 100 万千瓦风电、国能中卫电厂 4×66 万千瓦机组等项目加快推进，全市新能源装机容量达到 1152 万千瓦。新基建产业加快发展。亚马逊等 16 个数据中心稳定运营，移动二期、西云算力智算中心一期等 4 个数据中心建成投运，新增标准机架 5.3 万架，累计达到 12 万架。中卫数据中心集群绿色算力指数全国第二，算力载体节能型评估全国第一。2024 年前三季度，信息传输、软件和信息技术服务业增加值同比增长 10.2%，1—10 月电信业务总量同比增长 23.5%。新业态产业融合发展。打造沙泉空间、沙漠市集等商文旅融合消费新场景，沙漠主题度假中心等 5 个文旅项目建成投运，大麦地岩画、照壁山铜矿保护利用等 11 个项目加快推进。成功举办"宁夏沙漠营地文化旅游季促消费活动""丝绸之路大漠黄河国际文化旅游节"等 50 场次文旅活动。1—10 月，接待游客、游客旅游花费同比分别增长 34% 和 25.8%。成功创建大漠黄河（沙坡头）国家级旅游度假区。沙坡头景区上榜 2024 年度国家 5A 级旅游景区 100 强。

（三）精准发力扩投资增内需

2024 年初启动"项目投资攻坚年行动"，年末部署"百日攻坚"行动，全年开展项目"五比"活动，谋项目、抓招商、扩投资，带动产业提质、经济扩量、社会增效。全市 405 个计划建设项目开工 399 个，开工率 98.5%，沙漠光伏二期等 7 个自治区重点项目完成投资 70 亿元，投资完成率 220.8%，1—10 月，固定资产投资同比增长 13%，位列全区五市第一，呈逐月增加态势。举办"踏春出行　焕新生活"等促消费系列活动，认真落实消费品以旧换新政策措施，精准制定家电、汽车以旧换新等支持政策，汽车报废（置换）更新 2628 辆，家电以旧换新 17940 笔（次），家装厨卫"焕新"9357 笔，居家适老化"焕新"3686 笔，补贴资金 1.04 亿元，撬动消费 5.34 亿元。2024 前三季度，全市社会消费品零售总额 103.8 亿元，同比增长 1.8%。

（四）久久为功抓融合促振兴

加快实施城市更新和乡村建设行动，改造老旧小区 18 个，改造雨污分流管网 12 处，更新"四类管线"1012 公里。G85 银川至昆明高速公路（海原段）、国道 338 线红寺堡至恩和段建成通车。中卫首条城际公交——中卫至银川线开通。建设重点小城镇 2 个、美丽宜居村庄 14 个、自治区级传统村落保护项目 2 个，改造农村公路 1813 公里，改造农村危窑危房 144 套，建设抗震宜居农房 303 套，实现危房"即增即改、动态清零"、抗震宜居农房"愿改尽改"目标。农村基础设施明显改善，人居环境得到有效提升，农村生活垃圾处理率、生活污水治理率分别达到 98% 和 38%。坚决守好粮食安全防线，建设高标准农田 16.8 万亩，粮食总产量 73 万吨。52.4 万亩西甜瓜"量价齐升"，12.2 万亩苹果产销良好。中宁枸杞成为地理标志证明商标高质量发展典范，品牌价值突破 200 亿元。全面落实牛奶产业"15条"等支持措施，生猪、肉牛出栏同比分别增长 5%、22.4%；奶牛存栏 13.9 万头，生鲜乳产量 60.5 万吨。2024 年前三季度，实现农林牧渔业总产值 120.4 亿元，同比增长 6.9%。

（五）多措并举治污染优环境

全面贯彻"四水四定"，落实总量和强度"双控"，建成海原西安供水12万亩高效节灌田间配套等项目，实施中宁水系联通等农村人饮工程7个，万元GDP用水量、农业亩均用水量、工业万元增加值用水量同比分别下降32.5%、10.5%和45.5%。全力推进黄河"几字弯"攻坚战，加快宁夏南部生态保护修复和水土流失综合治理等12个重点项目建设，完成营造林39.8万亩，修复草原5万亩，治理水土流失24万亩，全市森林覆盖率、草原综合植被盖度分别达到9.38%、58.2%。坚决打好蓝天碧水净土保卫战，实施水循环综合利用、烟气治理超低排放改造、农业面源污染综合治理等项目，环境空气质量连续9年保持80%以上，黄河过境段水质连续8年保持Ⅱ类进出，土壤环境质量总体安全可控。持续实施"四大改造"行动，宁钢1×15MW余热发电等节能技改项目积极推进，企业用能成本不断降低。全面落实节能减排"十大重点任务"，持续推动能耗"双控"逐步向碳排放"双控"转变。2024年前三季度，全市单位工业增加值能耗下降6.1%，降幅位居全区五市第二。

（六）坚定不移促改革激活力

持续深化"六权"改革，市场要素配置机制持续优化。不断深化国资国企改革，市属国有企业成本费用同比下降47.1%。全面推进"高效办成一件事"改革。国务院、自治区、市确定的32个"一件事"累计办理逾12万件，平均压减时限65%，压减材料66%。大数据项目全流程服务"一件事"在全区率先上线运行。深入实施创新驱动发展战略。全市R&D经费投入9.6亿元，强度达到1.62%，增长0.17个百分点。新认定国家高新技术企业10家、自治区雏鹰企业4家、自治区瞪羚企业6家。开行青岛港—中卫等公铁海联运班列、新疆—中卫疆煤入卫班列1064列，输送锰矿石等323.2万吨。2024年1—10月，外贸进出口总值16.5亿元，同比增长13%。实际利用外资2.36亿美元，增长868.3%。

（七）用心用情保民生增福祉

财政税收稳步提升。2024年1—10月，一般公共预算收入21.75亿元，同比增长6.1%。民生支出150.3亿元，同比增长2.1%，占一般公共预算支出的 85.2%。民生保障水平不断提高。发放救助金 6.9 亿元，惠及困难群众 14 万人次。新（改）建社区（乡镇）养老服务中心 27 个、社会（农村）助餐点 21 个。就业优先政策全面落实。全市城镇新增就业 8560 人，农村劳动力转移就业 20 万人，实现转移就业收入 34.5 亿元。2024 年前三季度，全市城镇和农村常住居民人均可支配收入同比分别增长 4.9% 和 7%。高效统筹发展和安全。深入开展安全生产治本攻坚三年行动，坚决防范遏制较大以上事故发生，各类事故起数、死亡人数持续"双下降"，亿元 GDP 生产安全事故死亡率 0.0265。

二、存在的主要问题

受外部环境变化的多重冲击，虽然主要经济指标增速稳定增长，但部分指标增速离预期目标仍然存在差距，在发展中还凸显了一些短板和弱项。经济下行压力仍然较大，市场需求仍未完全恢复，投资结构有待优化，发展要素配置不足，保持经济增长的支撑不强。高质量发展仍有差距，经济总量偏小，实体经济发展质效不高，缺乏引领性、带动性、创新型产业，重点企业缺乏核心竞争力，产业结构与"双碳""双控"总体要求还不适应，新质生产力培育发展仍需发力。城乡居民持续增收面临挑战，发展不平衡不充分问题比较突出，居民就业创业水平较低，农民增收致富缺乏产业引领，与全国全区差距较大。公共服务供给不够优质均衡，养老、教育、医疗卫生、住房等民生领域仍有不少要解决的问题，群众多层次多样化需求还没有得到很好满足。

三、对策建议

针对存在的问题，下一步中卫市将扎实推动高质量发展，进一步全面深化改革，全力建设现代化产业体系，不断提高人民生活水平，推动经济持续回升向好，为继续谱写中国式现代化中卫高质量发展新篇章而努力奋斗。要重点抓好以下六方面工作：

（一）紧盯转型升级，突出提质增效，着力构建现代化产业体系

坚持增量崛起与存量变革并举、培育壮大新兴产业与改造提升传统产

业并重，精耕细作特色优势产业，大力发展"四新"产业，加快培育发展新质生产力，不断提高发展质量效益。加快高性能金属材料、高品质晶硅材料、高性能纤维材料、高分子化工材料和高能级储能材料等产业集群培育，促进新型材料突破成势。围绕大数据、硅基、锰基、铝基等特色产业绿电替代需求，积极争取自治区政策支持，加快数据中心绿电供应项目落地实施，助力企业降本增效，支持优势特色产业发展，大力谋划招引一批清洁载能企业，不断塑造能源产业发展新动能，促进清洁能源扩能增效。一体化布局通算、智算、超算、边缘计算和量子计算，全面提升算力供给能力，建设互联网交换中心安全能力服务平台项目，推动与杭州、上海等地交换中心实现直连，促进数字经济创新提质。全面打响"六大品牌"，持续丰富"八大业态"，提升大漠黄河（沙坡头）国家级旅游度假区能级，持续举办"青春漠漠搭"沙漠营地文化旅游消费季活动，办好第十五届丝绸之路大漠黄河文化旅游节等节事活动，促进沙漠旅游提档升级。

（二）紧盯扩大内需，狠抓消费投资，着力夯实经济增长基础

培育壮大市场刺激消费，把扩大消费、促进消费升级同改善人民生活品质结合起来，全面落实促进就业、社会保障、优化收入分配各项政策，统筹提升居民消费能力和改善消费意愿。加快推进精品酒店、商贸综合体、农产品（冷链）物流、电子商务项目建设，大力促进本地消费市场升级。积极推进医养结合、文化创意、全域旅游等新兴消费，吸引社会资本提供教育、文化、养老、医疗等服务。推动电子商务向农村延伸，畅通城乡双向联动销售渠道，鼓励和支持消费新业态新模式向农村拓展。强化经济支撑实施项目，全面落实"五个一"重大项目协调推进机制，强化项目要素保障，切实抓好项目前期手续办理、集中开工、要素保障、投资入统、竣工验收等工作，促推重点项目加快建设，以项目全面落地建设确保投资稳定增长。创新市场化、专业化、精准化招商模式，充分发挥市级领导挂帅、县区主导、园区服务、部门配合、全员参与招商工作机制作用，进一步加大招商引资力度。紧盯中央和自治区政策方向、投资导向，系统精准开展项目谋划储备，加强与国家部委和自治区厅局对接联系，力争将更多项目纳入国家和自治区支持范围。

（三）紧盯生态建设，强化污染防治，着力推动绿色低碳发展

牢固树立绿水青山就是金山银山理念，统筹推进森林、草原、湿地、荒漠生态保护修复和盐碱地综合治理，加快建设天蓝地绿水美的美丽新中卫。打好黄河"几字弯"攻坚战。推动腾格里沙漠、宁夏南部生态保护修复与水土流失综合治理等项目开工建设，力争全市森林覆盖率达到9.43%，草原综合植被盖度达到59%。打好"四水四定"主动战。严格按照《宁夏回族自治区"四水四定"实施方案》，强化用水定额和计划管理，推进水预算管理省域试点建设，严肃查处违规取用水行为。打好污染防治攻坚战。坚持精准治污、科学治污、依法治污，保持力度、延伸深度、拓宽广度，深入打好蓝天碧水净土保卫战，统筹推进"气、水、土"综合治理，确保空气质量优良天数比率达到86%以上，黄河中卫段国控断面水质Ⅱ类进Ⅱ类出。打好绿色低碳发展整体战。纵深推进节能减排"十大重点任务"，坚决遏制"两高一低"项目。持续推动绿色产品、绿色工厂、绿色园区、绿色供应链试点示范项目建设，完善生态产品价值实现机制和生态保护补偿机制，加快形成节约资源和保护环境的空间格局、产业结构、生产方式、生活方式。

（四）紧盯创新驱动，深化改革开放，着力提升经济发展潜能

实施创新驱动发展战略，坚持政府引导、政策支持，持续优化企业梯次培育链，健全完善"国家（自治区）科技型中小企业—国家高新技术企业—自治区创新型示范企业—自治区科技领军企业"科技型企业梯次培育体系和"雏鹰企业—瞪羚企业—独角兽企业"高成长创新型企业梯次培育体系，打造一批科技创新的"领头雁"。支持企业与高校、科研机构组建创新联合体，开展交流合作、科技项目攻关。持续优化营商环境，实施好民营经济高质量发展三年行动计划，加大协调服务力度，提升民营企业满意度，促进民营经济发展壮大。深化"高效办成一件事"改革，进一步优化政务服务，提升行政效能，实现更多事项"一网能办、掌上好办、一窗全办、就近可办、智慧易办"。全面实施市场准入"一张清单"管理制度，切实破除地方保护和市场分割。深化重点领域改革，紧紧围绕高质量发展首要任务，注重发挥经济体制改革牵引作用，不断健全促进实体经济和数

字经济深度融合、因地制宜发展新质生产力等机制，加快推进新型能源体系和新型电力系统一体化发展，健全完善城乡融合发展体制机制、黄河"几字弯"攻坚战协调推进机制，统筹推进社会治理体系和治理能力现代化。

（五）紧盯品质提升，持续完善功能，着力推进城乡协同发展

全面落实国土空间规划，合理确定城市区域发展功能，强化县城综合服务承载能力，推动城乡统筹协调发展。加快实施城市更新行动，实施城市设计品质提升、城市"疏堵提畅"、安全韧性城市建设等十大工程，加快宜居韧性智慧城市建设。紧盯老旧管线改造、老旧小区改造、城市排水防涝、城市路网畅通等重点领域，补齐基础设施和公共服务短板，提升城市服务功能，增强城镇发展内涵。全面推进乡村振兴战略，严格落实"四个不摘"要求，强化防止返贫动态监测帮扶，巩固提升"三保障"和饮水安全成果，牢牢守住不发生规模性返贫底线。深入推进乡村建设行动，打好农村人居环境整治提升五年行动收官战，实施"移民后续扶持""闽宁协作"等项目，协同推进农村生活污水垃圾治理。深入实施文明乡风建设工程，深化乡村"网格化+积分制"多元共治模式，推进农村高额彩礼专项治理八项行动，培育文明乡风、良好家风、淳朴民风。

（六）紧盯民生改善，加快补齐短板，着力推动社会和谐发展

促进更加充分更高质量就业。坚持就业优先导向，实施就业创业优先工程，健全就业促进机制，完善公共就业服务体系，突出抓好重点群体就业，着力提升就业服务质量。推动更加公平更可持续社会保障，健全社会救助体系，认真落实"刚性支出扣减""单人保""单人户"等政策，推动传统"物质救助"向"物质+服务"救助模式转变，满足困难群众多维需求。探索制定节地生态安葬奖补政策，鼓励引导群众从传统土葬向节地生态安葬转变。打造更加有效更高水平健康服务，加快建设分级诊疗体系，推动优质医疗资源扩容下沉和区域均衡布局。不断完善中医药传承创新发展机制，丰富中医药救治手段。发展更加优质更加均衡教育，坚持五育并举，强化德育、优化智育、补齐体育美育劳动教育短板，促进学生全面发展。构建更加牢固更有韧性公共安全屏障，持续做好治本攻坚三年行动工

作，加强风险防范化解和重大隐患排查整治，着力从根本上消除事故隐患、从根本上解决问题。稳妥化解政府债务、金融、房地产等风险隐患，加强煤炭、天然气能源储备，确保油电煤气稳定供应。

附　录
FULU

2024年宁夏经济大事记

陈　蕾

一月

2日，自治区党委十三届六次全会暨自治区党委经济工作会议系列新闻发布会举行，发布主题为构建经济高质量发展的产业体系、打造经济高质量发展的内生动力和强大引擎、夯实经济高质量发展的保障基础、实现经济高质量发展的成果共享。

9日，《自治区经济高质量发展强县强区分类评比实施方案》出台，通过分类开展强县强区评比，进一步激励各县（市、区）争先进位、争创品牌、争当头雁，进一步激发县域城区经济发展活力，为构建区域经济高质量发展新格局提供有力支撑。

11日，宁夏—天津港"一单制"铁海联运图定班列首发，抵港后装船海运至越南、韩国、美国等国家，标志着宁夏"一单制"铁海联运班列进入稳定运营期。

29日，自治区农业农村厅公布上年农业农村发展取得的新成就。2023年，宁夏农业农村发展继续保持稳中向好、稳中有进的态势。全区一产增加值428.1亿元，增长7.7%，增速居全国第二位；农村居民人均可支配收

作者简介：陈蕾，宁夏社会科学院综合经济研究所助理研究员，研究方向为经济统计。

入 17772 元，增长 8.2%，增速居全国第五位。

二月

1 日，宁夏首个采用全自然风冷的高功率机柜人工智能数据中心建成。该人工智能数据中心定位为新一代灵活、弹性、绿色、安全的数据中心，旨在为人工智能大模型产业提供强劲的算力支持。

17 日，自治区文化和旅游厅公布春节长假全区累计接待国内游客 283.62 万人次，实现旅游收入 18.05 亿元，按可比口径，较上年同期分别增长 62.88%和 149.65%。

21 日，中国（宁夏）·德国友好合作周在银川开幕，区直有关部门、德方代表围绕重点产业作推介，德国蕾娜范养老集团、歌德学院等与宁夏有关企业、院校签约项目 19 个。

27 日，由自治区商务厅主办的 2024 宁夏网上年货节圆满收官。此次年货节通过市县共动、企业联动、行业互动，线上引流带动线下消费、"商品+服务"消费并举，推动全区线上线下融合消费。

28 日，宁夏货物首单使用"一单制""一箱制"集装箱铁海联运方式经宁波港出口，标志着宁夏经宁波港至美国哥伦布港"一单制""一箱制"铁海联运国际货运出口通道正式开通。

三月

15 日，自治区发展改革委会同银川市、石嘴山市及自治区有关部门研究出台《自治区承接产业转移示范区建设工作机制》《关于促进银川—石嘴山承接产业转移示范区发展的若干措施》，助力产业结构优化升级和经济高质量发展。

19 日，2024 年全国春季糖酒会在成都落下帷幕。在此次糖酒会期间，宁夏贺兰山东麓葡萄酒产区成功举办了"举杯贺兰山"新品发布会，累计签约 2.321 亿元。

21 日，《自治区新型工业化发展水平评价指标体系》发布。该指标体系结合自治区推进新型工业化的"新型"目标和"九化"任务进行构建，涵盖自治区及五市一地、重点产业，能够实现多维度全方位评价，综合全面反映自治区新型工业化产业特色和阶段特征。

30 日，2024 宁夏奶业大会、第五届银川国际奶业暨农牧机械展览会在银川国际会展中心开幕。大会旨在推动西北奶产业高质量发展，交流与展示国内外先进的技术与设备。

四月

9 日，由自治区农业农村厅与宁夏冷凉蔬菜产业联合会举办的 2024 年春季蔬菜产销对接大会在银川开幕。此次活动共签订产销供应、直供直采等采购协议（合同）34 项，金额达 6.95 亿元。

13 日，第四届中国国际消费品博览会在海南省海口市开幕，自治区 30 余家企业携 150 余种展品参展，以进一步扩大"宁夏优品"知名度，推动宁夏特色品牌企业开拓国内外市场。

15 日，第 135 届中国进出口商品交易会开展，自治区 64 家企业参展，展品以机械产品、纺织服装、农食产品、化工产品等优势特色产品为主，展现创新发展成果，加快推动更高水平对外开放。

16 日，2024 黄河观潮·商用密码与"东数西算"发展高峰研讨会在银川举行。研讨会旨在推进自治区商用密码与"东数西算"工程融合发展，提升宁夏信息安全能力水平，助力数字经济健康发展。

20 日，2024 首届宁夏"六特"产业高质量发展大会在银川举行，为宁夏"六特"产业相关企业解析趋势，分享新技术成果，指引发展方向，赋能产业培育发展新质生产力，助力宁夏产业高质量发展。

27 日，根据《市场监管总局关于批准成立国家食品相关产品及绿色包装质量检验检测中心（北京）等 22 个国家质检中心的通知》，批准成立国家葡萄酒产品质量检验检测中心（宁夏）、国家枸杞产品质量检验检测中心（宁夏），为宁夏葡萄酒、枸杞产业发展注入强劲动力。

五月

5 日，自治区文化和旅游厅公布五一期间旅游数据，全区累计接待国内游客 561.58 万人次，实现旅游收入 31.64 亿元，同比分别增长 17.28%和 4.22%。其中，全区 A 级旅游景区接待游客 355.33 万人次，实现旅游收入 1.54 亿元。

6 日，召开宁夏优势特色产品北京宣传推介会。推介会以宣传推介宁夏"六特"产业、"宁夏二十一景"文化旅游特色产业为主题，借助首都平台，面向各省、自治区、直辖市驻京机构、驻京商会和经销商企业，进一步扩大宁夏特色产业知名度，深化品牌影响力，拓展产品销售渠道。

10—12 日，在浙江举办的 2024 世界品牌系列活动以及 2024《中国品牌十年路》发展报告发布会上，"中宁枸杞"入选 2024"我最喜爱的中国品牌"和中国品牌十年路典型案例，"中宁枸杞"的品牌价值突破 200 亿元，位列区域品牌第十三名。

11 日，自治区首宗用能权交易在宁东能源化工基地签约，标志着宁东能源化工基地在运用市场化手段破解能耗资源制约、推进绿色低碳高质量发展方面迈出重要一步。

12 日，银川市出台《加快推进新型工业化若干措施》，围绕 7 个方面，制定 18 条具体政策措施，构建以"三都五基地"为核心的现代化产业体系。

17 日，22 家宁夏企业参加第八届中国—俄罗斯博览会，用足用好平台，借助展会平台加强与东北亚国家的合作，拓展开辟宁夏产品"走出去"的新通道。

22 日，《宁夏回族自治区推动大规模设备更新和消费品以旧换新实施方案》印发，明确汽车、家电和家装厨卫领域消费品以旧换新的工作目标、重点任务和保障措施，逐步建立"去旧更容易、换新更愿意"的有效机制，全链条促进消费品以旧换新，持续扩大有潜能的消费。

六月

8 日，第六届宁夏品牌节开幕。本届品牌节以发挥科创中国促进科技经济深度融合发展作用，推动宁夏企业品牌建设提质增效为目的，营造品牌发展良好环境，持续扩大品牌消费，形成品牌建设引领新质生产力和经济高质量发展的新动能。

10 日，自治区文化和旅游厅公布端午节假期旅游数据，全区累计接待国内游客 206.61 万人次，旅游花费 13.9 亿元，同比分别增长 16.72% 和 9.97%。其中，全区 A 级旅游景区接待游客 120.36 万人次，旅游花费 4546.02 万元，同比分别增长 32.36% 和 33.44%。

12 日，《宁夏回族自治区本级国有资本经营预算管理办法》印发。自治区财政将通过完善国有企业名录、健全国有资本收益上缴机制、优化支出结构、强化预算绩效管理等具体举措，进一步健全以管资本为主的国有资产监管体制。

28 日，总投资 107 亿元的 5 个绿色智算中心在银川经济技术开发区开工建设，项目涉及新型算力数据中心、高性能智算服务器。项目建成后，将大幅提升银川经开区高性能智算服务集群水平，为园区构建人工智能产业生态链注入新的活力。

七月

16 日，宁夏西云算力科技有限公司发布自研算力平台——丹摩平台，面向全国开发者提供算力服务。该项目将发挥产业链的辐射和带动作用，通过算力招商，吸引东部地区企业落地宁夏，带动数字产业转型升级，助力宁夏算力产业链融通发展。

23 日，第 8 届中国—南亚博览会在云南省昆明市开幕，宁夏 33 家"六特"企业组团亮相博览会暨宁夏优品全国行活动，助力本土名优产品"走出去"，不断扩大市场销售和知名度。

28 日，2024 中国产业转移发展对接活动（宁夏）在银川举行。会议以"共建开放发展新格局　打造西部产业新高地"为主题，聚焦新型材料、数字信息、现代化工以及轻工纺织等宁夏特色优势产业，开展产业转移对接交流，力促落地建设一批项目。

八月

9—11 日，以"中国葡萄酒·当惊世界殊——好酒源自好风土"为主题的第四届中国（宁夏）国际葡萄酒文化旅游博览会在银川举行，进一步扩大了宁夏葡萄酒品牌影响力，提升市场竞争力。

16日，银川至昆明高速公路（G85）全线贯通。作为西部陆海新通道的重要组成部分，银昆高速公路太阳山至彭阳段贯穿宁夏南北，也是宁夏"三环四纵六横"高速公路网规划的重要组成部分。

29日，中国（宁夏）—东盟经贸对接交流会在银川举办。交流会达成合作项目27个23.5亿元，除商品贸易、服务贸易等传统贸易，还涉及电子商务、文化旅游、跨境电商等新兴领域的合作项目。

九月

1日，宁夏最大地下压缩空气储能项目将进入设备安装阶段。该项目成为破解新能源发电存储难题的全新探索。

9日，宁夏CCUS示范项目产出合格液态二氧化碳。该项目建成后，预计每年末端可减排二氧化碳300万吨。

14日，宁东产出的可再生氢完成电子销售第一单。这是国内首个集可再生氢"制储输运加用"及氢气品质检测于一体的氢能全产业链创新生态项目，实现了清洁能源与全球单体规模最大煤制油项目的深度融合。

20日，宁东光伏制可再生氢与煤制油装置成功贯通，将有效推动宁东基地灰氢转绿氢、以氢换煤、绿氢降碳，开启绿色氢能产业链安全高效运营新模式，促进国内现代煤化工产业高端化、多元化、低碳化发展。

27日，自治区政府与中国银行在银川签署战略合作框架协议，双方将围绕对外开放、绿色生态、乡村全面振兴、数字宁夏、普惠金融等重点领域，开展全方位战略对接和深度合作。

十月

1日，包银高铁惠农至银川段正式开通运营，与银西高铁、银兰高铁实现大连通，石嘴山市接入全国高铁网，标志着宁夏贯通南北高铁通道迈出了关键一步，综合交通运输体系建设取得了重大进展。

7日，自治区文化和旅游厅公布国庆假期旅游数据，全区A级旅游景区接待游客 408.11 万人次，旅游花费 2.11 亿元，同比分别增长 30.39% 和 31.68%。

11 日，2024 宁夏物流节成果发布会和第 38 届全国 A 级物流企业授牌大会暨供应链创新发展大会在银川举行。成果发布会上，银川综合保税区、宁夏物流集团、宁夏宇鹿供应链科技有限公司、宁夏明达新能源科技有限公司等 8 家企业就"疆煤入宁"、换电站建设、新能源车辆采购、卡航业务等 4 个项目顺利签约，总投资额约 13.4 亿元。

18 日，银川市举行"百日攻坚战"项目签约和开工推进会，现场共签约 48 个项目，总投资额达 204.9 亿元。

23 日，以"深化经贸新合作 赓续闽宁山海情"为主题的"闽商宁夏行"经贸对接恳谈会在银川举办。恳谈会共签约 10 个项目，签约金额达 12.77 亿元。

25—28 日，中亚合作论坛在银川举办。论坛以"推动绿色发展 建设共同家园"为主题，深化中国与中亚国家的友好往来，助力双方开展务实交流和合作。

28 日，自治区住房和城乡建设厅等八部门印发《关于促进房地产市场止跌回稳平稳健康发展的若干措施（暂行）》，从严格控制增量、持续优化存量、提高供应质量等 6 个方面，制定出台 20 条具体措施，促进全区房地产市场止跌回稳、平稳健康可持续发展。

十一月

1 日，宁夏首张数据知识产权登记证书落地，推动数据资源从数据资产到资金的转化，助力实现"点数成金"。

2 日，中国宁夏银川—俄罗斯莫斯科"驼铃号"货运班次首发。此趟跨境物流班列，将提高物流产业的整体发展水平，有助于促进宁夏与其他地区的贸易往来，推动区域经济的协同发展。

4 日，宁夏首个万吨级绿氢一体化项目——太阳山绿氢制储输用一体化项目（一期）年产 1.65 万吨绿氢项目开工。这是太阳山开发区打造"绿电园区"及"氢氨谷"的首个重大项目，主要布局绿电制氢、氢能交通、绿氨绿甲醇、氢氨甲醇耦合化工等一体化产业生态，打通风、光、氢、氨产业链条。

6日，《宁夏回族自治区行业协会商会规范管理暂行办法》出台，以进一步规范行业协会商会的组织和行为，强化行业协会商会自律，助力经济社会高质量发展。

8日，西北首个、亚洲单体规模最大的牛初乳加工基地——优乳（宁夏）生物工程有限责任公司在灵武市投产。投产后，将构建起绿色食品产业与养殖企业、行业协会、高校院所协同创新发展的全新格局，进一步延伸绿色食品产业全产业链条，不断推动产业绿色化、高端化、集约化发展。

13日，自治区商务厅公布"双11"网络零售数据，全区网络零售额实现23.1亿元，同比增长13.5%。其中，实物商品网络零售额实现15.6亿元，同比增长14.2%。"双11"期间，宁夏农村网络零售额达7.2亿元，同比增长5.9%；宁夏农产品网络零售额达7.8亿元，约占实物商品网络零售额的50%，同比增长2.9%。

14日，新修订的《宁夏回族自治区土地征收成片开发标准实施细则》发布。宁夏将以此为依据，进一步规范土地征收成片开发方案编制、报批、调整和实施监管等工作，促进土地征收成片开发科学有序，更好地为全区经济社会高质量发展提供土地要素保障。

15日，来自自治区商务厅的数据，宁夏交易团在第136届中国进出口商品交易会（广交会）总成交额达1.95亿元，其中，现场成交额5121万元，意向成交额1.44亿元，比上届增长40.28%。宁夏将引导外贸企业加快转型升级、注重品牌培育，以高科技含量、高质量标准、高附加值产品赢得欧美传统市场。同时，面对以共建"一带一路"国家为代表的新兴市场，深挖潜力，着重开发适销对路的产品出口。

15日，宁夏原材料产业供需对接活动在银川阅海湾中央商务区举行。活动在全面摸清原材料产业供需两侧企业实际需求和供给产品的基础上，形成供需清单，搭建线上线下供需企业交流对接平台，调动供需两侧企业对接洽谈积极性，推动达成实质性合作意向。

16日，海关总署发布2023年度全国综合保税区发展绩效评估。评估结果显示，在全国 150 个参评综保区中，银川综合保税区在全国排名较 2022 年上升 7 位；分地区评估中，银川综保区在西部和东北地区排名较 2022 年上升 4 位，由 C 类晋升为 B 类，进步显著。

19 日，自治区党委书记李邑飞，自治区党委副书记、主席张雨浦在银川会见中国中车集团党委书记、董事长孙永才一行。

20 日，烽燧 750 千伏输变电工程在石嘴山市惠农区庙台乡开工。工程建成后，将进一步优化宁夏 750 千伏电网网架，促进新能源的消纳，对石嘴山区域能源结构优化升级、自治区经济社会发展起到重要推动作用。

同日，2024 中国（宁夏）—土耳其经贸合作对接会在线上举办。对接会聚焦机械制造、能源化工等领域，深化中国（宁夏）与土耳其的经贸合作，为双方企业提供高效的交流对接平台。

21 日，宁东至蒙古国扎门乌德国际道路货物运输线路开通，将有效降低宁东能源化工基地相关企业运营成本，也标志着宁夏国际道路货物运输业务实现零的突破。

23 日，银巴铁路全线最大跨度连续梁合龙。作为京兰通道的重要组成部分，银巴支线项目建成后，将推动宁夏与周边重要城市群的快速无缝连接，在经济社会发展、旅游资源挖掘、对外开放、区域融合和满足旅客快速出行需求等方面都具有重要意义。

25 日，2024 大宗商品跨境交易直通平台 V3.0 同步在二十五国上线，标志着中国（宁夏）与蒙古国、俄罗斯、哈萨克斯坦、吉尔吉斯斯坦、乌兹别克斯坦等 25 个"一带一路"共建国家实现百余种商品的互联互通，将有助于宁夏积极融入和服务"一带一路"建设。

25—28 日，自治区商务厅组团分别在福建漳州市、泉州市、福州市举办"闽宁携手·共筑未来"招商引资专题推介会，把闽宁经贸协作落实到具体切实的项目招商和经贸合作中。

26 日，宝丰能源、巨能机器人等 23 家宁夏企业参加第二届中国国际供应链促进博览会，旨在推动更多区外企业了解宁夏的重点产业链以及重点园区，促成更多宁夏企业能够嵌入到全球的产业链、供应链、价值链，助力经济高质量发展，更好服务宁夏外向型经济发展。

27日，宁夏葡萄酒产业发展主题推介会在青铜峡市召开，以进一步提升宁夏贺兰山东麓产区的知名度和影响力，拓宽葡萄酒销售市场。

28日，《宁夏回族自治区国土空间规划条例》经自治区十三届人大常委会第十三次会议审议通过，自2025年1月1日起施行。

十二月

2日，宁夏首批挥发性有机物排污权交易在银川市落槌，为自治区促进产业转型升级、深化生态产品价值实现机制探索新路径。

3日，《宁夏回族自治区预算内统筹投资项目和资金管理办法》出台。《办法》明确自治区预算内统筹资金主要用于非经营性项目，具体包括中央预算内投资安排宁夏并明确需由自治区本级配套资金的项目等，进一步提高资金使用效益，规范项目实施。

4日，银川市与国网宁夏电力有限公司签订凤凰幻城整体景观与供电品质提升合作协议，与宁夏国有资本运营集团有限责任公司签订战略合作协议，探索地方政府与央企国企合作新模式新路径，加快推动一批高质量项目落地建设。

6日，宁夏至湖南±800千伏特高压直流输电线路工程宁2标段全线贯通，为年内"宁电入湘"宁夏段线路全线贯通奠定了基础。

6—8日，自治区22家农特优企业携葡萄酒、枸杞、滩羊肉、泾源黄牛肉等特色农牧产品亮相第五届西部国际采购展览会，进一步提升宁夏农特优产品的知名度和品牌影响力，更好地拓展国内外市场。

12日，自治区市场监管厅会同自治区党委金融办、中国人民银行宁夏分行、宁夏金融监管局等部门共同推出首款质量融资增信产品"宁质贷"，85家企业获11.53亿元授信额度，落地完成1000万元贷款投放。

18日，《"东数西算"工程宁夏枢纽建设实施方案（2025—2027年)》印发。《方案》把发展数字经济作为打造新质生产力的主攻方向，推进绿色电力与绿色算力协同发展，试点就近消纳，助推宁夏数字经济高质量发展。